汉译丝瓷之路历史文化丛书

新疆出土佉卢文书译文集

〔英〕托马斯·巴罗 著
刘文锁 译注

商务印书馆
创于1897 The Commercial Press

T. Burrow
A Translation of the Kharoṣṭhī Documents from Chinese Turkestan
1940, The Royal Asiatic Society
（本书根据英国皇家亚洲学会 1940 年版译出）

图 版

图一　尼雅遗址的“地标”——窣堵婆

图二　尼雅遗址 N.Ⅰ（93A18）遗迹

图三　尼雅遗址 N.V（93A35）遗迹

图四　尼雅遗址 N.VIII（92A11）遗迹

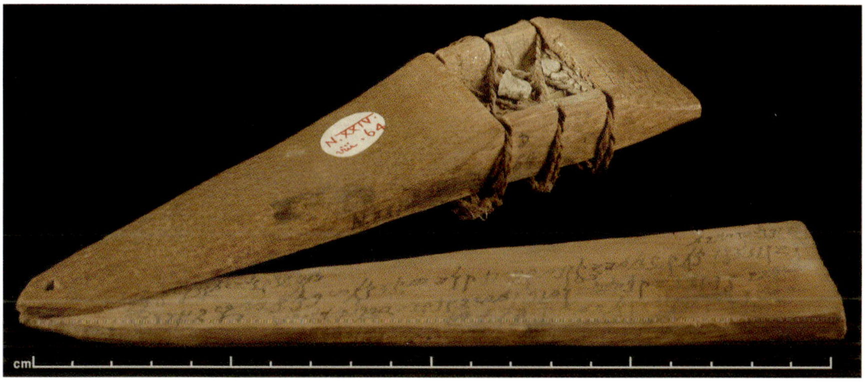

图五　佉卢文楔形木牍（N.XXIV.viii.64）

图六　佉卢文矩形木牍（N.V.xv.167）

图七　佉卢文矩形木牍盖牍上的封印（N.V.xv.167）

图八　佉卢文长方形木牍（N.XXIV.viii.21）

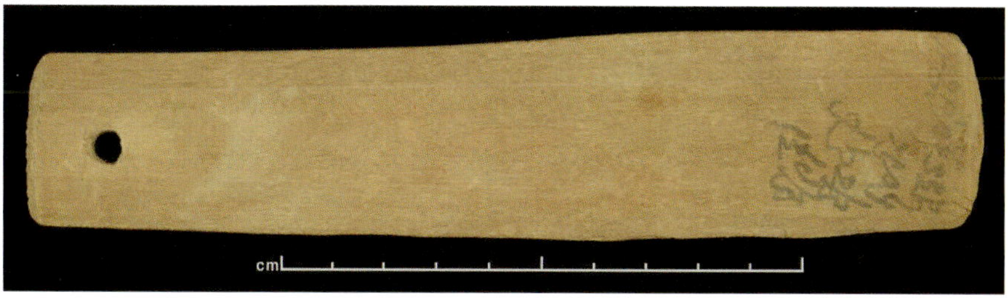

图九 佉卢文标签型木牍（N.XXIV.viii.8）

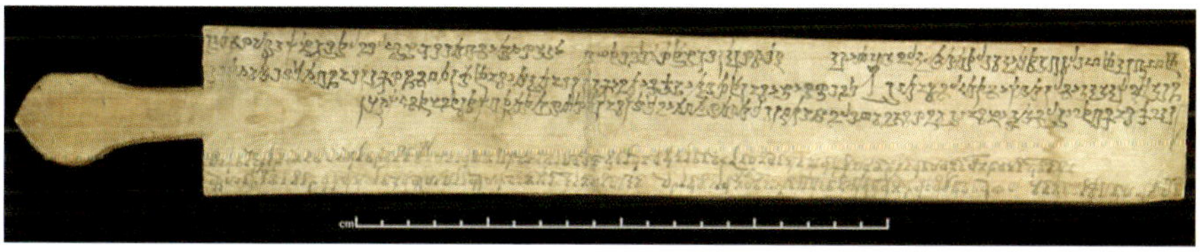

图十 佉卢文“塔赫特”型木牍（N.V.xvi.2）

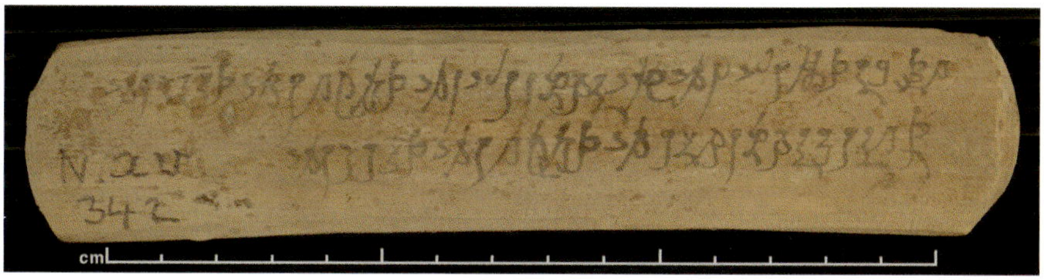

图十一 佉卢文木牍（N.V.xv.342）

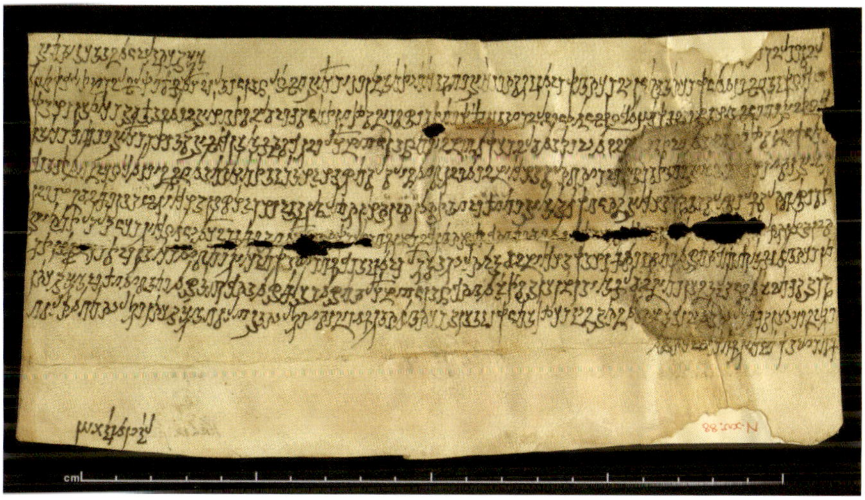

图十二 佉卢文皮革文书（N.V.xv.88）

总序

我们的期待

我们期待《汉译丝瓷之路历史文化丛书》的编辑出版有助于切实扩大中国丝瓷之路历史文化研究者的视野。许多丝瓷之路历史文化的课题，中国学者从未涉足，甚至闻所未闻。有涉及者，也不是从研究丝瓷之路历史文化的角度切入。显而易见，即使我们只想研究自己比较熟悉的东部，也必须了解西部。“铜山西崩，洛钟东应”，不可能将东部和西部完全割裂开来。

我们期待本丛书的编辑出版有助于中国学者了解和较全面地掌握有关丝瓷之路历史文化的原始资料，以及国外学者理解和运用这些资料的方法。尤其是非汉语资料。

我们期待本丛书的编辑出版有助于中国学者理解和体会国外有关丝瓷之路历史文化的理论和学说。

我们期待本丛书的编辑出版有助于我们找出丝瓷之路历史文化的缺环、空白，发现这一学科的发展趋势，使我们今天的研究减少盲目性，不仅知当务之急，也高瞻远瞩，有全面的规划和长远的打算！

我们期待本丛书的编辑出版有助于中国学者通过发现志同道合的外国学者，以便组成联合阵线，携起手来，共同深入探讨丝瓷之路历史文化。时至今日，学术研究应该可以破除中外之别，特别在丝瓷之路历史文化研究方面。事实上，只有中外学者通力合作，才有可能使研究更上层楼。

我们期待本丛书和商务印书馆正在编辑、出版的《丝瓷之路》学刊和《丝瓷之路博览》丛书相互补充，逐步形成一个丝瓷之路历史文化研究出版物的平台，更好地为学界同仁服务。

不言而喻，这是一项艰巨的工作，不能急躁冒进，只能一步一个脚印地前进。我们能力很差，水平很低，因而殷切期待大家的支持。众人拾柴火焰高，只要有更多的学者关心这套丛书，我们就有信心将她编好。

编者

2016 年 8 月 26 日

目　录

译注者导言 i
译注凡例及缩略语 x

前　言 1
译文与注释 3

附录一：尼雅佉卢文书别集 258
附录二：词汇索引 265

译注者导言

一、新疆佉卢文文献的发现与释读

在新疆获取的佉卢文（Kharoṣṭhī）文献资料，始于所谓的"和田藏卷"，即书于桦树皮上的佉卢文《法句经》（*Dharmapada*）残叶，发现于1890年代初。它包括俄国驻喀什噶尔总领事尼古拉·彼得罗夫斯基（N. Peterovsky，1837—1908）购得的几叶，以及法国杜特雷伊·德·兰（Dutruil de Rhins）探险队所得的三叶残卷及若干碎片。埋藏的地点在和田喀拉喀什河岸的库玛日山石窟。这批早期佛经写卷年代约为2世纪，先后由奥登堡（S. F. Ol'denburg）和布腊夫释读与刊布。[①] 对早期佛典的研究来说，和田的佉卢文《法句经》残卷，可以与吉尔吉特的瑙普尔写卷（Naupūr manuscripts）[②]、巴米扬写卷[③] 以及阿富汗和巴基斯坦新出的两批桦树皮佉卢文写卷[④] 等相提并论。

---

① J. Brough, *The Gāndhārī Dharmapada*, London: Oxford University Press, 1962.

② M. A. Stein, "Archaeological Discoveries in the Hindukush", *JRAS*, 1931, pp. 863-865; Nalinaksha Dutt, *Gilgit Manuscript*. The Kashmir Series of Texts and Studies, Srinagar-Kashmir, 1939; Calcutta, 1950.

③ S. Godard, Y. Godard, J. Hackin, *Les Antiquités Bouddhiques de Bāmiyān*, 1928, in Mémoires de la Délègation Archéologique Française en Afghanistan, Tome II; J. Hackin, *Nouvelles Recherches Archéologiques à Bāmiyān*, Paris, 1933; Sylvain Lévi, "Notes sur Manuscrits Sanscrits Provenant de Bāmiyān (Afghanistan) et de Gilgit (Cachemire)", *Journal Asiatique*, 1932, pp. 1-45.

④ R. Saloman, *Ancient Buddhist Scrolls from Gandhāra*, Seattle: Washington University Press, 1999；王邦维：《论阿富汗新发现的佉卢文佛教经卷》，《中华佛学学报》2000年第13期，第13—20页；Jens Braarvig, ed., *Manuscripts in the Schoyen Collection I: Buddhist Manuscripts*, Vol. 1, Oslo: Hermes Publishing, 2000；荣新江：《中国中古史研究十论》，复旦大学出版社2005年版，第15—44页。

另一类材料是和田等地出土汉佉二体钱（The Sino-Kharoṣṭhī Coins）上的佉卢文铭文，它们已得到释读并有所刊布。与写卷大为不同，这种钱币铭文数量和内容有限，通常也不受语言学家的重视。

最具语言学和文献研究价值的，是出自尼雅、楼兰和米兰遗址的佉卢文书与题记等。这其中以尼雅遗址所出的佉卢文简牍与皮革文书为主要部分。其旧出者主要为斯坦因（M. A. Stein）所得；新出者系1950年代以来历次尼雅遗址探察活动中所获得的文书，数量上仅占一小部分。尼雅和楼兰所出佉卢文书的数量，迄今已有1200余件，内容上可以分作国王谕令、籍账、信函、法律文书（判决书）、社会经济文书（书面契约）、佛教文献、文学作品和杂类（占卜文书等）。其年代约在公元3—4世纪。

上述佉卢文书的转写、释读和翻译工作，大致与文书的发现同步。第一批文书出土后，英国语言学者E. J. 拉普逊（E. J. Rapson）即受委托着手文书的释读。后来这项研究工作还有其他几位欧洲语言学者（A. M. Boyer、E. Senart、P. S. Noble）的参与。截至1929年，佉卢文书中的主要部分764件都得到了转写、释读和发表。这就是那部称作《佉卢文题铭》[①]的著作。它刊布的文书绝大多数出自尼雅遗址（遗物编号N的文书，第1—659、709—751、758—764号），少数出自安迪尔夏阳塔格一带的遗址（遗物编号E的文书，第660—665号）、楼兰故城遗址（遗物编号L. A的文书，第666—701、754—756号）、罗布泊L. B遗址（遗物编号L. B的文书，第702—706号）、罗布泊L. M遗址（遗物编号L. M的文书，第752—753号）、罗布泊L. F遗址（遗物编号L. F的文书，第757号）、敦煌烽燧遗址（遗物编号T的文书，第708号）。

另一位英国语言学家托马斯·巴罗（T. Burrow）选取了《佉卢文题铭》中转写的保存状况较佳的490件文书，加以自己的释读，做了英译和简要注

① *Kharoṣṭhī Inscriptions, Discovered by Sir Aurel Stein in Chinese Turkestan*, Part I-III, Transcribed and Edited by A. M. Boyer, E. J. Rapson, E. Senart and P. S. Noble, Oxford at the Clarendon Press, 1920, 1927, 1929.

释，即《新疆出土佉卢文书译文集》一书。[①] 在此之前的1937年，他还发表了《尼雅佉卢文书别集》一文[②]，刊布了《佉卢文题铭》一书编号以外的18件文书（编号765—782）的释读和译文。这批文书系斯坦因第四次新疆探险时（1930—1931）于尼雅遗址所获者。

根据《佉卢文题铭》，林梅村于1988年出版了《沙海古卷——中国所出佉卢文书（初集）》[③]，收录了由他转写、译释的588件佉卢文书。这些文书分作三个类型：国王谕令、籍账和信函。它们在类型上与巴罗《译文集》所释译的文书有一些差别。

1980年代以来陆续出土的佉卢文书，曾由华盛顿大学邵瑞祺（Richard Salomon）教授做过零星的释读。[④] 中日共同尼雅遗迹学术考察队于1991—1995年新获的简牍，先由日本佉卢文学者莲池利隆氏转写、释译并发表[⑤]，后来又由中国学者林梅村重新释读过[⑥]，二者可以比照。

最近，段晴教授刊布了流散到青海省藏医药文化博物馆的4件佉卢文木牍，皆属斯坦因分类中的矩形牍，采用封检式的双牍，内容皆为判文（判决书），据认为当出自尼雅遗址N. XIII（93A10）遗迹。[⑦] 它们在形制与内容、文书格式上，均与尼雅遗址所出的同类型文书相同。

---

① T. Burrow, *A Translation of the Kharoṣṭhī Documents from Chinese Turkestan*, The Royal Asiatic Society, London, 1940.

② T. Burrow, "Further Kharoṣṭhī Documents from Niya", *Bulletin of the School of Oriental Studies, University of London*, Vol. 9, No. 1 (1937), pp. 111-123.

③ 林梅村：《沙海古卷——中国所出佉卢文书（初集）》，文物出版社1988年版。

④ 邵瑞祺：《尼雅新出的一件佉卢文书》，《新疆社会科学》1986年第3期；R. Salomon, "Two New Kharoṣṭhī Documents from Central Asia", *Central Asian Journal*, Vol. 32, No. 1-2, 1988; R. Salomon, "A Preliminary Survey of Some Early Buddhist Manuscripts Recently Acquired by the British Library", *Journal of the American Oriental Society*, Vol. 117, No. 2 (Apr., 1997), pp. 353-358。

⑤ 莲池利隆：《ニャ遺迹出土のカローツュテイー文字数据の研究（1）》，中日共同尼雅遗迹学术考察队编著：《中日共同尼雅遗迹学术调查报告书》第一卷，法藏馆1996年版，第281—337页；莲池利隆：《カローツュテイー木简——ニャ遺迹出土のカローツュテイー文字数据の研究（2）》，中日共同尼雅遗迹学术考察队编著：《中日共同尼雅遗迹学术调查报告书》第二卷，中村印刷株式会社1999年版，第161—176页。

⑥ 林梅村：《新疆文物考古研究所藏佉卢文书译文》，《中日共同尼雅遗迹学术调查报告书》第二卷，第227—244页。

⑦ 参见段晴、才洛太：《青海藏医药文化博物馆藏佉卢文尺牍》，中西书局2016年版。

二、关于本书的译注

《新疆出土佉卢文书译文集》（以下简称《译文集》）是托马斯·巴罗教授（1909—1986）的主要著作之一。他的著作《梵语》（*The Sanskrit Language*，1955）为他赢得了更大的声誉。他的专业是梵语，1937 年在剑桥大学获得哲学博士学位。1937—1944 年间在英国博物馆东方书籍与写本部工作。1944 年任牛津大学博登梵语教授（Boden Professor of Sanskrit），工作至 1973 年退休。[①] 他的另外一部研究佉卢文的著作，是《新疆出土佉卢文书之语言》。[②] 这是部讨论新疆佉卢文的语言学著作，可以和《译文集》、《佉卢文题铭》一道相互参阅。

关于《译文集》的刊布情况，前文已有所述。由于挑选的是《佉卢文题铭》里保存状况较佳的文书，所以文书的内容包罗了佉卢文书的各个类型，包括国王谕令、籍账、信函、法律文书（判决书）、社会经济文书（书面契约）、佛教文献、文学作品和杂类（占卜文书等）。这无疑提供了新疆佉卢文书的一个概貌，对于除语言学外的历史研究来说，是十分有价值的。

但是，巴罗的《译文集》也存在一个问题，就是他在释译时将几种格式化文书（国王谕令、信函、法律文书、社会经济文书）的开头部分，大多都省略掉了，而这些格套化的用语都是文书接受者的头衔、名字等，当然十分重要。它们除了对研究当时的官僚体制有意义外，还可以对之开展年代学的研究，以及确定这些文书中所涉及的实务都是分别针对什么官员发布的。

《译文集》的另外一个问题，是巴罗在书末所附的索引太过简略。此外，他也没有注明每件文书的田野编号——这可以帮助研究者分析文书的出土地点和共存关系等。

鉴于上述的缘故，我在翻译《译文集》时，决定采取译注的方式，即除了照译巴罗的原文外，还增加了下述几项内容：

---

① Dileep Kumar Kanjilal, "Thomas Burrow (1909-1986)", *Annals of the Bhandarkar Oriental Research Institute*, Vol. 69, No. 1/4 (1988), pp. 407-409.

② T. Burrow, *The Language of the Kharoṣṭhī Documents from Chinese Turkestan*, Cambridge at the University Press, 1937.

1. 增补了每件文书的出土遗物编号、简牍的形制类型、遗物和释文的出处等几方面基本信息。波耶尔（A. M. Boyer）等在《佉卢文题铭》里所做的释读编号，仍予保留。这个编号系统是国际上研究者们所遵循的。每件文书所对应的出土遗物编号，即是斯坦因的探险报告《古代和田》（*Ancient Khotan*）、《西域考古图记》（*Serindia*）、《亚洲腹地考古图记》（*Innermost Asia*）里的遗物编号。这些增补的内容以“注”的形式，补加到每件文书译文之后。鉴于佉卢文书研究的意义是多方面的，相信这些信息对研究者来说是必要的。相应地，对于巴罗在一些文书的译文后所加的语言学等方面的简注，则以“原注”说明，以与译注者的注释区分。

2. 对巴罗英译中所省略去的一些格式化用语，都做了还原（以“〔〕”标记）。这些用语如楔形牍国王谕令、矩形牍信函的抬头和尾句等，无疑对分析各种文书的内容、格式等来讲是重要的信息，故依据《佉卢文题铭》并参照林梅村《沙海古卷》做了还原。

3. 以附录形式（附录一）增补译注了巴罗在 1937 年发表的《尼雅佉卢文书别集》一文。《别集》里刊布的是斯坦因第四次新疆探险时于尼雅遗址所获的 18 件佉卢文书的释读和英译，它们原本属于尼雅佉卢文书的一部分。

4. 以附录形式（附录二）做了一个尽可能详尽的专有名词索引，以方便检索。巴罗原书末附录的索引毕竟简要，对需要深度研究这些文书的人来说是不够的，所以我根据翻译时的理解，重做了一份索引，其范围包括各种专有名词（人名、地名、职官或职务名称、行政区名等）。由于我并不是佉卢文的专家，所以对它的编排规则采用的是英文字母的顺序，其中可以酌定其汉语意义者则加之汉译；各条后附上该词所出现的文书之编号，以便使用者核对或做有关分析时参考。我相信这个索引对于研究者来说会发挥有益的作用。

5. 为便于读者认知尼雅遗址和出土文书，在书中正文前以图版形式补充了尼雅遗址和各类型文书的图片。

需要说明的是，巴罗的《译文集》曾有一个非正式出版的汉译本，就是新疆社会科学院已故王广智先生的译本，收入韩翔、王炳华先生所编《尼雅考古资料》中。[①] 对王广智先生当年殚精竭虑翻译的译本，我愿在此借机表达衷心的敬意！

三、一些专有名词的释译

巴罗、贝利和林梅村等语言学家曾指出，尼雅和楼兰佉卢文所拼写的印度西北俗语或尼雅普拉克里特语（Niya Prakrit）或犍陀罗语（Gāndhārī），混杂有伊朗语、吐火罗语、于阗塞语、粟特语、希腊语、汉语等在内。除大量伊朗语词外，还有约 1000 个专名及 150 个词语，包括职衔、农产品名称、衣物等，与印度普拉克里特语不同，为鄯善国语言。[②] 这样复杂的语言情况，一方面反映出文书的历史背景；另一方面，对于文书从释读到翻译的工作，必然带来诸多历史语言学方面的困难。对此我愿向那些语言学家表达衷心的敬意！

新疆佉卢文书中提及的专有名词很多，包括各种职衔名称、地名、人名以及行政区名称等。除大量人名外，表述职务或头衔的名称达四十六种，其中一部分的意义可以大致推定，巴罗和林梅村教授都做过推测，这些职官名称的汉译在本《译文集》里主要采用了林梅村《沙海古卷》中的译法，诸如：apsu（曹长）、arivaǵa（向导）、ari（贵人）、aǵeta（税吏）、cuύalayina（监察）、divira（司书）、karsenaύa（甲长）、kori（御牧）、koyima（司谷）、mahatvana（大夫）、śadavida（百户长）、ṣoṭhaṃgha（税监）、tasuca（祭司）、

---

① 王广智译：《新疆出土佉卢文残卷译文集》，韩翔等主编：《尼雅考古资料》（内部资料），乌鲁木齐，1988 年，第 183—267 页。

② 有关论述参见：H. W. Bailey, "Gāndhārī", *Bulletin of the School of Oriental and African Studies, University of London*, Vol.11, No. 4 (1946), pp. 764-797; T. Burrow, "Iranian Words in the Kharoṣṭhī Documents from Chinese Turkestan", *Bulletin of the School of Oriental Studies, University of London*, Vol. 7, No. 3(1934), pp. 509-516; T. Burrow, "Iranian Words in the Kharoṣṭhī Documents from Chinese Turkestan-II", *Bulletin of the School of Oriental Studies, University of London*, Vol. 7, No. 4(1935), pp. 779-790; T. Burrow, "The Dialectical Position of the Niya Prakrit", *Bulletin of the School of Oriental Studies, University of London*, Vol. 8, No. 2/3, Indian and Iranian Studies: Presented to George Abraham Grierson on His Eighty-Fifth Birthday, 7th January, 1936, pp. 419-435; T. Burrow, "Tokharian Elements in the Kharoṣṭhī Documents from Chinese Turkestan", *The Journal of the Royal Asiatic Society of Great Britain and Ireland*, No. 4 (Oct.,1935), pp. 667-675; R. Salomon, "Gāndhārī in the Worlds of India, Iran, and Central Asia", *Bulletin of the Asia Institute*, New Series, Vol. 21 (2007), pp. 179-192。

toṃga（督军）、vasu（司土）、yatma（司税）等。另一些则难以确知，如acoviṃna、ambukaya、apru、aryaǵa、aṣǵara、caraǵa、daśavita、klaseṃci、masiṃciye、suύeṣta、vaṭayaǵa 等。还有若干名称，按文书的上下文，可以理解为封号或爵位之类的名称，如埃卡罗（ekhara）、古速罗（guśura）、卡拉（Kala）、吉查依查（kitsaitsa）、柯罗罗（korara）、奥古（ogu）等。对此，孟凡人先生采取的是音译的方式[①]，但其中的一部分被林梅村教授意译为侯爵等称号[②]。作为最重要职称之一的cojhbo（cozbo），林梅村译为“州长”，研究者一般都予采用。不过，段晴教授在其著作中否定了这一译法，释译为“主簿”，以为是这一汉语职官的对音；她认为在鄯善国王治下的精绝，是以王土（raja）、封地（kilme，封邑）、聚落（avana）这几种形式存在的。[③] 由于 cojhbo 这个关键职官译法的改变，因此相应的，“州”的译法也被否定了。这个问题涉及了精绝的政治体制和行政区性质。

文书中提及的地名或部落名称，包括一些行政区或封邑名，数量也很多，大致有五十种以上。这些地名中，包括一些被称作“阿瓦纳”（avana）的行政区，如 Ajiyama aύana（阿迟耶摩阿瓦纳）、Catisa deviyae avana（哲蒂女神阿瓦纳）、deviyae naύaka avana（王后之新阿瓦纳）、Deviyae Ogu Anuǵaya ni aύana（王后奥古阿奴迦耶阿瓦纳）、Deviae Peta aύana（王后毗陀阿瓦纳）、Paǵina avana（帕耆那阿瓦纳）、Peta avana（毗陀阿瓦纳）、Navaǵa aύana（那伐迦阿瓦纳）、Trasa avana（特罗沙阿瓦纳）、Vaṃtu avana（梵图阿瓦纳）、Yaύe avana（叶吠阿瓦纳）、Yiruṃḍhina avana（夷龙提那阿瓦纳）。对于 avana，巴罗在《译文集》里有时意译作“村”，而林梅村则意译为“县”，段晴则译作“聚落”。因为鄯善王国的这个主要行政区，涉及其当时的行政体制和语源等目前尚不确定的问题，所以我决定沿用孟凡人先生的音译法（“阿瓦纳”）。

一些地名或部落名称，显然可以比对为汉文史书中所记载的西域地名或部落名称，如 Calmadana（且末）、Khotaṃna（于阗）、Khema（扜弥）、

① 参见孟凡人：《楼兰鄯善简牍年代学研究》，新疆人民出版社 1995 年版，第 302—304 页。
② 参见《沙海古卷》，第 265、274、302 页等。
③ 参见《青海藏医药文化博物馆藏佉卢文尺牍》，第 37—52 页。

Kroraina（楼兰）、Kuci（龟兹）、Khvani（扜泥）、Nina（尼壤）、Suliġa（速利，粟特）、Supi（苏毗）；但是，文书中也提及了鄯善王城扜泥的一个别称：mahaṃtanagara（摩诃那揭罗，大城）。但大部分地名都无法与史书比对，也无法确知其方位。其中也有富于意义的地名，如 Bhoti（菩提）、Bhoti-nagara（菩提城）。

文书中也出现了若干王的尊号，如天子（devaputrasa）、王中之王（raya-tirayasa）、于阗大王（Khotana maharaya）、天神（Deva）等，以及意义不明的为于阗王尉迟信诃（Vijitasiṃha）所享有的 Hinaza（第 661 号）。此外是若干度量衡单位或价值单位的名称，包括 diṣṭi、khi、milima、vacari、muli（价值单位）；还有两种金币名称 trakhma（德拉克马）和 satera（斯塔尔）。它们的语源显然是多方面的。

对于每件文书里出现的专有名词，我在翻译时都依据《佉卢文题铭》，用括号列出了其拉丁文的转写。其目的是使研究者便于核对。所有这些专有名词在各件文书里的出现情况，读者可以对照我在附录二里所做的“词汇索引”。

四、文书的类型与格式

对于理解新疆佉卢文书来讲，理解其类型和格式特征是基础。过去，我在学习这些佉卢文书时，曾经尝试在前人基础上再做分类。① 由于该时期中国内地早已进入纸张书写的时代，位处西陲的尼雅（精绝）等佉卢文书就具有了一种书写体系的研究意义。这些佉卢文书体现出了类型的多样性，较于阗语文书更为复杂。由于在文书形制与内容间存在的对应关系，可以看出几种主要类型的文书所具有的格式化特征，因而也反映出那时鄯善在行政和文化方面的成就。

根据内容可以把全部文书分作国王谕令、籍账、信函、法律文书（判决书）、社会经济文书（书面契约）、佛教文献、文学作品、杂类等八类。国

① 刘文锁：《佉卢文书分类及其他》，季羡林、饶宗颐主编：《敦煌吐鲁番研究》第七卷，中华书局 2004 年版，第 390—409 页；刘文锁：《沙海古卷释稿》，中华书局 2007 年版，第 16—28 页。

王谕令、法律文书（判决书）、社会经济文书（书面契约）、信函采用了保密的封检式双牍形制，而斯坦因所发现的25件皮革文书则专门用于书写国王的谕令，也采用了封泥印封方式。籍账则通常采用长方形木牍形式来书写。一篇佛教文献《浴佛节斋祷文》（拟题，第511号）和一篇《十二属星占文》（拟题，第565号），则书于长方形牍上。

最具格式特征的文书之一，是封检式楔形双牍的国王谕令，通过保存完好的文书实例，其固定格式是：

封牍（cover-tablet）正面：收件人职衔、名字；

底牍（under-tablet）正面＋封牍背面：正文；

底牍背面：文书关键词。

虽然巴罗的《译文集》未尝顾及这一方面问题，但是我们结合《佉卢文题铭》的完整转写，是可以复原的。[①]

另一种格式文书的书面契约，则为我们展示了一个西域早期契约法以及法律—社会经济文书的悠久传统。[②] 其研究意义是多方面的。

在翻译时我很想对每件文书做一些力所能及的考释，内容包括该件之原始编号（遗址出土号）、释译情况、有关词语或语句及所涉问题的考证，以及一些曾由林梅村教授和王广智先生翻译过的文书与本译差异之比勘，诸如此类。然而这样一来，本著可能就不再是一部译注了。我相信将来会有感兴趣的人来完成这个有挑战性的工作，或许由我本人来做也说不定。无论如何，它将是件有意义的事。

刘文锁

① 完整的格式译文可以参见《沙海古卷》，第34页等。

② 参见《沙海古卷释稿》，第32—36、233—238、294—309页。

译注凡例及缩略语

〔 〕：巴罗原文中所省略，译注者据《佉卢文题铭》、《沙海古卷》所增补的内容。

[……]、[...]：巴罗原文中标识的无法释读的部分，或人名、地名等专有名词中残损的字母。

（ ）：专有名词的拉丁文转写，或巴罗原文中为使语句连贯而增补的文字。

文书中括注的宋体字：巴罗补加的说明性文字。

《古代和田》= Stein, M. A., *Ancient Khotan, Detailed Report of Archaeological Explorations in Chinese Turkestan*, Oxford at the Clarendon Press, Vol. I-II, 1907.

《西域考古图记》= Stein, M. A., *Serindia, Detailed Report of Explorations in Central Asia and Westernmost China*, Oxford at the Clarendon Press, Vol. I, 1921.

《亚洲腹地考古图记》= Stein, M. A., *Innermost Asia, Detailed Report of Explorations in Central Asia, Kan-su and Eastern Iran*, Oxford at the Clarendon Press, Vol. I, 1928.

《佉卢文题铭》= Boyer, A. M., Rapson, E. J., Sénart, E., and Noble, P. S., transcribed and edited, *Kharoṣṭhī Inscriptions, Discovered by Sir Aurel Stein in Chinese Turkestan*, Parts I-III, Oxford at the Clarendon Press, 1920, 1927, 1929.

《译文集》= Burrow, T., *A Translation of the Kharoṣṭhī Documents from Chinese Turkestan*, The Royal Asiatic Society, London, 1940.

《沙海古卷》= 林梅村：《沙海古卷——中国所出佉卢文书（初集）》，文物出版社 1988 年版。

前　言

现时刊布一部完善的佉卢文书译文为时尚早。晦涩难懂的句子仍待澄清，诸多词语仍然不明。虽然如此，这是个尝试的时机，因为它对众多问题的进一步研究来说是基本的，这些问题涉及语言学及其他与文书相关的方面，它们须得使一个更宽广的学者圈子加入进来，而非迄今所见的情形。这只能由一个在文字上尽可能精确的译文来实现。

当然，大量的文书都能够确切地译出，当此种情形下就径直给出了其译文。很多例子属于一个词语不明而整句的其余部分则是清楚的，在翻译上不明确的词就用斜体来表示。一些头衔如 cozbo[①] 等，其意思大致可明，但也用斜体表示。凡在翻译一个特别的段落上出现疑惑之处，则在其末尾处用括号加问号标示。对于无法翻译的段落，则插入一个带问号的括号。原本残损的地方用方括号里加一行小点来表示。一再出现的固定词组，当第一次译出后就不再翻译，用“等等”及一行小点来表示。

我未能做广泛的注解。关于解释的基础，读者可参见我的《新疆出土佉卢文书之语言》一书。简注用于：（1）改正文本的读法；（2）凡前述著作里

① 佉卢文书中出现的这个职衔，是指在鄯善王之下的高阶地方官，由林梅村开创的汉译“州长”被沿用。不过，段晴所释的“主簿”是更可取的。在尼雅和楼兰佉卢文书的时代（3—4 世纪），中国内地的地方政区沿用了州郡县和封建体制，州郡的长官称刺史或州牧，似乎不可以用来译 cozbo。在西域地区的所谓“城郭诸国”，是中亚特征的绿洲城邦体制；《汉书·西域传》等记载的诸国的王、侯封爵，以及佉卢文书中鄯善王的尊号“王中之王（rayatirayasa）”，则说明鄯善等实行的是西域式的城邦封建体制，即段晴教授所主张的王土、封邑、聚落体制。精绝等地的长官 cojhbo 可能是由王委任的管理王土的职官，译为主簿也是比较合理的。——译注者

的信息需要补充或更正之处。书末附了一个在注解中如是讨论过的词语的索引。对从改进后的读法里产生的新词，在其前面则加了一个星号。一个小十字符号加在那些应当删去的词语之前。那里也吸收了关于单词的一定数量的其他信息。

当拉普森（E. J. Rapson）教授及其同仁编定之后①，文书被分藏在了英国和印度。第 213—427 号文书和第 510—565 号文书现在收藏在英国博物馆，其余的在德里。由是，除了照相之外，我所见到的仅是上面提及数目的文书之原件。在这些文书的注解里的更正，是基于对其原件的核对。而其余文书的情况，其中大多数的照相都无法获得，它们要么是基于由其编者自己所建议的选项，要么就是推测。无法接触原件这一缺陷，对前面的二百件文书来说是个不利因素。后来在第二和第三卷里编者们对文书本身更确知了，因而问题就不那么严重了。

那些仅包含人名的文书以及那些过于残损而不能翻译的文书，本著都略去了。

托马斯 · 巴罗

① 此指由拉普森和波耶尔（A. M. Boyer）、赛纳（E. Sénart）、诺贝尔（P. S. Noble）于 1920 年代合编的《佉卢文题铭》一书，参见 A. M. Boyer, E. J. Rapson, E. Senart, and P. S. Noble, transcribed and edited, *Kharoṣṭhī Inscriptions, Discovered by Sir Aurel Stein in Chinese Turkestan*, Parts I-III, Oxford at the Clarendon Press, 1920, 1927, 1929。后文说的“编者”及第二、三卷，即指此几位释读者及其著作《佉卢文题铭》一书。—— 译注者

译文与注释

1[1] 1

主簿檀阇伽（*cojhbo* Taṃjaka）启。[2]

大德、大王（Mahanuava maharaya）[3]敕谕主簿檀阇伽如下：黎贝耶（Lẏipeya）现下在此申诉，莎阇（Saca）[4]士卒掠去其两头牝牛。其一彼等已归还，另一则为彼等所食。此争讼须由你亲自详查，并依法律做出裁决。如你不能澄清此案，则彼等须得被送至本处拘押。

【注】

[1] 楔形双牍，谕令，侵犯财产之申诉。遗物编号 N. I. i. 8 + 1。《古代和田》第一卷，第 316、385 页。《佉卢文题铭》第一卷，第 1 页。

[2]“主簿檀阇伽启”及“大德、大王敕谕主簿檀阇伽如下”，国王谕令的起首格式，见于各谕令文书中。

[3]“大德、人王”，国土谕令开首的国王尊号。林梅村释作“威德宏大、伟大之国王”（《沙海古卷》，第 34 页等）。Maharaya（大王）是一个古代中亚君主的普遍尊号。

[4] 常见的地名或部族名 Saca，见于第 1、14、97、123、133、159、160、214、306、367、368、436、573、578、625 号等文书，林梅村译作“莎阇”（《沙海古卷》，第 33 页等）。据第 14 号文书，它位于且末（Calmadana）与尼壤（Nina）之间。它显然不是当时南道绿洲大邦的莎车，但似乎是相同部族的分支。

3[1]

〔主簿夷陀伽（*cojhbo* Yitaka）及督军伏陀（*toṃga* Vukto）启。

大德、大王敕谕主簿夷陀伽、督军伏陀如下：〕苏耆陀（Sugīta）禀报我等道，彼曾买有一妇人苏耆莎（Sugīsae），作价41匹丝[2]。当此印封之楔牍传至你等处[3]，你等须得即刻亲加详查，此妇人是否确被购买。须依法做出裁决。违法之官吏不得拥有该妇人。如你不能澄清此案，则俟彼等被送至王廷之我等面前时，将予以裁决。

〔苏耆陀。〕

【注】

[1] 楔形双牍，谕令，买卖人口（妇人）纠纷之申诉。遗物编号 N. I. i. 3 + 76。《古代和田》第一卷，第386、389页。《佉卢文题铭》第一卷，第1—2页。

[2]“作价41匹丝”，muli dida muli paṭa 20 20 1。muli，佉卢文书中的价值单位（《沙海古卷释稿》，第322、327页）；paṭa，白叠、布匹，巴罗此处释作丝（silk），存疑。关于paṭa的文书，另见于第35、225号等（《佉卢文题铭》第一卷，第12、88页；《译文集》，第9、42页）。

[3]“当此印封之楔牍传至你等处”，yahi eda kila mudra atra eśati。kila mudra，加盖以印章的泥封楔形双木牍（参见泥封楔形双牍的实物），巴罗都按照此类文书的形制释作“印封楔牍”（sealed wedge-tablet）。

4[1]

〔御牧卢达罗耶（*kori* Rutraya）启。

大德、大王敕谕御牧卢达罗耶如下：〕本处曾下达一道写有全部声明之谕令，（令你）呈交十峰橐驼于且末（Calmadana）[2]。如你尚未呈交此驼，则橐驼须得迅即送至且末黎贝耶之手中。

（底牍背面存模糊字迹）

【注】

[1] 楔形双牍，谕令，关于交纳赋税之事。遗物编号 N. I. i. 4 + 47。《古

代和田》第一卷，第 386、388 页。《佉卢文题铭》第一卷，第 2 页。

[2] Calmadana，且末，分布于民丰与若羌之间的车尔臣河流域的城邦，与精绝一起为鄯善所兼并。

5[1]

〔御牧卢达罗耶（*kori* Rutraya）启。

大德、大王敕谕御牧卢达罗耶如下：〕此位黎贝耶之子已作为使者出行，因是，此黎贝耶秋季与畜群留驻。当此印封之楔牍传至你处，你须得详查事务。毋论何人与畜群留驻（？）[……]，须于秋季来此地。黎贝耶绝不得于秋季与畜群一道留驻此地。于二十六年二月二十一日，贵霜舍那（Kuṣanasena）被带至①大城（mahaṃtanagara）之王廷（rayadvaraṃmi）[2][……]。

〔黎贝耶之子 [……]〕

【注】

[1] 楔形双牍，谕令，关于赋役之事。遗物编号 N. I. i. 11 + 5。《古代和田》第一卷，第 386 页。《佉卢文题铭》第一卷，第 2 页。

[2] mahaṃtanagara，摩诃那揭罗，大城，林梅村释作"京城"（《沙海古卷》，第 35 页）。rayadvaraṃmi，王廷。这是将首都与其他城市相区分的表述，此城即扞泥（khvani），它很可能位于若羌河绿洲。注意这里没有使用楼兰（Kroraina）。巴罗在第 155 号文书的注释中说，大城即楼兰。

6[1] 2

〔主簿萨摩舍那（*cojhbo* Ṣamasena）、布瞿（Puǵo）启。

大德、大王敕谕土簿萨摩舍那、布瞿如下：〕黎贝耶禀报我等道，彼等

① 第 3 行字迹漫漶因而不能读全。既可能是 *thita*[*ǵa*]，亦可能是 *thita*[*vo*]。*ghosa*... 极模糊。最末一行的句子残破了。我们可以完句作 anita[ṃti]，译为"彼等曾带走 Kuṣanasena"，意即黎贝耶的替代。——原注

曾是此地之一峰橐驼及索左罗（Socara）之债务人。现下索左罗正在做证。当此印封之楔牍传至你等处，即刻发一大誓言，索左罗之证词已发过一誓言，以该方式做出一裁决。[2]如你不能澄清此案，〔则将彼等押至王廷，由我等予以裁决。

黎贝耶［……］〕

【注】

[1] 楔形双牍，谕令，债务纠纷之申诉。遗物编号 N. I. i. 6 + 62。《古代和田》第一卷，第 386、388 页。《佉卢文题铭》第一卷，第 3 页。

[2]“当此印封……做出一裁决”句，在谕令和书面契约、判决书中，誓证是习惯法中普遍的程式，这反映出鄯善所遵循的法律传统。

7[1]

〔主簿檀阇伽（*cojhbo* Taṃjaka）启。

大德、大王敕谕主簿檀阇伽如下：〕税监黎贝（*ṣoṭhaṃgha* Lýipe）禀报我等道，阿是那（Arsina）曾于三年前（triti varṣa）[2]给予其两头牝牛崽。迄至今日，此牛崽中之一已有周岁，而另一头则尚未生下。迄至现下你尚未做出任何之裁决。当此印封之楔牍传至你处，须亲自就此争讼详加审查，并遵照于王廷所做之裁决，以此种方式依照法令做出裁决。如你不能澄清此案，〔则将彼等押至王廷。

税监黎贝耶事宜。〕

【注】

[1] 楔形双牍，谕令，债务纠纷之申诉。遗物编号 N. I. i. 9。《古代和田》第一卷，第 386 页；第二卷，图版 LXXI、C。《佉卢文题铭》第一卷，第 3 页。

[2] triti varṣa，林梅村释作“第三年”，相当于梵语 tṛtiya varṣa（《沙海古卷》，第 28 页）。

8[1]

兹于十一年五月八日，彼时王廷下达之一道印封楔牍传至，（事关）供给官吏之粮俸。

【注】

[1] 长方形牍，籍账类账历之抬头部分，纪年文书。下面残存3行，其中有 cina kolṕisa。遗物编号 N. I. i. 9a。《古代和田》第一卷，第386页。《佉卢文题铭》第一卷，第3页。

9[1]

〔主簿索阇伽（*cojhbo* Soṃjaka）启。

大德、大王敕谕主簿索阇伽如下：〕乌波格耶（Opǵeya）申诉左提（Caḍhi）、帕苏（Parsu）、阿离耶（Alýaya）及罗施伐罗（Raśvara），彼等曾掠走其一位妇人，并殴打该妇人，致使其流产。至第三日彼等放其回去。此争讼〔须得由你详加审理，依法做出裁决。如你不能澄清此案，则将其押至王廷。

乌波格耶 [……]〕

【注】

[1] 楔形双牍，谕令。遗物编号 N. I. i. 10 + 60。《古代和田》第一卷，第386、388页。《佉卢文题铭》第一卷，第4页。

10[1]

〔主簿索阇伽（*cojhbo* Soṃjaka）启。

大德、大王敕谕主簿索阇伽如下：〕黎贝（Lýipe）禀报我等道，其为世袭之毗陀阿瓦纳（Peta avana）之 *klaseṃci*[2]，而非向导（*arivaǵa*）。当此印封之楔牍传至你处，（若）此位黎贝并非向导，须得依法解除（其差役）。

〔黎贝充任向导事宜。〕①

【注】

[1] 楔形双牍。谕令，关于赋役之纠纷。遗物编号 N. I. i. 12。《古代和田》第一卷，第 386 页。《佉卢文题铭》第一卷，第 4 页。

[2] Peta avana，按段晴教授释法，可释作“毗陀聚落”。第 25 号文书之毗陀城（Peta-nagara）似是该地方的城市。*klaseṃci*，《沙海古卷》释作“骑都”（第 37 页）。

3

11[1]

〔主簿夷陀伽（*cojhbo* Yitaka）、督军伏陀（*toṃga* Vukto）启。

大德、大王敕谕主簿夷陀伽、督军伏陀如下：〕黎贝耶（Lýipeya）申诉道，其有一桩争讼事关一位自昆格耶（Kuńgeya）处领养之子阿毗沙（Apisa）。当此印封楔牍传至你处，你须得即刻亲自详查此案，连同宣誓证言与证人。依据旧有之领养子女支付偿金之法令[2]，如是做出裁决。若是有差，〔你不能澄清此案，则将其押至王廷。

税监黎贝耶与昆格耶事宜。〕

【注】

[1] 楔形双牍，谕令，领养纠纷之申诉。遗物编号 N. I. i. 13 + 54。《古代和田》第一卷，第 386、388 页。《佉卢文题铭》第一卷，第 4—5 页。

[2] 关于鄯善所颁行之领养法，有不少文书（第 11、31 和 764、39、45、331、334、415、418、434、528、538、542、551、553、555、564、569、741、769、771 号等）涉及（《沙海古卷释稿》，第 200—203 页）。

12 及 43[1]

〔监察摩尔布陀（*cuv́alayina* Malbhuta）启。

① 有关人们抱怨被施诸过多之差役之文书，参见第 430、439、562 号文书，所有这些文书中均指明这些职务系由世袭而被指派。——原注

大德、大王敕谕监察摩尔布陀如下：〕税监苏耆陀（*ṣoṭhaṃgha* Sugīta）禀报此地之我等，其子黎伐罗施摩（Livarazma）寻得一件金 *śakasya*（=？）、一件 *kaṃpo*（=？），及两枚金币（stater），有诸多之精绝（Caḍ'ota）人及山民为证人。就此事，诸驮迦斯陀（*taǵasta*）正哄骗物主。当此印封之楔牍传至你处，〔须将此争讼及人证、宣誓证言详加审理。如你不能澄清此案，则将彼等拘押至王廷。〕须阻止诸驮迦斯陀对人们行不义之事。

〔税监苏耆陀与黎伐罗施摩。〕①

【注】

[1] 楔形双牍，谕令，关于财产纠纷之申诉。遗物编号 N. I. i. 14 + 61。《古代和田》第一卷，第 386 页。《佉卢文题铭》第一卷，第 5 页。

13[1]

〔主簿索阇伽（*cojhbo* Soṃjaka）启。

大德、大王敕谕主簿索阇伽如下：〕布瞿（Puǵo）禀报我等道，其牧场中有母驴及马。有人前去该处行猎并伤及驴马，而该处并有些酥油失踪。当此印封之楔牍传至你处，〔你须得即刻亲自详查此案及证人、宣誓证言，〕阻止人们再次前去行猎。

前去该处行猎之人为夷陀伽（Yitaka）、乌伽 [……]（Oǵa[...]）、苏遮摩（Sucaṃma）、梵多（Vaṃto）、乌波格耶（Opǵeya）及支那摩（Cinama）。

〔黎贝耶牧场 [……]〕②

【注】

[1] 楔形双牍，谕令，财产损害之申诉。遗物编号 N. I. i. 15 + 107。《古代和田》第一卷，第 386、390 页。《佉卢文题铭》第一卷，第 5 页。

---

① 第 12 及 43 号文书为同一件文书之两部分，其顺序为第 12（正面）、43（正面）、12（背面）、43（背面）号。词语 *śakasyami*、*kaṃpo* 和 *taǵastehi* 未见于其他文书中，其意义不明。*taǵasta*（驮迦斯陀）一词指称一个特别的阶层。此处的工具格常被混淆用作了主格。——原注

② 相同主题但不同的犯罪人亦见于第 15 号文书。——原注

14[1]

〔主簿毗摩耶（*cojhbo* Bhimaya）、税监黎贝耶（*ṣoṭhaṃgha* Lẏipeya）启。

大德、大王敕谕主簿毗摩耶、税监黎贝耶如下：〕沙弥伽（Ṣameka）
禀报我等道，其曾作为出使于阗（Khotaṃ）之使者。自且末（Calmadana）
彼等给予其一名侍从，其行进直至莎阇（Saca）。自莎阇彼等给予其一名侍
从，其行进直至尼壤（Nina）。自尼壤至于阗，应由精绝（Caḍ'ota）提供一
4 名侍从，直至于阗[……]。[2] 当此印封之楔牍传至你等处，遵照先前所做之
偿付，移交自尼壤至于阗之一名侍从之雇佣，连带一笔特别数目。依照法令
做出裁决。

〔沙弥伽。〕①

【注】

[1] 楔形双牍，关于出使供廪之谕令。遗物编号 N. I. i. 16 + 104。《古代和田》第一卷，第 387、390 页。《佉卢文题铭》第一卷，第 5—6 页。

[2] 这里叙述的自鄯善出使于阗的行程是：扜泥（王都）—且末—莎阇—尼壤—于阗。使者的护卫由沿途各地提供，其中尼壤至于阗途程由精绝提供，说明尼壤受精绝所辖。事涉出使于阗的文书还有第 22、135、214、223、253、367 号等，可以拼出鄯善的于阗使团的大致情形：除使者外，另有监察（*cuv̇alayina*）陪同，还有向导（*arivaġa*）、侍卫、驼夫等，其中向导、侍卫、驼夫以及使团骑乘的马、驼和饲料，由沿途供给，这些出使文书主要都是涉及此事。第 214 号文书还提供了一个局域行程：莎阇—热弥那（Remena）—精绝—扜弥（Khema）。热弥那似乎跟尼壤很接近。使者要携带赠于阗王的礼物。

15[1]

〔主簿檀阇伽（*cojhbo* Taṃjaka）启。〕

① 本文书曾由吕德斯（H. Lüders）做了翻译和讨论（*Act. Or.*, xviii, 1939, p. 36）。——原注

……] 即刻阻止柯利沙（Kolýisa）与苏耆陀（Sugīta）前去牧场行猎。有关遭窃酥油之争讼，以宣誓之证词细加审理。亦须审理有关 *śamuta* 之事。〔如你不能澄清此案，则将彼等押至王廷。〕[2]

【注】

[1] 楔形盖牍，谕令，关于财产损害之申诉。遗物编号 N. I. i. 17。《古代和田》第一卷，第 387 页。《佉卢文题铭》第一卷，第 6 页。

[2] 与第 13 号文书为同一案，此件似为前行文书。

16[1]

〔主簿萨摩舍那（*cojhbo* Ṣamasena）、布瞿（Puǵo）启。

大德、大王敕谕主簿萨摩舍那、布瞿如下：〕毗陀阿瓦纳（Peta avana）已由朕，大王，移交与 *caṃkura*[2] 阿周那（Arjuna）。先前来自 *kilmecis*[3] 处[……] 大过十三岁口之诸橐驼尚未交与 [……]。当此印封之楔牍传至你等处，即刻 [……] 须呈交详尽之说明，一峰纳税之橐驼不应为如是大之岁口。

〔毗陀阿瓦纳 [……]〕

【注】

[1] 楔形底牍，交纳赋税之谕令。遗物编号 N. I. i. 18。《古代和田》第卷，第 387 页。《佉卢文题铭》第一卷，第 6 页。

[2] *caṃkura*，《沙海古卷》释作"且渠"（第 41 页）。

[3] *kilmeci*，《沙海古卷》（第 41 页）、《青海藏医药文化博物馆藏佉卢文尺牍》（第 43—44 页）释作"领地"、"封地"（封邑）。

17[1]

〔主簿索阇伽（*cojhbo* Soṃjaka）启。

大德、大王敕谕主簿索阇伽如下：〕布瞿（Puǵo）与黎贝（Lýipe）禀报我等道，克列耶（Kreya）与苏利陀（Ṣulýita）曾有（一些财物）藏于一处隐秘地方。有犬及狐狸刨开该处，并将财物暴露开来。[2] 此乃由于一件存放之皮（制）囊（*pothi*）之故，故而其刨掘该处。其后，摩施迪格（Maṣḍhiǵe）与波格耶（Pǵeya）渐次获得该物，而彼等云该处有诸多之物遗失。彼等云摩施迪格与波格耶窃去财物。当此印封之楔牍传至你处，即刻召摩施迪格与波格耶发一誓言。毋论彼等获有多少，彼等须得归还之。对过多或非法之物不做偿付。此地亦在制定一条法令，有关战时所获何等物品方为清白。

〔布瞿、黎贝、克列耶、黎波陀（Lṕipta）。〕

【注】

[1] 楔形双牍，关于财产纠纷之谕令。遗物编号 N. I. i. 19 + 66。《古代和田》第一卷，第 387、389 页。《佉卢文题铭》第一卷，第 6—7 页。

[2] 本件所涉的隐藏财物，指的是某种无主物。

18[1]

〔主簿索阇伽（*cojhbo* Soṃjaka）启。

大德、大王敕谕主簿索阇伽如下：〕苏耆陀（Sugīta）禀报我等道，黎牟（Lýimo）、布瞿（Puǵo）与乌波格耶（Opǵeya）曾分其所有之财产。现下乌波格耶业已获得人口。与黎贝耶（Lýipeya）一道，其弄翻 *nukaṃja*（=？）①，且不许彼等耕种。当此印封之楔牍传至你处，〔须即刻详查此案及人证、宣誓证言，依法做出判决。如你不能澄清此案，则将彼等押至王廷。

苏耆陀。〕

【注】

[1] 楔形底牍，谕令，侵犯财产之申诉。遗物编号 N. I. i. 20。《古代和田》第一卷，第 387 页。《佉卢文题铭》第一卷，第 7 页。

5

19[1]

〔主簿柯罗那耶（*cojhbo* Kranaya）、税监黎贝耶（*ṣoṭhaṃgha* Lýipeya）启。

① 词语 *nukaṃja* 未见于他处，其意义很模糊。——原注

大德、大王敕谕主簿柯罗那耶、税监黎贝耶如下：〕妇人驮摩施耶那(Tamaṣyanae）曾替代夷陀色那（Yitasena）与畜群停驻于此地。当此印封之楔牍传至你等处，你等须得查明驮摩施耶那是否真实替代夷陀色那放牧，遵照王国旧有之法令，须得给付其衣物、膳食及薪俸。[2] 如有任何之争议，将于我等面前做出裁决。

【注】

[1] 楔形双牍，关于赋役之谕令。遗物编号 N. I. i. 22 + 7。《古代和田》第一卷，第 386、387 页。《佉卢文题铭》第一卷，第 7 页。

[2]“遵照王国旧有之法令，须得给付其衣物、膳食及薪俸”，意指鄯善有赋役法令，规定委托人需供给其代役人以廪食等。

20[1]

〔主簿索阇伽（*cojhbo* Soṃjaka）启。

大德、大王敕谕主簿索阇伽如下：〕黎贝耶（Lýipeya）申诉道，柯利沙（Kolýisa）曾打破其妇人左牟（Camoae）之头颅，而奥迦罗（Auǵala）曾伤害并殴打其妇人帕卢韦莎（Paluύisae）。当此印封之楔牍传至你处，〔即刻对此案及人证、宣誓证言详加审查，依法判决。如你不能澄清此案，则将彼等押至王廷。

黎贝耶、柯利沙。〕①

【注】

[1] 楔形双牍，谕令，人身伤害之申诉。遗物编号 N. I. i. 23。《古代和田》第一卷，第 387 页。《佉卢文题铭》第一卷，第 7 页。

21[1]

〔税监黎贝耶（*ṣoṭhaṃgha* Lýipeya）启。

① 同一争讼另见于第 29、53 号文书。——原注

大德、大王敕谕税监黎贝耶如下：〕伽弥（Kame）申诉道，其拥有一峰与黎般摩（Lýipaṃma）相同之橐驼[2]。此驼之两份黎般摩（曾给予？）其女达摩师利（Dhamaśriae）[……] 当此印封之楔牍传至你处，此一争讼〔连同人证、宣誓证言须得详加审理。〕如你不能澄清此案，则即呈上一牒关乎诸证人已发誓之证言，交由信差之手送达此地[3]，将于我等面前做出裁决。

【注】

[1] 楔形双牍，谕令，财产纠纷之申诉。遗物编号 N. I. i. 24 + 180。《古代和田》第一卷，第 387、390 页。《佉卢文题铭》第一卷，第 8 页。

[2] “其拥有一峰与黎般摩相同之橐驼”，意即二人共同拥有同一橐驼。

[3] “交由信差之手送达此地”，指鄯善的邮驿系统。

22[1]

〔主簿柯罗那耶（*cojhbo* Kranaya）、鸠那罗（Kunala）并税监黎贝耶（*ṣoṭhaṃgha* Lýipeya）启。

大德、大王敕谕主簿柯罗那耶、鸠那罗并税监黎贝耶如下：〕由此处林苏（Lýimsu）[……] 与苏伐剌那帕罗（Suύarnapala）须得出使于阗。向导卢达罗耶（Rutraya）本人须前往。林苏有橐驼两峰。此等人，卢达罗耶与苏伐剌那帕罗（……须得前往，林苏不必？）前往。不得耽搁。且照先前由国家供给使者之佳礼与膳食之例①，现下此等 [……

〔林苏。〕

【注】

[1] 楔形底牍，关于出使之役之谕令。遗物编号 N. I. i. 25。《古代和田》第一卷，第 387 页。《佉卢文题铭》第一卷，第 8 页。

① *saṃmana* 在此可释为等同梵语 *sammāna*。形式上可与梵语 *samāna* 联系在一起。—— 原注

23[1]

〔主簿夷陀伽（*cojhbo* Yitaka）、督军伏陀（*toṃga* Vukto）启。〕

……〕橐驼之[……]，一橐驼 *paṃma*① 业已由沙尔贝（Sarpe）与迦克（Kaḱe）留存。此等橐驼 *paṃma* 须呈交此地司税（*yatma*）波尔诃陀（Porkota）之手。此地，当我等之面，将做出裁决。

〔沙尔贝之事宜。〕

【注】

[1] 楔形底牍，关于交纳赋税之谕令。遗物编号 N. I. i. 26。《古代和田》第一卷，第 387 页。《佉卢文题铭》第一卷，第 8 页。

24[1] 6

〔主簿檀阇伽（*cojhbo* Taṃjaka）启。

大德、大王敕谕主簿檀阇伽如下：〕苏耆陀（Sugīta）禀报道，乔勒（Caule）正向其奴隶沙毗伽（Sarpiǵa）追索一匹马之债。彼等正打算移交此马，然乔勒并无意取走此马。其欲获得由苏耆陀自国王陛下处所得之屋宅与土地，以作为沙毗伽债务之偿付。当此印封之楔牍传至你处，你须得即刻详加调查事实是否如此。似此并非法令：主人之财产用于偿付奴隶之债务。[2] 遵照先前之王国法令做出裁决。如你不能澄清此案，〔则将彼等押至王廷审理。

苏耆陀、乔勒事宜。〕

【注】

[1] 楔形双牍，谕令，关于债务纠纷之申诉。遗物编号 N. I. i. 28 + 48。《古代和田》第一卷，第 387、388 页。《佉卢文题铭》第一卷，第 8—9 页。

[2]“似此并非法令：主人之财产用于偿付奴隶之债务”，即法令为：主人之财产不可用于偿付奴隶之债务。

---

① 词语 *paṃma* 未见于其他各处，其意不明。——原注

25[1]

卡拉（*kāla*）[2] 鸠那罗（Kunala）敬祝司土（*vasu*）黎贝耶（Lýipeya）康健、万寿无疆，我如是写下：你须得知晓，在毗陀城（Peta-nagara）[3] 有用于支付薪俸之谷物，（数目为）弥里码（milima）[……]。又有一名侍从之薪俸 3 弥里码，及其口粮 1 弥里码 10 硒（*khi*）[4]。当此位亚摩梵那（Jamavaṃ[na]）抵达该处，即刻交与亚摩梵那及图伐耶（Ṭhuvaya）谷物 15 弥里码，不得延误。彼等当波瞿周（Pǵoco）、[...]kto 与波耆陀（Pǵita）之面曾做出决定。付给鸠韦嫩耶（Kuviñeya）之份额 [……] 付给。如马匹适时抵达，因此你须得知悉。[5]

【注】

[1] 矩形底牍，关于薪俸之信函。遗物编号 N. I. i. 29 + 38 + 40。《古代和田》第一卷，第 387 页。《佉卢文题铭》第一卷，第 9 页。

[2] *kāla*，《沙海古卷》释作“太侯”（第 265 页）。

[3] 毗陀城，鄯善的一座城市。

[4] 弥里码、硒，鄯善的度量衡单位（《沙海古卷释稿》，第 318—319、321—322、326—327 页）。

[5] 通常归类的信函，很多都是涉及行政事务，可以认为是当时鄯善实行的公文的格套。

26[1]

〔主簿檀阇伽（*cojhbo* Taṃjaka）启。

大德、大王敕谕主簿檀阇伽如下：〕伏摩色伐（Pḣuṁmaseva）与林苏（Lýimsu）已申诉男子林格耶（Lýimǵeya）。此林格耶属林苏所有。当此印封之楔牍传至你处，〔须得对该案详加审查。该林格耶之 [……]〕

（底牍背面存微弱字迹）

【注】

[1] 楔形底牍，谕令。关于奴隶所有权纠纷之申诉。遗物编号 N. I. i. 32。

《古代和田》第一卷，第 387 页。《佉卢文题铭》第一卷，第 9 页。

27[1]

〔主簿索阇伽（*cojhbo* Soṃjaka）启。

大德、大王敕谕主簿索阇伽如下：〕黎贝耶禀报道，当王后途经该地往精绝（Caḍ'ota）[2] 时，其一峰六岁之橐驼黎波陀（Lyipta）[……] 孕马一匹 [……] 将 [……]“奉送我等母马及四匹马驹”。无论母马抑或四匹马驹均未交纳。当此印封之楔牍传至你处，〔须得亲自详加审理此案，连同人证及宣誓证言，依法判决。如你不能澄清此案，则将彼等押至王廷由朕斥责彼等并做出判决。

事关橐驼 [……]（有刮痕）

黎贝耶。〕

【注】

[1] 楔形双牍，关于交纳赋税之谕令。遗物编号 N. I. i. 33 + 41。《古代和田》第一卷，第 387 页。《佉卢文题铭》第一卷，第 9—10 页。

[2] 精绝，是汉代对尼雅普拉克利特语 caḍ'ota 的译写。有大约 40 件文书（第 12 及 43、14、27、31 及 764、97、159 号等）提及了它。

28[1] 7

〔主簿夷陀伽（*cojhbo* Yitaka）、督军伏陀（*toṃga* Vukto）启。

大德、大王敕谕主簿夷陀伽、督军伏陀如下：〕[……] 当此印封之楔牍传至你处，须将卡拉（*kala*）布那跋腊（Purnabala）之 *kulola*① 名曰鸠布（Kulbhu）者，交与一位即将来此之信差之手送至此地。

〔卡拉。〕

【注】

[1] 楔形底牍，谕令。遗物编号 N. I. i. 34。《古代和田》第一卷，第 387 页。《佉卢文题铭》第一卷，第 10 页。

---

① 词语 *kulola* 用作一种个体仅见于此处，其意义不明。——原注

29[1]

〔主簿索阇伽（*cojhbo* Soṃjaka）启。

大德、大王敕谕主簿索阇伽如下：〕黎贝耶（Lýipeya）与柯利沙（Kolýisa）就一位妇人沙牟（Śamoae）之头部被击破而申诉。黎贝耶之另一位妇人为柯利沙之兄弟奥迦罗（Auġala）所打伤。虑及此地并无证人之事实，在此做出判决殊非妥当。当此印封之楔牍传至你处，〔你须得亲自对该案连同人证及宣誓证言详加审理。如你不能澄清此案，则将彼等押至王廷，朕将亲加申饬并做出判决。

黎贝耶。〕

【注】

[1] 楔形双牍，谕令，关于人身伤害纠纷之申诉。遗物编号 N. I. i. 35 + 81。《古代和田》第一卷，第387、389页。《佉卢文题铭》第一卷，第10页。

30[1]

〔主簿索阇伽（*cojhbo* Soṃjaka）启。

大德、大王敕谕主簿索阇伽如下：〕于阗人伽那沙迦（Kanasaġa）禀报道，都霜（Tuṣana）曾接替阿毗伽（Apiġo）任职 *tseġe*[2]①，而于阗人伽那沙迦曾接替其职。当此印封之楔牍传至你处，〔你须得亲自对该案连同人证及宣誓证言详加审理，〕将阿毗伽之薪俸转与此地之都霜。

〔伽那沙迦。〕[3]

【注】

[1] 楔形底牍，关于赋役之谕令。遗物编号 N. I. i. 37。《古代和田》第一卷，第387页。《佉卢文题铭》第一卷，第10—11页。

[2] *tseġe*，《沙海古卷》释作“御吏”（第47页）。

[3] 本件事涉代役问题。

① *bheġeśami* 读作 *tseġeyami*，比较第484、505、556号文书。*tseġe* 一词尚不明确。——原注

31 及 764[1]

〔主簿索阁伽（*cojhbo* Soṃjaka）启。

大德、大王敕谕主簿索阁伽如下：〕乌波格耶（Opǵeya）与优婆色那（Upasena）现下于此地禀报。乌波格耶禀报道：当犬子优婆色那出生之时，黎牟（Lýimo）将其领养①，黎牟并如是言：无论有何人依附于我，或多或少，其中优婆色那将作为长子。彼等将依附于他生活。而黎牟亡故 [……] 奴隶及主子之 [……] 人推翻此协约。彼等并不服从（？）此位优婆色那。考虑及此，此乌波格耶家族之 [……] 无论乌波格耶将如何使唤奴隶操持家务，彼等须得遵从其言，彼等不得违反。此位优婆色那被视作是该家族之养子。无论国家法令如何，且无论其余之精绝人所遵从之家（？）法如何，此等人须得如是行事。无论何人质疑该方面是否立有法规，皆可向此地之我等面前申 8
诉，将会做出判决。另，就黎牟与布瞿（Puǵo）于国家太平时所达成之交易，现下彼等正在此闹事。俟国家（再）得太平后，将会做出判决。

〔乌波格耶 [……]〕[2]

【注】

[1] 楔形双牍，谕令，关于领养纠纷之申诉。遗物编号 N. I. i. 39 + 106. a, b。《古代和田》第一卷，第 387 页。《佉卢文题铭》第一卷，第 11 页；第三卷，第 285 页。

[2] 此件是关于鄯善领养法的最详细文件之一。

32[1]

〔御牧卢达罗耶（*kori* Rutraya）启。

大德、大王敕谕御牧卢达罗耶如下：〕司土黎贝耶（*vasu*② Lýipeya）禀报道，乌帕未（Opaṽe）曾娶毗陀阿瓦纳（Peta avana）人萨迦贝耶（Saǵapeya）

---

① *upajiva tusa Lýimo* 读作 *upajivatu sa Lýimo*。*niṭayaṃti* 意义不明，极可能是不正确的。能够讲清的最为接近的词是 *pujayamti*。第 31 号文书中的 *k*[...]*dhama*，可释读作 *k*[*ula*]*dhama*。—— 原注

② *asu* 读作 *vasu*。—— 原注

之女金伽（Cinǵa），在毗陀阿瓦纳完婚。为着其人（*taya lode*）[2]，其曾许愿将其姊妹金伽（Cinǵa）嫁与萨迦贝耶[3]。他已将此姊妹给予别人，而未偿付萨迦贝耶分毫。当此印封之楔牍传至你处，〔你须得亲自对该案连同人证及宣誓证言详加审理。如你不能澄清此案，则将彼等押至王廷，朕将亲自判决。

黎贝耶、司土萨迦贝耶与苏耆陀之事宜。〕

【注】

[1] 楔形双牍，谕令，关于婚姻纠纷之申诉。遗物编号 N. I. i. 42 + 57。《古代和田》第一卷，第 388 页。《佉卢文题铭》第一卷，第 11 页。

[2] *taya lode*，《沙海古卷》释作“作为交换条件”（第 49 页）。

[3]“其曾许愿将其姊妹金伽（Cinǵa）嫁与萨迦贝耶”，这是两位同名的金伽，后者为乌帕未的姊妹。他与萨迦贝耶之间构成了交换婚关系。这种婚俗是当时流行的。

33[1]

〔主簿索阇伽（*cojhbo* Soṃjaka）启。

大德、大王敕谕主簿索阇伽如下：〕税监黎贝耶（*ṣvaṭhaṃgha* Lýipeya）申诉道，苏耆耶（Suǧiya）曾于难时自其奴隶帕陀耶（Paṭaya）处取走三*aṃbila* 及一匹马。当此印封之楔牍传至你处，〔你须得依据国法即刻亲自对该案连同人证及宣誓证言详加审理。你须得查证苏耆耶是否曾取得此物，其应予归还此私物。倘非如此，〔你不能澄清该案，则将彼等押至王廷裁决。

帕陀耶。〕

【注】

[1] 楔形双牍，谕令，关于财产纠纷之申诉。遗物编号 N. I. i. 43 + 30。《古代和田》第一卷，第 387、388 页。《佉卢文题铭》第一卷，第 11—12 页。

34[1]

敬呈大人、税监黎贝耶（*ṣoṭhaṃgha* Lýipeya）足下［……］祝健康、万寿无疆。克列耶（Kreya）与左摩师利（Camaśriae）彼此［……］再次分开（viveka）①，彼等如是说。当有［……］此女将是你之机会。另，［……］我已对诸事做出决定。你再不必［……

【注】

[1] 矩形底牍，信函。遗物编号 N. I. i. 44。《古代和田》第一卷，第 388 页。《佉卢文题铭》第一卷，第 12 页。

35[1] 9

〔主簿毗摩耶（*cojhbo* Bhimaya）、税监黎贝耶（*ṣoṭhaṃgha* Lýipeya）启。〕

苏耆陀（Sugita）被阻止。现下并无来自中国（Cina）之商贾[2]，以致现下不能清查丝[3]债。至于橐驼之事，则有劳檀支那（Taṃcina）。一当商贾自中国来至，丝债即得清查。若是有所争议，当王廷我等之面将给予裁决。

【注】

[1] 楔形盖牍，关于赋税之谕令。遗物编号 N. I. i. 49。《古代和田》第卷，第 388 页。《佉卢文题铭》第一卷，第 12 页。

[2]Cina 也可以译作汉地、秦（参照《刘平国作关亭诵》之“秦人”等）。此句所说的商贾可能指贵霜人。

[3] paṭa，巴罗释作“丝”（silk）。另见于第 225、318、345、489、660 号等文书。该词可能源自梵语，指布，汉文史书中通常音译作“白叠”、“叠（布）”等，指印度等地的棉布。不妨这样理解：当 paṭa 与“中国”（Cina）或“汉地”相连时，可以确切地释作丝绸，例如印度古文献《治国论》（*Kauṭillīya*）中的“秦（或支那）白叠”（Cīna paṭṭas）（参见饶宗颐：《蜀布与 Cīnapaṭṭa——论早期中、印、缅之交通》，《饶宗颐二十世纪学术文集》

① *viveka*（分开）在此可以指离婚。文书太过残破，难以释出相关含义。——原注

第十册《中外关系史》，新文丰出版股份有限公司 2003 年版，第 264 页；季羡林：《中国蚕丝输入印度问题的初步研究》，《中印文化交流史》，中国社会科学出版社 2008 年版，第 214 页）。

36[1]

〔主簿索阇伽（*cojhbo* Soṃjaka）启。

大德、大王敕谕主簿索阇伽如下：〕黎贝（Lýipe）申诉于阗（Khotaṃ）人阿伯各耶（Apǵeya）及吉利耶格（Kilýaǵe），彼等曾由[……？]之农庄①拿走些财物。当此印封之楔牍传至你处，〔须得即刻对此争讼及人证、宣誓证言一道详加审理。如你不能澄清此案，则将（彼等押至王廷，由朕亲自）裁决。

康萨陀耶（Caṃśatarya）。（有刮痕）〕

【注】

[1] 楔形双牍。谕令，关于财产纠纷之申诉。遗物编号 N. I. i. 50 + 58。《古代和田》第一卷，第 388 页。《佉卢文题铭》第一卷，第 12 页。

37[1]

〔主簿夷陀伽（*cojhbo* Yitaka）、督军伏陀（*toṃga* Vukto）启。

大德、大王敕谕主簿夷陀伽、督军伏陀如下：〕税监黎贝耶（*ṣoṭhaṃgha* Lýipeya）禀报道，有关其土地之事，其时曾向诸司土呈示地界及僧卢韦（Saṃluv́e）之地界，彼时[……]布瞿（Puǵo）与黎贝耶曾掘一地沟。现下，叶吠阿瓦纳（Yav́e av́ana）[2]之人正丈量配给区域。当此印封之楔牍传至你等处，〔须得即刻对此争讼及人证、宣誓证言一道详加审理。如你等不能澄清此案，则将彼等押至王廷，（由朕亲自裁决。）〕

① 人们可猜测此处有一个误写，读作 *edaṣa daṣa Catayaṣa goṭhade*“由其奴隶左陀耶（Cataya）之农庄”。——原注

有关税监黎贝耶与叶吠阿瓦纳人土地之间地沟之事。

【注】

[1] 楔形双牍，谕令，关于田地纠纷之申诉。遗物编号 N. I. i. 51 + 21。《古代和田》第一卷，第 387、388 页。《佉卢文题铭》第一卷，第 13 页。

[2] 叶吠阿瓦纳（Yaúe aúana）或叶吠聚落，另见于第 254、279、401、431 及 432、439 号等文书。

38[1]

〔税监黎贝耶（*ṣoṭhaṃgha* Lýıpeya）启。

大德、大王敕谕税监黎贝耶如下：〕奥古（*ogu*）毗摩色那（Bhimasena）禀报道，阿般那（Apeṃna）之父乌波格耶（Opǵeya）占住该地司谷（*koyimaṃ*）一职[2]。当此印封之楔牍传至你处，〔即刻对此事详加审查。〕依照相应之法令 [……

〔鸠莱耶（Kuule[ya]）司谷。〕

【注】

[1] 楔形底牍，谕令。遗物编号 N. I. i. 52 + 72。《古代和田》第一卷，第 388 页。《佉卢文题铭》第一卷，第 13 页。

[2] “乌波格耶占住该地司谷一职”，意义隐晦。司谷为农事官吏。

39[1]

〔主簿萨摩舍那（*cojhbo* Ṣamasena）、布瞿（Puǵo）启。

大德、大王敕谕主簿萨摩舍那、布瞿如下：〕黎贝耶（Lýipeya）禀报道，其奴支弥伽（Cimikae）未得其允许，而将其女给予迦波格（Kapǵe）之奴作为养女。该养女由彼等所养育。尚未付给奶资[2]。当〔此印封之楔牍传至你处，〕你须得查明其奴是否确曾未征得其许可给予迦波格之奴以养子，而尚未付给奶资。（如是）黎贝耶自迦波格之奴处取得一匹三岁口之牝马或 10
牡马，而养子则全数归属于彼等。然则如有何等之争讼，〔须依法给予判决。

如你等不能澄清此案，则将彼等押至王廷，再做审理。

黎贝耶、迦波格之事宜。〕

【注】

[1] 楔形双牍，谕令，关于领养纠纷之申诉。遗物编号 N. I. i. 53 + 68。《古代和田》第一卷，第 388、389 页。《佉卢文题铭》第一卷，第 13 页。

[2] 奶资，指领养的偿付，本件显示为一匹三岁口的马。本件当事人奴婢支弥伽（Cimikae）将女儿送养之事，另见于第 45 号文书，其中，她将女儿送养与卢达罗耶（Rutraya），奶资相同。这些案例至少说明，奴隶是有权处置其子女的。

40[1]

〔御牧吠耶（*kori* Virya）及主簿罗陀施跋（*cojhbo* Rataspa）、沙弥迦（Ṣameka）、鸠那罗（Kunala）启。

大德、大王敕谕御牧吠耶及主簿罗陀施跋、沙弥迦、鸠那罗如下：〕无论何时王家畜群之橐驼变为羸弱而无法行走，则须于当地照护。如是 [……] 因其驮载而亡，则由其保管者负责。如其自然死亡，则其 *paṃcare*[2] 纳入该王土。

〔王家畜群之事宜。〕

【注】

[1] 楔形双牍，关于王室财产之谕令。遗物编号 N. I. i. 55 + 46。《古代和田》第一卷，第 388 页。《佉卢文题铭》第一卷，第 14 页。

[2] paṃcare，《沙海古卷》释作“饲料”（第 53 页）。

42[1]

〔主簿夷陀伽（*cojhbo* Yitaka）、督军伏陀（*toṃga* Vukto）启。

大德、大王敕谕主簿夷陀伽、督军伏陀如下：〕且照先前在毗陀阿瓦纳

(Peta avana）所算出之年赋，去年之年赋曾交与诸 suǵnuta① 之手。当此印封之楔牍传至你等处，即刻咨询司土黎贝耶（*vasu* Lýipeya）此赋数，并速将其全数上呈于此，交与税吏（*aǵeta*）僧伽贝耶（Saṃǵapeya）之手。且照以往在毗陀阿瓦纳地方之情况在年赋中计入一头橐驼，而该驼既不得老衰亦不得瘦弱，此驼与上述年赋一道呈交此地。如有何等拖欠之赋税，须得全数交纳本处。酥油税须预先从速交纳。

〔毗陀阿瓦纳。〕

【注】

[1] 楔形双牍，关于交纳赋税之谕令。遗物编号 N. I. i. 59 + 120。《古代和田》第一卷，第 388、390 页。《佉卢文题铭》第一卷，第 14 页。

44[1]

〔主簿夷陀伽（*cojhbo* Yitaka）、[……] 伏陀（Vukto）启。〕

…… 如] 已做判决，如是做出判决。

【注】

[1] 楔形盖牍，谕令。遗物编号 N. I. i. 63。《古代和田》第一卷，第 388 页。《佉卢文题铭》第一卷，第 15 页。

45[1]

〔主簿夷陀伽（*cojhbo* Yitaka）、督军伏陀（*toṃga* Vukto）启。

大德、大王敕谕主簿夷陀伽、督军伏陀如下：〕司土黎贝耶（*vasu* Lýipeya）禀报道，其奴婢支弥伽（Cimikae）之女为卢达罗耶（Rutraya）所领养。作为奶资之一匹三岁口马，曾交与此处之王廷。就此事已下达第二及 11
第三封印封之楔牍于该地，然迄至今日你等未做任何裁决。当此印封之楔牍

① *suǵnuta*（*Suǵuta*）常作为一种专有名称。此处用作所有格复数形式，看上去指一种职官阶层。——原注

传至你等处，〔须得即刻对此案详加审理，〕依照王廷所做之判决做出裁决，以此等方式给予安置。如有任何其他争讼，依法给予判决。〔如你等不能澄清此案，则将彼等押至王廷，由朕亲自裁决。

司土黎贝耶、卢达罗耶之事宜。〕

【注】

[1] 楔形双牍，谕令，关于领养纠纷之申诉。遗物编号 N. I. i. 64。《古代和田》第一卷，第 388 页。《佉卢文题铭》第一卷，第 15 页。

46[1]

〔主簿索阇伽（*cojhbo* Soṃjaka）启。

大德、大王敕谕主簿索阇伽如下：〕司土黎贝耶（*vasu* Lýipeya）禀报道，王廷诸大夫曾审理一项争讼，（彼等曾裁决）妇人柯奴摩（Konuma）属毗陀阿瓦纳（Peta avana）所有。之后，你对此争讼另做处置，将妇人判予属哲蒂女神阿瓦纳（Catisa deviyae avana）[2] 所有。当此印封之楔牍传至你处，须即刻审理。依照王廷先前所做之判决，你须得将妇人柯奴摩判予司土黎贝耶。任何人有争讼，皆须交呈王廷裁决。其另禀报，毗陀阿瓦纳之众人不在柯宁陀（Koñita）及摩施帝迦（Maṣḍhiǵa）之百户（*śata*）中服役。往常之惯例是，男子在百户中服役，而女子则不在封邑（*kilmi*）服役。[3] 凡妇人中有二 *korno*（？）女[4] 者，须得交与司土黎贝耶。凡有在王廷争议者[……

毗陀阿瓦纳柯奴摩之事宜。

【注】

[1] 楔形双牍，谕令，关于奴婢（？）所有权纠纷的申诉等。遗物编号 N. I. i. 65 + 31。《古代和田》第一卷，第 387、389 页。《佉卢文题铭》第一卷，第 15—16 页。

[2] 哲蒂女神阿瓦纳，鄯善的一个阿瓦纳或聚落。

[3] 百户有别于封邑。

[4] *korno*（？）女，《佉卢文题铭》释作 *korno*，《沙海古卷》释作 *nakorno*（第 55 页），其意似指某个年龄段的女子（如丁女）。

47[1]

〔主簿索阇伽（*cojhbo* Soṃjaka）、布瞿（Puǵo）启。

大德、大王敕谕主簿索阇伽、布瞿如下：〕黎贝耶（Lýipeya）禀报道，其田庄及住屋为阿伯各耶（Apǵeya）放水淹没。当此印封之楔牍传至你等处，〔须亲自审理此案，依法判决。如你等不能澄清此案，则将其押至王廷，于此裁决。

黎贝耶、阿伯各耶之事宜。〕

【注】

[1] 楔形双牍，谕令，关于财产侵害之申诉。遗物编号 N. I. i. 67。《古代和田》第一卷，第 389 页。《佉卢文题铭》第一卷，第 16 页。

49[1]

〔御牧卢达罗耶（*kori* Rutraya）、主簿夷陀伽（*cojhbo* Yitaka）、督军伏陀（*toṃga* Vukto）启。

大德、大王敕谕御牧卢达罗耶、主簿夷陀伽、督军伏陀如下：〕檀支格耶（Taṃcǵeya）申诉道，其奴曾给予主簿萨摩舍那（*cojhbo* Ṣamasena）[……]①，其正意图证实此为其所有之财物。就该事，彼等寻得证人苏耆（Sugi）、波腊特迦（Platǵa）及难陀伽（Naṃḍhaka）。当此印封之楔牍传至你等处，〔须即刻对此案详加审理，由证人立誓，依法判决。如有所不知，你等不能澄清此案，则将彼等押至王廷[……]。〕忠实写下其证词并上呈本廷。

〔檀支格耶。〕

【注】

[1] 楔形双牍，谕令，关于奴隶所有权纠纷之申诉。遗物编号 N. I. i. 71 + 87。《古代和田》第一卷，第 389 页。《佉卢文题铭》第一卷，第 16—17 页。

---

① *cozbo ṣamasena asati*[...]*ti*，可能读作 *cozbo ṣamasenasa ti*[*da*]*ti*。本句仍有部分残缺。——原注

12
50[1]

〔主簿索阇伽（*cojhbo* Soṃjaka）启。〕

……] 薪俸之其余部分，其将给予阿耆（Argi）。

【注】

[1] 楔形盖牍，关于薪俸之谕令。遗物编号 N. I. i. 73。《古代和田》第一卷，第 389 页。《佉卢文题铭》第一卷，第 17 页。

51[1]

〔主簿索阇伽（*cojhbo* Soṃjaka）启。〕

……] 如其违背其宣誓证言，将依法判决。

【注】

[1] 楔形盖牍，谕令。遗物编号 N. I. i. 74。《古代和田》第一卷，第 389 页。《佉卢文题铭》第一卷，第 17 页。

52[1]

〔主簿索阇伽（*cojhbo* Soṃjaka）启。

大德、大王敕谕主簿索阇伽如下：〕黎贝耶禀报道，其曾遵照 *klaseṃna* 安排，呈送我——大王一峰橐驼，而其驮载物失窃。我并未获得一峰雇驼（以驮载）物质。此位黎贝耶已获我——大王之欢心，许其（偿付）佣金。你等须考虑由何处支付该驼之佣金。

〔橐驼佣金之事宜。〕

【注】

[1] 楔形双牍，赠送财产之谕令。遗物编号 N. I. i. 75 + 80。《古代和田》第一卷，第 389 页。《佉卢文题铭》第一卷，第 17 页。

53[1]

〔主簿索阇伽（*cojhbo* Soṃjaka）启。

大德、大王敕谕主簿索阇伽如下：〕黎贝耶（Lẏipeya）禀报道，柯利沙（Kolẏisa）曾殴打其妇人左牟（Camoae）并殴破其头颅，而其兄弟奥迦罗（Auǵala）则殴打并弄伤（黎贝耶之）妇人帕卢韦莎（Paluvisae）。对此争讼，〔你须连同证人、宣誓证言一道亲自详加审理，依法判决。如你不能澄清此案，则将彼等押至王廷，由朕亲加申饬并予以判决。

黎贝耶、左牟、帕卢韦莎之事宜。〕①

【注】

[1] 楔形双牍，谕令，关于人身伤害之申诉。遗物编号 N. I. i. 78。《古代和田》第一卷，第 389 页。《佉卢文题铭》第一卷，第 17—18 页。

54[1]

〔[……] 兰那（Laiṃna）、摩尔布陀（Malbhuta）启。

大德、大王敕谕 [……] 兰那、摩尔布陀如下：〕黎贝耶申诉道，其有一事关其妇人苏韦莎（Ṣuvisae）之薪俸之争讼，（此妇系其获）自伽克耶（Kaḱeya）。当此印封之楔牍传至你等处，〔即刻对此案连同其证人、宣誓证言详加审理，依法 [……

税监黎贝耶、伽克 [……]〕

【注】

[1] 楔形底牍，谕令，关于薪俸之申诉。遗物编号 N. I. i. 79。《古代和田》第一卷，第 389 页。《佉卢文题铭》第一卷，第 18 页。

---

① 比较第 20、29 号文书。—— 原注

55[1]

〔监察摩尔布陀（*cuv́alayina* Malbhuta）及主簿悉牟迦（*cojhbo* Simolǵa）、吠耶（Virya）、[……] 阇伽启。

大德、大王敕谕监察摩尔布陀及主簿悉牟迦、吠耶、梵陀（Vaṃda）、车摩迦（Tsmaǵa）、檀阇伽（Taṃjaka）如下：〕王家之橐驼由诸城镇供给饲料与水，而毋论（橐驼）于何地跌倒，即由该地负责照料。

黎贝耶、王家畜群之事。

【注】

[1] 楔形双牍，关于王室财产之谕令。遗物编号 N. I. i. 82 + 77。《古代和田》第一卷，第 389 页。《佉卢文题铭》第一卷，第 18 页。

56[1]

〔主簿索阇伽（*cojhbo* Soṃjaka）启。

大德、大王敕谕主簿索阇伽如下：〕黎贝耶（Lýipeya）申诉道，*apsu*[2] 优耶格伐（Uyaǵev́a）与伐波（Vapo）曾无正当道理牵去其一头奶牛。彼等又再次牵去一只绵羊。萨迦贝耶（Saǵapeya）之（奴？）金伽（Ciṃga）亦遭殴打并被带走，而未做偿付。此项争讼〔你须亲自对此及人证、宣誓证言详加审理，依法判决。

黎贝耶、Ciga[3]。〕

【注】

[1] 楔形双牍，谕令，关于财产侵害之申诉。遗物编号 N. I. i. 83。《古代和田》第一卷，第 389 页。《佉卢文题铭》第一卷，第 18—19 页。

[2] *apsu*，《沙海古卷》释作“曹长”（第 59 页）。

[3] 底牍背面之 Ciga，可能是本件当事人之一的金伽（Ciṃga）。

57[1] 13

〔主簿索阇伽（*cojhbo* Soṃjaka）启。

大 [……] 敕谕主簿索阇伽如下：〕年赋业已算出，如往年。当此印封之楔牍传至你处，速将今年之年赋连同拖欠者呈交上来。彼处司土（*vasu*）[…？…] 须得交纳。此赋税务求全数备妥。不得扣留。

【注】

[1] 楔形底牍，关于交纳赋税之谕令。遗物编号 N. I. i. 84。《古代和田》第一卷，第 389 页。《佉卢文题铭》第一卷，第 19 页。

58[1]

〔主簿索阇伽（*cojhbo* Soṃjaka）启。〕

……] 彼等已杀害她。再次无任何进一步之陈词。如其尚未被发觉或听闻，如 [……] 并非女巫，则为她赔偿该妇人之全部价值 [2]，且（此赔偿）交与布瞿（Puǵo）与黎贝耶（Lýipeya）。依法判决。彼等由她处所得之财产，布瞿与黎贝耶与她本人一道收受。

【注】

[1] 楔形盖牍，谕令，关于人身侵害之申诉。遗物编号 N. I. i. 85。《古代和田》第一卷，第 389 页。《佉卢文题铭》第一卷，第 19 页。

[2] “如 [……] 并非……之全部价值”句，事涉杀害女巫之事，且可不予赔偿。此件与第 63 号文书有关。

59[1]

……] 已交与该处。该处做出查验与算计 [……] 赋税业已写下 [2]，其全数交与司税（*yatma*）亚尔格（Jarǵe？）与税吏（*aǵeta*）安者（Anǵi）、宗戈（Tsoṃgo）手中。有关粮赋之事，（交纳）人之名字业已逐个写在一份账簿之上，每人之包囊分开带来此地。关于贷出之谷物，有关支付交来本处。

【注】

[1] 矩形盖牍，籍账类之赋税账单。遗物编号 N. I. i. 100 + 109 + 111。《古代和田》第一卷，第 389 页。《佉卢文题铭》第一卷，第 19 页。

[2] “赋税业已写下”，即登记在册之意。

62[1]

〔主簿夷利（*cojhbo* Yili）、毗忒耶（Piteya）启。

大德、大王敕谕主簿夷利、毗忒耶如下：〕乌波格耶（Opǵeya）禀报道，其有一匹马曾借予黎弥纳（Lýimina）。黎弥纳亡故。其家人（嗣子）悉格罗夷陀（Sigrayita）获得此马，然拒不归还此马与乌波格耶。当此印封之楔牍传至你等处，须加审理。你等须得详加计算黎弥纳之嗣子所受与之农庄与住屋（之价值），由其中他须得将一匹马给予乌波格耶。〔如再有争执，须得依法给予裁决。如你等不能澄清此案，应速将彼等押送至王廷，由朕亲自申斥彼等，做出判决。

乌波格耶。〕

【注】

[1] 楔形双牍，谕令，关于财产纠纷之申诉。遗物编号 N. I. i. 105。《古代和田》第一卷，第 390 页。《佉卢文题铭》第一卷，第 20 页。

63[1]

〔主簿索阇伽（*cojhbo* Soṃjaka）启。

大德、大王敕谕主簿索阇伽如下：〕黎贝耶（Lýipeya）禀报道，彼等
14 曾捉走三位女巫。彼等仅处死属他所有之女巫，而余者彼等则予释放。就该事，你曾收到阿伯各耶（Apǵeya）之指令，令就此妇人赔偿黎贝耶。当此印封之楔牍传至你处，你须得审理，遵照你、主簿在此地王廷所受之口谕，须得以此等方式为此妇人而赔偿黎贝耶。〔并将彼等押送至王廷。

黎贝耶女巫 [……]〕

【注】

[1] 楔形双牍，谕令，关于人身侵害之申诉。遗物编号 N. I. i. 108 + 27。《古代和田》第一卷，第387、390 页。《佉卢文题铭》第一卷，第20—21 页。

64[1]

〔御牧吠耶（*kori* Virya）、梵陀（Vaṃta）及主簿罗陀斯跋（*cojhbo* Rataspa）、沙弥伽（Ṣameka）、鸠那罗（Kunala）并税监黎贝耶（*ṣoṭhaṃgha* Lýipeya）启。

大德、大王敕谕御牧吠耶、梵陀及主簿罗陀斯跋、沙弥伽、鸠那罗并税监黎贝耶如下：〕（供应）*caṃkura* 伐迟沙（Vajeśa）之四峰快驼，由萨摩沙（Samarsa）自此地送回。由萨摩沙供应四峰其他橐驼。彼等由苏那（Sunade）送回，而由苏那供应其他四峰橐驼。彼等由毗沙利耶（Pisaliya）送回。

〔鸠那 [……]〕

【注】

[1] 楔形底牍，关于供廪之谕令。遗物编号 N. I. i. 110。《古代和田》第一卷，第 390 页。《佉卢文题铭》第一卷，第 21 页。

65[1]

（残存之名册）[2]

【注】

[1] 长方形牍，名册。遗物编号 N. I. i. 112。《古代和田》第一卷，第 390 页。《佉卢文题铭》第一卷，第 21 页。

[2] 本件未释译。可参见《沙海古卷》，第 158 页。

68[1]

〔主簿萨摩舍那（*cojhbo* Ṣamasena）、布瞿（Puǵo）启。

大德、大王敕谕主簿萨摩舍那、布瞿如下：〕难陀舍那（Naṃdasena）禀报道，左特摩格（Catmaǵe）与鸠安左（Kuaṃca）曾食用属其所有之一份口粮。彼等曾去了该处，现下人在查伽（Tsaǵa）。当此印封之楔牍传至你等处，你等须得查明此事是否属实。（如是）此口粮连带一份附加数目由乌波格（Opǵe）与黎贝（Lýipe）所得。如否，且如彼等之此项争讼尚未判决，则将彼等送至王廷，将于本处给予判决。此外，此等人之诸多 *paṃḱe* 于此地 *uṣasa*（=？）制作。其理应呈交本处。如你不予判决且不将其呈交本处，须得当心！

〔proṣṭaya〕（有刮痕）

【注】

[1] 楔形双牍，谕令。遗物编号 N. I. i. 122。《古代和田》第一卷，第390页；第二卷，图版 XCVIII。《佉卢文题铭》第一卷，第22页。

69[1]

……] 叩问圣体安康、万寿无疆，并致辞如下：你曾为兵员一事派遣沙门左怙色那（*śramaṃna* Caǵusena）来此。对我来说从菩提城（Bhoti-nagara）[2]中征人向非合宜。为此故，我曾遣拉尔苏（Larsu）及檀阇伽（Taṃjaka）前去该地查看有何消息 [……] 派人来说，不曾从城中征到人员。

【注】

[1] 长方形底牍，信函。遗物编号 N. I. ii. 1。《古代和田》第一卷，第390页；第二卷，图版 CIV。《佉卢文题铭》第一卷，第22页。

[2] 菩提城，鄯善的一座城市。

70[1]

〔主簿毗摩耶（*cojhbo* Bhimaya）、税监黎贝耶（*ṣoṭhaṃgha* Lýipeya）启。

大德、大王敕谕主簿毗摩耶、税监黎贝耶如下：〕先前摩跋耶（Malbhaya）曾扣留四年赋税，而伏迦左（Vuǵaca）曾扣留四峰橐驼。当此印封之楔牍传至你等处，此等诸多遭扣留之赋税应上交此地，交与驮支耶(Dhaciya)。

〔特罗沙阿瓦纳[2]。〕

【注】

[1] 楔形双牍，关于赋税之谕令。遗物编号 N. I. ii. 2。《古代和田》第一卷，第 390 页。《佉卢文题铭》第一卷，第 23 页。

[2] Trasa 阿瓦纳，另见于第 326、393 号文书。

71[1]

〔主簿柯罗那耶（*cojhbo* Kranaya）、税监黎贝耶（*ṣoṭhaṃgha* Lýipeya）启。

大德、大王敕谕主簿柯罗那耶、税监黎贝耶如下：〕林苏（Lýimsu）禀报我等道，彼等与悉摩师利（Simaśriae）、沙宾陀（Sapiṃḍa）共有一峰牝驼。一位叫作苏耆伽（Suǵika）之男子与其女斯摩迦莎（Smaǵasae）乘此驼离开斯摩迦莎之农庄而逃去。其与其父与边境戍卒前去追获他们，并携回此驼。(由此）此驼之两份属此两父子，而另两份属于戍卒（犒劳其协助）。属于戍卒之两份彼等曾付给。悉摩师利正请求其份额。对此项争讼〔你等须连同人证、宣誓证言详加审理，参照奥古迦兰查（ogu Ka[raṃ]tsa）于此地所审理之案件，依法做出判决。如你等不能澄清此案，则将彼等送至王廷，由朕亲自判决。〕

（字迹漫漶，存若干字母）

【注】

[1] 楔形双牍，谕令，关于财产纠纷之申诉。遗物编号 N. I. ii. 3 + i. 45。《古代和田》第一卷，第 388、390 页。《佉卢文题铭》第一卷，第 23 页。

72[1]

……] 麦子两次及三次被浇灌过。此系一份名单。(后附名单）[2]

【注】

[1]“塔赫特”（takhti-shaped tablet）形牍，籍账类之名册。遗物编号 N. I. iii. 1。《古代和田》第一卷，第 318、390 页。《佉卢文题铭》第一卷，第 24 页。

[2] 籍账文书通常采用双面分栏书写的方式。本件正面书 4 栏，每栏 7 行；背面书 4 栏，除最后 1 栏书 7 行外，其余书 6 行。关于本件之译释，可参见《沙海古卷》，第 159—161 页。

74[1]

（有关骆驼之名册残片）[2]①

【注】

[1] 长方形牍，籍账类之名册。遗物编号 N. I. iv. 3。《古代和田》第一卷，第 391 页。《佉卢文题铭》第一卷，第 25—26 页。

[2] 关于本件籍账文书之译释，可参见《沙海古卷》，第 161—162 页。

16

77[1]

……] 送呈。依照我等之言辞 [……] 送呈于此。另 [……] 得到照料。连同雇佣 [……] 由 [……] 返回一峰橐驼与我等。须给其以指令。将会备妥 [……]。我等已送出蒟酱。

【注】

[1] 矩形盖牍，信函。遗物编号 N. I. iv. 7。《古代和田》第一卷，第 391 页。《佉卢文题铭》第一卷，第 28 页。

82[1]

于六月七日，来自苏怙陀（Suǵuta）之 *viṃśpa* 与金各（Cimǵe）之百户

---

① 文书包括一组用于描述骆驼的名号，如 *sukri uṭa*。不幸的是它们都难以辨识。——原注

(*śata*)①，给督军阿般那（Apeṃna）之一峰橐驼连同其保管，给耶波怙（Yapǵu）之一峰橐驼连同其保管。

【注】

[1] 棍形简，籍账类之账簿。遗物编号 N. I. iv. 12。《佉卢文题铭》第一卷，第 31 页。

83[1]

我敬爱之妹夫税监黎贝耶（*ṣoṭhaṃgha* Lýipeya）亲启。

鸠波信陀（Kupṣiṃta）敬致身心愉悦、人神爱慕、享有令名之妹夫税监黎贝耶，祝其圣体康健、万寿无疆，并如是（言）：[……] 詹贝耶（Campeya）。不得于该地留住难陀师利（Naṃtaśrrmi）及阿施陀耶（Aṣḍhaya）。你所知之诸般事 [……] 教导。詹贝耶与他须随难陀师利一道来此地。当你将启程前往王廷时，且让我知悉该日子。我务必得知悉。再者，在此王廷之我等 [……]。如你打算前去王廷，且当心要使我得悉（此事）。如你不打算前往，亦使我知悉。你曾就一匹马发布指令。詹贝耶随后将携此马往该处。你已告知他在此地处置它。不可敷衍了事。② 橐驼之佣金为一匹八掌长之布 [2]。我已交予前往该地之难陀师利手中。此布匹为白色。关于犁地之事，大麦、小麦及 *aḍiṃni* 由你尽心照料 [……]。黎弗罗施摩（Lýivrasma）亦须尽心尽力于此事。我等已送去一礼物。沙毗那（Sarpinae）之礼物系一 […？…] 亦得告知黎弗罗施摩，去计算彼等那里耕地播种所需之谷物数。

【注】

[1] 矩形双牍，信函。遗物编号 N. I. iv. 13。《古代和田》第一卷，第 391 页。《佉卢文题铭》第一卷，第 31—32 页。

---

① *śata*“百（户）”常作为一种行政区出现。此处出现之 *viṃśpa* 看似某种类似的名称。在形式上它与梵语 *viṃśa* 不能相提并论，但仅可能代表 *viśva* 这一不适合的形式。—— 原注

② *hali kariṣyasi* 句中的 *hali* 漫漶不清，但其意大体清楚。他是在告诉对方遵守诺言呈交一匹马。或许是梵语 *alīka*“虚假的”？至于 h，其语言某种程度上是欠缺规则的（《语法》，第 28 节）。*kriṣiya vi*，读作 *kriṣi yavi*。—— 原注

17　[2]“一匹八掌长之布”，手掌的长度（hasta）为鄯善的度量衡单位（《沙海古卷释稿》，第320、324页）。

84[1]

〔敬爱之主簿[……]黎贝耶（Lýipeya）亲启。〕

（背面）[……]然则你且（不得做）[……]指令。我已派出一[……]男子往该地。我已留下一位菩提（Bhoti）之男子[2]，一位骑卒。一俟此男子抵达该处，速将一马及一适宜之扈从遣送本处。

【注】

[1] 矩形盖牍，信函。遗物编号N. I. iv. 14。《古代和田》第一卷，第391页。《佉卢文题铭》第一卷，第32页。

[2]“菩提之男子”，可能指来自菩提城（Bhoti-nagara）的男子（参见第69号文书）。

86[1]

呈人神亲近、爱慕及友善之*caraǵa*[2]苏遮摩（Sucaṃma）与主簿特迦左（*cozbo* Tǵaca），税监黎贝耶（*ṣoṭhaṃgha* Lýipeya）敬祝其圣体安康、万寿无疆，并作如是（言）：我等已（为你等）安排一段时日（前来）处置王家事务。你等则不欲来此。待明日晨时，诸百户长（*śadavida*）及甲长（*karsenav́a*①）并（其余）在下述名册中之官吏，须得来此。

（背面）

……]致爱兄税监、主簿黎贝耶（*ṣoṭhaṃgha cozbo* Lýipeya）[……]致敬等，[……]并如是（言）：自该处你曾派遣左尸弥那（Casmina）我等之代理[……]以取得名簿，然我并不知晓该处有何名簿可取[……]确有各等原由以

① 正面第4行之*karsenav́a*可能读作*kārsenade*。这两种官阶（*śadavida*和*karsenav́a*）通常一道被提及。——原注

挂虑苏毗（Supi）[3] 之攻掠。在此地城中，（我等）将做一次人口核查[……]我等将前往该地。于阗人已来至本处。彼等正为边界（之事）寻找 Paṃcina。Paṃcina 确须于鸡鸣时送呈本处。

【注】

[1] 长方形牍，分书于木牍两面的两封信函。遗物编号 N. I. iv. 15。《古代和田》第一卷，第 391 页。《佉卢文题铭》第一卷，第 33 页。

[2] *caraǵa*，《沙海古卷》释作“探长”（第 268 页）。

[3] 苏毗可能即见载于《隋书·西域传》女国之部落号苏毗及《新唐书·西域传》之苏毗。

88[1] 18

（正面）……] 主簿柯罗那耶（*cozbo* Kranaya）、主簿黎贝耶（*cozbo* Lýipeya）亲启。

（背面）……] 有来自（苏）毗（[Su]pi）之威胁。你等勿得松懈！其余之戍卒从速遣来本处。于十二月十日。

【注】

[1] 矩形盖牍，信函。遗物编号 N. I. iv. 17b。《古代和田》第一卷，第 391 页。《佉卢文题铭》第一卷，第 34 页。

90[1]

于三十年五月八日，彼时檀支格（Taṃcgé）之证人那摩特伽（Namatǵa）与 [……] 就查迦（Tsaga）地方之土地事出庭。般左摩（Paṃcama）言及属檀支瞿耶（Taṃcǵoya）所有之一座葡萄园及 12 *kuthala* 之 *misi* 田 [2]，我曾自 *kāya* 苏耆耶（Suǵiya）口中听闻。税吏凯尼伽（Kenika）与司书特迦左（Tǵaca）及卢达罗耶（Rutraya）言：“我等曾听得苏耆耶亲口说，向西方由（？）[……] 起，自东面归奥古贵霜伽（*ogu* Kusaṃgha）所有。”那摩特伽再做如是言 [……

【注】

[1] 楔形牍，判决书。遗物编号 N. I. iv. 20。《古代和田》第一卷，第 391 页。《佉卢文题铭》第一卷，第 34 页。

[2] *kuthala*，一种田地地积单位。*misi* 田，一种类型的田地。

91[1]

……] 此不可能成事，（故）不必忧虑此事。

【注】

[1] 矩形盖牍，信函。遗物编号 N. I. iv. 21。《古代和田》第一卷，第 391 页。《佉卢文题铭》第一卷，第 35 页。

97[1]

于爱兄主簿檀阇伽（*cozbo* Taṃjaka）足下，税监黎贝耶（*ṣothaṃgha* Lýipeya）谨致敬意并（叩）首，我且知会于你如下：就精绝（Caḍ'ota）与莎阇（Saca）互换婚姻之诸妇人一事，曾做出一裁决。现下彼等欲（改）变之[……[2]

【注】

[1] 矩形底牍，信函。遗物编号 N. I. iv. 30 + 40。《古代和田》第一卷，第 392 页。《佉卢文题铭》第一卷，第 37 页。

[2] 关于交换婚俗，另见于第 32 号文书。

98[1]

于二十九年一月二十六日，彼时量度出属贵霜陀（Kuṣaṃta）、林苏（Lýimsu）与亚耶孃（Jayaña）所有之谷物，其数目为 10 硒（*khi*）；波耆陀（Pǵita）管领下谷物经测计数目为 [……] 弥里码（*milima*）。证人为卢达罗舍那（Rutrasena）。[2]

【注】

[1] 长方形牍，籍账类之账目。遗物编号 N. I. iv. 31。《古代和田》第一卷，第 392 页。《佉卢文题铭》第一卷，第 38 页。

[2] 本件带有纪年，并列举了证人，具有凭据性质。

100[1]

〔人神喜爱、人皆爱慕之〕爱兄主簿林苏（*cozbo* Lýimsu），鸠波信陀（Kupṣiṃta）敬祝其安康，彼并如是（言道）：该地有归我所有之谷物在借贷。色昵迦（Seṃniǵa）与苏耆陀（Sugīta）之 [……] 我说。彼说到，有两笔分期支付之利息。你不得再（追加）一年。该利息计两笔分期支付之孳 19
息。你晓得（？）[……] 那及色昵迦之谷物。我亦已将此瞻婆（Caṃpe）送呈该地。凡 [……] 谷物乃是与 [……] 且让对其做全盘清查。再者，来自 *paniṃcana* 之谷物，该谷物现在僧伽舍那（Saṃghasena）手中。僧伽舍那言，该谷物尚未与（其他条目）一道记入凭据中。无论何如，且让僧伽舍那对此谷物连同（其他）做一清算。无论何如，彼须得被知会去清查来自 [*ma*] *rava*[*ra*] 昆格耶（Kunǵeya）之谷物。此外，无论你手中（？）僧伽舍那手中（？）有何谷物。①

【注】

[1]“塔赫特”形牍，信函。遗物编号 N. I. iv. 33。《古代和田》第一卷，第 392 页；第二卷，图版 CIII。《佉卢文题铭》第一卷，第 38 页。

103[1]

（名册）[2]②

---

① 此木牍保存状况甚不如意，难以完满读出。同一主题之文书见于另一封有关鸠波信陀之信札（第 140 号）。—— 原注

② 木简末尾处残损，难以卒读。—— 原注

【注】

[1] 长方形牍，诗歌及籍账类之名册。遗物编号 N. I. iv. 35a。《古代和田》第一卷，第 392 页；第二卷，图版 CII。《佉卢文题铭》第一卷，第 39 页。

[2] 本件正面书 6 行俗语诗。背面名册分 6 栏书人名及数字。关于名册部分之释译，参见《沙海古卷》，第 174—175 页。

105[1]

（偿付清单）[2]①

【注】

[1] 长方形牍，籍账类之清单。遗物编号 N. I. iv. 39。《佉卢文题铭》第一卷，第 40 页。

[2] 正、背面各分 5 栏书写，各存若干行，分阿瓦纳（存毗陀阿瓦纳、阿迟耶摩阿瓦纳）书写人名和价值（目厘）数目。关于本件之释译，参见《沙海古卷》，第 175—176 页。

106[1]

〔人皆爱慕之黎贝耶亲启。

亲爱、人神喜爱、人皆爱慕之〕爱子黎贝耶（Lýipeya）及僧伽（Saṃgha），莱婆陀（Lepata）祝其无数安康，并如是（言）：我曾吩咐你等送呈一峰橐驼。你等自该处送来一峰 *ṣacis*（=？）橐驼。在此地，其使詹波格（Caṃpǵe）之手被弄伤，且使之跛足。彼无法做任何活计。你等知悉当你等前去该处时，尚有何等活计未尝完工；日复一日，此处皆有王家之事。该处亦有三人，给予其中之一即苏耆陀（Sugīta）两峰橐驼，以速送本处。当此信传至你等处，速于该特定日子将苏耆陀连同两峰橐驼送至本处。你等亦曾于本处将一男子僧伽达摩（Saṃghadhaṁa）售与杀迦那（Ṣaǵana）。该男子

① *paruvarṣi toṃgasa* 一句很有趣，它表明 *toṃga* 是一种按年度任命的职官。——原注

曾于诸大夫前申诉，其如是言："我乃是为王所有之人，黎贝耶无正当理由出售我。"[2] 彼不愿做杀迦那之活计。毋论就此男子之事有何确凿声明，你 20
等须设法应付该处之事。自该处交与苏耆陀手中一封信札。勿得忽视此事。速将苏耆陀及两峰橐驼送达。

【注】

[1] 长方形牍，信函。遗物编号 N. I. iv. 41 + 127。《古代和田》第一卷，第 392、394 页。《佉卢文题铭》第一卷，第 41 页。

[2] "我乃是……出售我"句，指明该男子可能是自由人或是王室的奴隶。

107[1]

人神亲爱、享有令名之税监黎贝耶（*ṣothaṃgha* Lýipeya）足下，天国之路装饰以其令名，主簿柯利沙（Kolýisa）及鸠那罗（Kunala）谨（致）敬意并祝（其）身体安康、万寿无疆，彼等如是言：自该处，你等曾由我等之田庄中支取一男子于此地做活。彼现下正于此地做活。然据听闻，*su'ḍe* 官一再责怨其在该处之 *ayaǵa* 活计。①

【注】

[1] 长方形底牍，信函。遗物编号 N. I. iv. 42。《佉卢文题铭》第一卷，第 41 页。

109[1]

（正面）爱子林苏（Lýimsu）启。

（背面）……] 举行祭祀，如此，（当其）来到我处时举行祭祀，将会有一印封之楔牍关涉橐驼之事；我将呈交它至该处。一封事关秋季之 *klaseṃcis* 之信札正在送达。你等之橐驼送呈王国（部）。前任之信差已目睹苏毗（Supi）正前来此地。无论何等之信差会来此地，供廪须得交纳至本

① [*tu lc*] *ṣena* 完全漫漶不清：*ayaǵa karyeṣu* 或许意味着"铁工"（来自 *ayas*）。*su'ḍe* 未见于他处。读作 *suje* 并比较见于他处的 *sujaǵa*、*suśaǵa*。——原注

处。我已送呈父母各一份 *ariḍi*，给苏耆陀（Sugīta）者为 *sidha* 盐，沙伐室利（Sarvaśriae）一件 *ariḍaǵa* 及一 *livaṣa* 连带 *alaṃǵila*（*asaṃǵila*），萨摩波利（Ṣamapriae）一枚宝珠，苏哇那波利（Suύornapriae）一枚宝珠。如此，你无需介怀礼物。

【注】

[1] 长方形盖牍，信函。遗物编号 N. I. iv. 44。《佉卢文题铭》第一卷，第 42 页。

110[1]

于二十三年六月六日，事关毗陀阿瓦纳（Peta avana）之诸妇人。

难霜（Namṣanae），乌宾陀（Opiṃta）之妻。等等。[2]

【注】

[1] 长方形牍，籍账类之名册。遗物编号 N. I. iv. 45。《佉卢文题铭》第一卷，第 42—43 页。

[2] 本件为毗陀阿瓦纳诸妇人的名册，她们都是以“某某之妻、名某某”方式登记的。完整之释译，参见《沙海古卷》，第 176—177 页。在第 165、211、714 号文书中，提及“领地妇人税”（tax of the *vega kilme* women），指与妇女有关的一个税种。因此，这种妇人名册可能与纳税有关。在第 334 号文书出现另一种情况，这是一件已婚妇女名册（《沙海古卷》，第 212、284、288—289、316 页）。

113[1]

……] 曾告知他给予此物。此 [……] 该处一金项链及两件 *arnavaji*，彼
21 曾将此等物品之价钱付与我。你确须即刻对该处做一清算。因你乃是僧伽
(Saṃgha？) 之孙，连同 [……] 诸债户将收到来自 […？…

【注】

[1] 矩形盖牍，信函。遗物编号 N. I. iv. 48。《古代和田》第一卷，第

392 页。《佉卢文题铭》第一卷，第 43—44 页。

114[1]

……] 奥古黎贝耶（*ogu* Lýipeya）并未曾给出此女。我给出此女。僧伽（Saṃgha）无言可说。

【注】

[1] 矩形盖牍，信函。遗物编号 N. I. iv. 50。《古代和田》第一卷，第 392 页。《佉卢文题铭》第一卷，第 44 页。

115[1]

兹于大王、天子伐色摩那（Vaṣmana）[2] 陛下第七年六月十四日，彼时于伏离迦尼支陀（Vṛganicita）所产生之份额（*pake*）。

（简短清单）[3]

【注】

[1] 长方形牍，籍账类之账目。遗物编号 N. I. iv. 52。《古代和田》第一卷，第 392 页。《佉卢文题铭》第一卷，第 45—46 页。

[2] 伐色摩那王，另见于第 163、209、318、343、345、401、478、496、604、617、767、770、777 号文书。其在位时间为公元 319/320 或 321/322 年至 329/330 或 331/332 年（《楼兰鄯善简牍年代学研究》，第 383 页）。马雍从对音上将他比定为《晋书·张骏传》记载的鄯善王元孟（马雍：《西域史地文物丛考》，文物出版社 1990 年版，第 100 页）。

[3] 清单共存 6 行（正、背面）。其释译参见《沙海古卷》，第 180 页。

119[1]

主簿鸠那罗（*cozbo* Kunala）叩问人神喜爱、人皆爱慕之诸爱兄主簿柯罗那耶（*cozbo* Kranaya）及黎贝耶（Lýipeya）身体安康，并如是（写道）：

现下在本处听闻，苏毗人（Supi）正于四月袭掠且末（Calmadana）人民。你等须派遣一名戍卒骑马来本处。由是，我等仅是将此事实知会你等。然无论如何不得［……[2]

【注】

[1] 矩形底牍，信函。遗物编号 N. I. iv. 55。《古代和田》第一卷，第393页。《佉卢文题铭》第一卷，第47页。

[2] 本件提及苏毗人袭掠且末之事。

120[1]

于三年四月十五日，此时有必要再次前去 *ṣitǵa potǵe*。所有之作人皆曾来至桥边［……］水甚泥浊。鉴于该差错，出身名门之士曾达致一项合约。我等且停止下来，并自 *ṣitǵa potǵe* 返回地方官府。在该地处置国王事务之诸名门之士[2]，计：年长之主簿那摩罗支摩（*jeṭha cozbo* Namarazma），般金那（Paṃciṃna），（难）摩输罗（[Naṃ]maśura），特迦左（Tǵaca），曹长阿波宁耶（*apsu* Apñiya），左勒摩萨（Calmasa），康支耶（Kaṃciya），贵人黎贝耶（*ari* Lýipeya）。

【注】

[1] 棍形简，籍账类之名册。遗物编号 N. I. iv. 56。《古代和田》第一卷，第393页。《佉卢文题铭》第一卷，第47—48页。

[2] "在该地处置国王事务之诸名门之士"，似是指精绝当地的望族，以下罗列的首位即是位耆宿主簿，他们代理鄯善王的行政事务和产业。有关精绝等地的"名门"，另见于第272号文书。

122[1]

那摩罗支摩（Namarasma）于洛弥那那（Lominana）给付一头王家之牝牛以作礼物。

于毗沙离（Pisalýi），一头牝牛售与娑堵格（Sotuǵe）；僧伽（*saṃgha*）

长收讫价钱，谷物之 [……] 弥里码（*milima*）。

于且末（Calmatana），一头牝牛售与伐难伽（Vanaṃkha），其价钱收讫 […… 22

一头大牝牛于帕戈那（Parcona）桥遗失；此四头牝牛那摩罗支摩 [……

【注】

[1] 长方形牍，籍账类之账目。遗物编号 N. I. iv. 59。《古代和田》第一卷，第 393 页。《佉卢文题铭》第一卷，第 48 页。

123[1]

于三十年一月七日，彼时伽离衍那达摩（Kalyanadhama）曾带来来自莎阇（Sāca）方面军队之消息。于当日，我等曾给予夷陀伽（Yitaka）一匹马以探察莎阇。现下为第二日，彼不愿前去莎阇。税监黎贝耶（*ṣoṭhaṃgha* Lýipeya）业已做证，督军阿般那（*toṃgha* Apeṃna），伽查（Kartsa），黎帕那（Lýipana），黎波提（Ripṭi），卢达罗耶（Rutraya），阿波 [……]，阿舍那（Aṣena），贵人黎婆那（*ari* Lýipena）。

【注】

[1] 长方形牍，凭据。遗物编号 N. I. iv. 60。《古代和田》第一卷，第 393 页。《佉卢文题铭》第一卷，第 48 页。

124[1]

〔主簿夷陀伽（*cojhbo* Yitaka）及主簿（*cozbo*）[……]。

大德、大王敕谕主簿夷陀伽、督军伏陀（*toṃga* Vukto）如下：〕主簿萨摩舍那（*cozbo* Ṣamasena）与司土黎贝耶（*vasu* Lýipeya）申诉在阿斯陀沙（Astasa）地方之土地。该地未有证人，故未于此地达成裁决。当此印封之楔牍传至你等处，须得将彼等解送至王廷。另，主簿萨摩舍那与黎贝耶已就 *ma*[*n*...]*ka* 土地事提出申诉。此事由宣誓证言所验证。无论就毗陀阿瓦纳（Peta avana）之土地将来有何等之争议，彼等受到验证。〔如你等不能澄清，应将彼等押送至本廷。

[……]

主簿、毗陀阿瓦纳之土地之事宜。〕

【注】

[1] 楔形双牍，谕令，关于土地纠纷之申诉。遗物编号 N. I. iv. 80。《古代和田》第一卷，第 393 页。《佉卢文题铭》第一卷，第 48—49 页。

125[1]

沙诃（Śakha）将照料牟迦陀（Moǵata）地方之橐驼。贵人鸠特格耶（*ari* Kutǵeya）由橐驼事上支开。畜群被饲养。贵人阿般那（*ari* Apeṃna）不得已骑乘一橐驼前去 *aco*。阿般那已罹患疾病。随后其须得以 *acoviṃna* 前往。① 不许存任何松懈。如其带不来任何牲畜，其兄弟及儿子将受到笞打。另，我等将于早晨打开柯蓝特（Kolaṃte）*tama* 之水。现下此地需要更多之水。

【注】

[1] 楔形牍，谕令。遗物编号 N. I. iv. 81。《古代和田》第一卷，第 393 页。《佉卢文题铭》第一卷，第 49 页。

23 ## 126[1]

令人愉悦之诸爱兄主簿柯罗那耶（*cozbo* Kranaya）与黎贝耶（Lýipeya），祭司腊帕耶（*tasuca* Lapaya）及主簿帕特罗耶（*cozbo* Patraya）问安，并如是（写道）：有关你等送来本处之戍卒帕瞿（Paǵo）听闻苏毗（Supi）消息之事，现下有关苏毗之消息确是无误。

---

① 背面第 1 行的 *Kolaṃtesa tamaṃmi* 之推测性读法 Kolaṃte，以一个专用名称见于其他文书中。*tamaṃmi* 一词意义不清。所见到的仅有的相似例子是 *tamena*，苏耆陀（Suǧita）的头衔或姓氏。该词仅有一点接近。*aco* 看上去是一种边哨。*acovina* 的功能看上去很像那种 *śpasavaṃna*。比较第 126 和 139 号文书的例子。—— 原注

【注】

[1] 矩形底牍，信函。遗物编号 N. I. iv. 82。《古代和田》第一卷，第393页。《佉卢文题铭》第一卷，第49页。

127[1]

（正面）令人愉悦之主簿黎贝耶（*cozbo* Lýipeya）足下亲启。

（背面）我谨致令于人神亲近之爱兄主簿特迦左（Tǵaca）。务必呈交 *ṣulýaǵaṃdha*①。

【注】

[1] 矩形盖牍，信函。遗物编号 N. I. iv. 83。《古代和田》第一卷，第393页。《佉卢文题铭》第一卷，第49页。

130[1]

爱兄主簿黎贝耶（*cozbo* Lýipeya）启。

人神亲爱、令人愉悦之爱兄主簿黎贝耶足下，主簿檀阇伽（*cozbo* Taṃjaka）谨致敬意并祝其圣体安康、万寿无疆，（其写下）如是之言：主簿柯利沙（*cozbo* Kolýisa）与沙门室利优多（*śramana* Śriguda）业已换（？）人。瑜伽舍那（Yoǵasena）业已变作主簿柯利沙之财产，（然）与室利优多则毫无[？……]现下据闻有[……]耕种，瑜伽舍那[……]该男子并未与（它）　道被出售。瑜伽舍那原本之债务[……]乃是[……]之财产。你须得依据世间法（lokadharma）处理。另，无论檀支格（Taṃcǵe）已做完何等活计，皆须理应禀报于我。须致令檀支格其须得（？）交纳适量之葡萄酒。②

① *ṣulýaǵaṃdha*，（仅在此处）可能是一个专用名词。——原注

② 文书保存状况甚不如意，难以恰切理解。封牍正面第3行 *pariviṭitaṃti*，读作 *parivaṭitaṃti* 意义更适切。*parivaṭ-* 用在文书中其他地方意思是“交换”。封牍正面第7行用 *sadhu* 较 *sarva* 更适宜。动词 *pariśamiśati* 漫漶不清。——原注

【注】

[1] 矩形双牍，信函。遗物编号 N. I. iv. 100 + 101。《古代和田》第一卷，第 393 页。《佉卢文题铭》第一卷，第 51 页。

131[1]

阿波宁耶（Apñiya）与卢达罗耶（Rutraya）之份额（谷物）计 3 弥里码。属阿波宁耶者计 3 只绵羊及 3 硒酥油。属卢达罗耶者计 3 只绵羊及 3 硒酥油。

阿般那（Apeṃna）之份额（谷物）计 3 弥里码，2 只绵羊及 3 硒酥油。等等。

【注】

[1] 长方形牍，籍账类之账目。遗物编号 N. I. iv. 102。《佉卢文题铭》第一卷，第 51—52 页。

24

132[1]

于三十年九月五日，*masiṃna* 橐驼被记下。（后为一份清单）[2]

【注】

[1] 棍形简，籍账类之账目。遗物编号 N. I. iv. 103。《古代和田》第一卷，第 393 页；第二卷，图版 CII。《佉卢文题铭》第一卷，第 52—53 页。

[2] 有关 *masiṃna* 橐驼的账单，或为赋役的账目。完整之释译，参见《沙海古卷》，第 184—185 页。

133[1]

（正面）人皆爱慕之慈父主簿黎贝耶（*cozbo* Lýipeya）足下，特迦左（Tǵaca）擦破其头颅[2]，敬祝身体安康，并如是（写道）：自其地你曾派遣一骑卒鸠那舍那（Kunasena）以警戒本处。确切者是，*acoviṃna*[3] 奥迦左（Oǵaca）曾由莎阇（Saca）来至本处。其言道苏毗人（Supi）已来至柯耆陀沙（Koǵitasasa）[4]。就此一事实，我已派遣鸠那舍那前去该地（以使）另一位骑卒从速派来本处。并未有来自该处山地之 *acoviṃna*。

（背面）致敬爱之邻居施伐尼耶（Svaneya），主簿那摩罗支摩（*cozbo* Namarazma）问安。无论有我等怎样之奴隶，须将其全数置入城中。

【注】

[1] 长方形牍，信函。遗物编号 N. I. iv. 104。《古代和田》第一卷，第 393 页。《佉卢文题铭》第一卷，第 53 页。

[2]“擦破其头颅”，亦即“顿首”、“叩首”之意。

[3] *acoviṃna*，此职衔《沙海古卷》释作“哨长”（第 276 页）。

[4] 可见这是关于警戒苏毗人侵扰的一件军情文书。

134[1]

〔大德、大王敕谕主簿柯罗那耶（*cozbo* Kranaya）并税监黎贝（*ṣoṭhaṃgha* Lẏipe）如下：〕黎弥那（Lẏimirna）禀报我等，彼等已照料王家之牝牛。现下，有人派其前去照料雌驼。当此印封之楔牍传至你处，须对此事详加审理。决不得为此等人口舌中之法令（*edeṣa āzia dhamena*）而放弃王国之法。

〔黎弥那。〕

【注】

[1] 楔形底牍，谕令，关于王室赋役的申诉。遗物编号 N. I. iv. 105。《古代和田》第一卷，第 393 页。《佉卢文题铭》第一卷，第 53 页。

135[1]

〔税监黎贝耶（*ṣoṭhaṃgha* Lẏipeya）启。

大德、大王敕谕税监黎贝耶如下：〕现下有监察伏摩色伐（*cuv̄alayına* Phumaseva）已被派遣出使于阗（Khotaṃ）。当此印封之楔牍传至你处，须遣此位阿毗陀（Apita）出使，而监察伏摩色伐须得随其一道前往于阗。至于监察伏摩色伐之两峰驿驼，彼等须得给予，（亦）须给予阿毗陀一峰橐驼。

亦须给予彼等一位适宜之人做向导（*arivaǵa*），该向导将于彼等之前出行。此向导须骑乘其自己之牲畜。正如先前你供廪使节饲料与水之例，现下亦供廪此等使节以饲料与水。

〔监察伏摩色伐。〕

【注】

[1] 楔形双牍，关于使者及其供廪的谕令。遗物编号 N. I. iv. 108。《古代和田》第一卷，第 393 页。《佉卢文题铭》第一卷，第 53—54 页。

136[1]

〔奥古贵霜舍那（*ogu* Kuṣasena）、主簿黎贝耶（*cozbo* Lẏipeya）启。

大德、大王敕谕奥古贵霜舍那、主簿黎贝耶如下：〕现下，我，大王，已移交一逃亡者于毗陀阿瓦纳（Peta aύana）[2]。当此印封之楔牍传至你等处，须对此事速加审理，无论会有何等之逃亡人疑犯，将该逃亡人疑犯交与信差之手。

〔毗陀阿瓦纳。〕

【注】

[1] 楔形双牍，谕令。遗物编号 N. I. iv. 109 + 111。《古代和田》第一卷，第 393 页。《佉卢文题铭》第一卷，第 54 页。

[2] “已移交一逃亡者于毗陀阿瓦纳”，意指将逃亡者安置到此阿瓦纳（聚落）中作为部曲，也可以由王赐予贵族作为其领民（第 161 号文书）。

139[1]

25 〔人神亲爱之〕爱兄主簿黎贝耶（*cozbo* Lẏipeya）启。

主簿檀阇伽（*cozbo* Taṃjaka）〔问安，敬祝身体安康、万寿无疆。〕欣闻你身体康健，我心甚安，亦得沾福，且如是（致言）：现下彼等携来有关苏毗（Supi）威胁之最大消息。你须得亲自督查诸 *acovina*，并遣一可供差遣之 *acovina* 带其牲畜来此。

【注】

[1] 矩形底牍，信函。遗物编号 N. I. iv. 115。《古代和田》第一卷，第 394 页。《佉卢文题铭》第一卷，第 55 页。

140[1]

大人、税监黎贝耶（*ṣoṭhaṃgha* Lýipeya）与沙毗那（Sarpinae）足下亲启。

彼等于该处亦搜查金子。此金子［……］。我已呈交山地之多罗耶那（parvati Tolayana）处。而你，林苏（Lýimsu），须注意此事并依据金子之价格将其售出。

致人神亲爱、令人崇敬、愉悦、圣寿长命百岁之爱姊夫税监黎贝耶（*ṣoṭhaṃgha* Lýipeya）、爱姊沙毗那及苏耆陀（Sugita）、林苏足下，鸠波信陀（Kupṣiṃta）谨致敬意并问安其圣体安康、万寿无疆，最紧要者乃是欣闻你等圣体康健，我亦得沾你等之福分，且如是致言：林苏手中有自我处借贷之谷物。有关先前之谷物（份额），我等于此所收讫之 *vaṣḍhiǵaiṃ*（份额），你等知悉其账目。其在僧伽舍那（Saṃghasena）手中。该谷物已用尽或被转予他人，其数目业已着手登记入簿。该谷物之剩余量计 5 弥里码 10 硒。该谷物连带其利息已向僧伽舍那讨要。至于 *vaṣḍhiǵaiṃ* 谷物及产自田中之谷物，系分别计算。来自 *paniṃcana* 之谷物计 10 硒，正在计算其谷物连带利息。① 至于先前之谷物，正做逐年细算。在詹贝（Caṃpe）手中之去年之谷物，周特耶（Cuteya）知悉由打谷场所得之数量。亦在计算詹贝所有之谷物。你等亦晓得柯莱（Kole）所有之葡萄酒之数目，现下其尚有一些。我已呈上一礼物以作留念，给你等者系一件 *leśpa*，你等各人三件 *sira*，沙毗那一

---

① *vaṣḍhiǵaiṃ*（读作 *vaṣṭ[u]ǵaiṃ*）明显是 *vaṣḍhiǵa* 的一个带 *-in-* 后缀的派生词（《语法》第 77 节，*cuv́alayina*、*paṃcaraina* 等）。*iṃ* 等于《语法》第 13 节的 *ina*。句子 *vaṣḍhiǵa karaṃnae* 中出现的 *vaṣḍhiǵa* 一词，其意义不明确。*paniṃca ade* 与第 100 号文书中以 *kanicanade*（或 *pa.°*）形式出现的词为同一个词，该文书事涉与本文书相同的事务。在两件文书的情况下，最大可能性都读作 *paniṃcanade*。此词未见于其他文书，无法确定其含义。*áyoga* 意味着增长、累加的某物，看似值得注意，因从第 142 号文书中我们可以看出，有一条涉及借出物（本件为 *uvamici*）被双倍偿还的规则。——原注

件 *vatu*。

【注】

[1] 矩形双牍，信函。遗物编号 N. I. iv. 116 + 133。《古代和田》第一卷，第 394 页；第二卷，图版 XCIII。《佉卢文题铭》第一卷，第 55—56 页。

26 ## 142[1]

〔主簿车摩耶（*cozbo* Tsmaya）、税监黎贝耶（*ṣoṭhaṃgha* Lýipeya）启。〕

（背面）黎贝耶曾借贷（数目为）1 弥里码 1 硒之食物。依据先前彼等于本处照安排所收受之双倍偿还借物之则例[2]，将该食物支付于税监黎贝耶。

【注】

[1] 楔形盖牍，关于债务偿还之谕令。遗物编号 N. I. iv. 119。《古代和田》第一卷，第 394 页。《佉卢文题铭》第一卷，第 57 页。

[2] “双倍偿还借物之则例”，显是高利贷。

143[1]

大德、大王敕谕税监黎贝耶（*ṣoṭhaṃgha* Lýipeya）如下：你须得明晓朕之谕令[……]。祭司伏摩色伐（*tasuca* Pḣummaseva）于本处禀道，彼所有之一名奴隶，名摩提[……]（Moti[...]）。该（男子）被送呈本处阿波陀（Apta）之手中，（？）被移交与祭司伏摩色伐。

〔[...]gha lṕi[...]〕[2]

【注】

[1] 楔形双牍，关于奴隶纠纷之申诉。遗物编号 N. I. iv. 120。《古代和田》第一卷，第 394 页。《佉卢文题铭》第一卷，第 57 页。

[2] 底牍背面残存的字迹“[...]gha lṕi[...]”，应是“税监黎贝耶”。

144[1]

〔大德、大王敕谕主簿索阇伽（*cozbo Soṃjaka*）如下：〕司土黎贝耶（*vasu* Lýipeya）禀报我等道，彼所有之一名奴隶名伽左那（Kacana），遭沙迦那（Saǵana）之殴打。其殴打之结果是，男子伽左那于第八日死去。本处曾敕你、主簿索阇伽一道口谕，令使证人宣誓，及如伽左那殴死此沙迦那，给付一名男子以作赔偿[2]。然则你并未关注此事，迄至今日尚未做出裁决。当此印封之楔牍传至你处，速使众证人宣誓，如若伽左那在遭殴后未曾做何活计[……]死去，给付一名男子以作赔偿。如你不清楚[……]书于一封信中。

【注】

[1] 楔形双牍，谕令，关于奴隶赔偿之申诉。遗物编号 N. I. iv. 121 + 107。《古代和田》第一卷，第 393、394 页。《佉卢文题铭》第一卷，第 57 页。

[2]“给付一名男子以作赔偿”，表明对奴隶的权利属于物权，损害或杀死之后以相等的“物”予以赔偿。

146[1]

paṃcaraiṃna 谷给付王家畜群。

（清单）[2]

【注】

[1] 棍形简，籍账类之账目。遗物编号 N. I. iv. 123。《古代和田》第一卷，第 394 页。《佉卢文题铭》第一卷，第 58 页。

[2] 列举了以若干个十户长及一个部为单位交纳的谷物数目，所以，这是一份纳税的账目。完整之释译，参见《沙海古卷》，第 186—187 页。

147[1] 27

于九月五日，是日凡户主所收到之份额。

（清单）[2]

彼等曾言及，卡拉卢达罗耶（*kāla* Rutraya）与僧侣吉伐蜜多罗（Jivamitra）罹疾。

【注】

[1] 长方形牍，籍账类之账目。遗物编号 N. I. iv. 124。《古代和田》第一卷，第 394 页；第二卷，图版 CI、CII。《佉卢文题铭》第一卷，第 58—59 页。

[2] 分 2 栏列举了共 37 人的名字，这些人即是按份额（计量单位）交纳了赋税者。完整之释译，参见《沙海古卷》，第 187—188 页。

149[1]

于九年一月二十八日，逃亡人摩沙迦（Maṣaǵa）言道：由我处所取走之财物，计有：4 匹粗布，3 匹毛布，1 件银饰，2500 摩沙（*māsa*）[2]，2 件上衣，2 件 *soṃstaṃni*，2 条腰带，3 袭汉袍（ciṃna cimara）[3]。①

【注】

[1] 近方形牍，遗失财物的清单。遗物编号 N. I. iv. 126。《古代和田》第一卷，第 394 页。《佉卢文题铭》第一卷，第 59 页。

[2] 摩沙（*māsa*），一种钱币名称，可能相当于汉—佉二体钱上的佉卢文铭文中的 masa/moasa。

[3] ciṃna cimara，《沙海古卷》释作“汉式长袍”（第 189 页）。

151[1]

apsu 阿波宁耶（Apñiya）之 3 只 *ǵilaṃya* 绵羊及 3 只 *ghrita* 绵羊[2]（或山羊），等等。[3]

【注】

[1] 长方形牍，籍账类之账目。遗物编号 N. I. iv. 129。《古代和田》第一

① 本件文书由吕德斯在《中亚古代织物》（*Textilien in alten Turkistan*，第 21 页及以下）中做过讨论。—— 原注

卷，第394页。《佉卢文题铭》第一卷，第60页。

[2] *ghrita* 羊，《沙海古卷》释作“奶羊”（第189页）。

[3] 木牍的正、背面各分2栏书写了共20位纳税人的名字和交纳羊只的数目。完整之释译，参见《沙海古卷》，第189—190页。

152[1]

〔人神亲爱之〕爱兄税监黎贝耶（*ṣoṭhaṃgha* Lýipeya）亲启。

人神亲爱之爱兄税监黎贝耶，主簿那斯丁陀（*cozbo* Nastiṃta）谨致敬意，〔敬祝身体安康、万寿无疆，〕并如是（写下）：（自）我离开该处后，托你之福，我身已获健康[……]。现下我已派出王家之驼于该处。此橐驼中有一峰三岁之驼，系再次送回王国者。就该事有一封印封之楔牍，此印封之楔牍当诸萨迦牟云（Saǵamoya）面宣读，之后交与萨迦牟云保存。你务必对我封邑（*kilme*）中之此等人众给予关照。我于旅程中发出此信，故勿挂虑礼物。我亦将此等橐驼遣送于此位苏摩陀（Sumata）。自眼下起，（此位）*acovina*（苏摩陀）离开 *aco*。另，据闻沙鲁伐夷（Saluvaae）屋中有一沙门名达摩波离耶（Dharmapriya），当此位苏摩陀抵达该处时，须下令将此沙门交付苏摩陀之手。此位沙门曾是 *bhari* 摩施帝迦（Maṣḍhiǵe）之牟特格（Motǵe，儿子？）之奴。其之四分之一曾售与我。我等已就诸事做出裁决。此沙门现下将归属于你。[2]

【注】

[1] 矩形双牍，信函。遗物编号 N. I. iv. 130 + 106。《古代和田》第一卷，第393、394页。《佉卢文题铭》第一卷，第60—61页。

[2] 本件透露奴隶亦可以落发为僧。

153[1] 28

〔爱兄主簿黎贝耶（*cozbo* Lýipeya）亲启。〕

（背面）……] 给予。我已遣一匹马往该处。彼将携一头牛来此。我已派送两件礼物。军曩迦（Kuṃñaǵa）确须于本月二十日来此。

【注】

[1] 矩形盖牍，信函。遗物编号 N. I. iv. 131. a, b。《古代和田》第一卷，第 394 页。《佉卢文题铭》第一卷，第 61 页。

154[1]

于二十九年。

黎贝耶（Lýipeya）之份额，计 2 弥里码 10 硒，（并）3 硒之酥油。①

那摩罗支摩（Namarasma）之份额，计 4 弥里码 10 硒，等等。[2]

【注】

[1] 长方形牍，籍账类之账目。遗物编号 N. I. iv. 132。《古代和田》第一卷，第 394 页。《佉卢文题铭》第一卷，第 61 页。

[2] 正、背面共记录了 12 位（可能不全）纳税人的名字及交纳谷物的数目。

155[1]

主簿柯罗那耶（*cozbo* Kranaya）与税监黎贝（*ṣoṭhaṃgha* Lýipe）启。

兹于六年五月二日，于大城（*mahaṃtanagara*）② 王廷。

【注】

[1] 楔形盖牍，谕令。遗物编号 N. I. iv. 134。《古代和田》第一卷，第 394 页。《佉卢文题铭》第一卷，第 62 页。

---

① 清单中所叙及之物品中，有一些漫漶不清。*oǵana* 为某种农产品，以弥里码和硒来计量。*aǵiṣǵa* 应读作 *aǵiṣḍha*，参见词汇索引。它可能是某种小地毯或毯子。*ṣoṣami*，某种可计数但不可量度的物品，其意义不明。——原注

② 大城（*mahaṃtanagara*），即楼兰（Kroraina）。——原注

156[1]

〔主簿车摩耶（*cozbo* Tsmaya）、黎贝耶（Lýipeya）启。

大德、大王敕谕主簿车摩耶与黎贝耶如下：〕有人于该地狩猎。彼等正伤及众马及牝驴，（致使其）跛足（且）无法驮载（其货物）。伤害马匹及牝驴之事显属非法。彼等不得伤害 *kisana* 与 *segani*①。当此印封之楔牍传至你等之处，须阻止彼等之行事，以使其不伤害牝驴与马群。

〔黎贝耶税监。〕

【注】

[1] 楔形双牍，关于财产损害之谕令。遗物编号 N. I. iv. 135 + 117。《古代和田》第一卷，第 394 页。《佉卢文题铭》第一卷，第 62 页。

157[1]

〔人神爱羡、享有令名之爱兄主簿车摩耶（*cozbo* Tsmaya）与 *tivira*[2] 恩迦
左（Ṅgaca）、*caraka*[3] 苏遮摩（Sucaṃ），〕税监黎贝耶（*ṣoṭhaṃgha* Lýipeya）
谨致敬意，〔祝福泰安康、万寿无疆，〕并如是（写下）：吾妻曾于此处罹
疾，现下赖你等福祉已得痊愈。我亦听闻，你等已将该处之水截住，甚是欢
喜。你等亦曾就某些人等致信于本处，该等人将被带往该地。在桥畔亦有一 29
头牝牛，献祭于 Bhatro 神（Bhatro devatasa）[4]。贵人昆格耶（*ari* Kuṅǵeya）
言道："我曾见一梦，该桥畔献祭之牝牛未受神接纳。"贵人昆格耶如是言，
在 *nanaṃciya*[5] 乌宾陀（Opiṃta）之牛栏中有一头 *vito* 牝牛。彼请求将此
vito 牛用以献祭 Bhatro 神，贵人昆格耶如是言。此祭祀于埃卡罗牟特格耶
（*ekhara* Motǵeya）之田庄中奉行。就此牛不得出任何差错。速遣祭司林苏
（*tasuca* Lýimsu），连同贵人左腊摩（*ari* Calaṃma），其将带上牝牛。不得扣
留。另，贵人昆格耶亦曾见一梦，来自三位曹长（*apsu*）处之一只 *pursa* 羊

① 词语 *kisana* 与 *segani*（如其分读确切的话），其意义全然不清。——原注

于般尼（Buṃni）及沙摩那（Samana？）献祭。从速尽心处置该事。①

【注】

[1] 楔形牍，信函。遗物编号 N. I. iv. 136。《古代和田》第一卷，第 395 页。《佉卢文题铭》第一卷，第 62—63 页。

[2] *tivira*，《沙海古卷》释作“书吏”（第 279 页）。

[3] *caraka*，《沙海古卷》释作“探长”（第 279 页）。

[4] Bhatro devatasa，《沙海古卷》释作“贤善天神”（第 279 页）。这里记述了以牝牛向这位神献祭的情形（《沙海古卷释稿》，第 262—265 页）。

[5] *nanaṃciya*，林梅村释作“在尼壤”（《沙海古卷》，第 29 页）。

158[1]

〔主簿车摩耶（*cojhbo* Tsmaya）及税监黎贝耶（*ṣoṭhaṃgha* Lýipeya）启。〕

……] 正消耗颇多。从速将赋税全数送交于此。

【注】

[1] 楔形盖牍，谕令。遗物编号 N. I. iv. 137。《古代和田》第一卷，第 395 页。《佉卢文题铭》第一卷，第 63 页。

159[1]

〔令人爱羡之爱兄主簿檀阇伽（*cozbo* Taṃjaka）及税监黎贝耶（*ṣoṭhaṃgha* Lýipeya）亲启。〕

来自王廷之一道谕令业已传至，令由该地由莎阇（Saca）产自王家牝牛之酥油，自精绝（Caḍ'ota）之牲畜上卸下，并俟精绝人鸠波苏（Kupṣu）抵达该地时弃置（？）[……

（背面）自该地，我未听闻任何来自你及官府之消息。虑及此一事实，

① 第 2 行之 *tutahu* 明显是 *tumahu* 一词的书写错误。第 4、5 行之 *śato* 可以读作 *vito*，该词常用作各种饲养动物。其确切含义尚不明确。确定的是，*buṃni-*（亦作 *puṃni*）是一个地名。[*sa*]*manaṃmi* 仅见于此，其意不明。—— 原注

我现下已呈上两件罐子至百户长柯利沙（*śadavida* Kolýisa）手中。其一交与莎阇，另一罐交与精绝。当彼携此两罐抵该地后，速将其一罐交付精绝，并速呈上一件账目于我，禀报本年度之酥油之数量。一道事涉酥油之指令将于月内任一日子下达该地，彼时速将酥油呈交至本处王廷。本处不允许任何之松懈。此一信札已由连串之人传送，故勿介怀礼物之事。[2]

【注】

[1] 矩形盖牍，信函。遗物编号 N. I. iv. 138。《古代和田》第一卷，第 395 页。《佉卢文题铭》第一卷，第 63 页。

[2] 本件所述为交纳酥油税事务。

160[1]

致〔人神亲爱、令人愉悦之〕爱兄主簿黎贝耶（*cozbo* Lýipeya）〔及林
苏（Lýimsu）〕，祭司鸠那罗（*tasuca* Kunala）与苏那伽（Sunaka）〔谨致敬
意，祝福体安康、万寿无疆，〕并如是（写下）：就水与种子事，你等曾自
该地遣来左多那（Catona）以事耕种。我已于此拜读楔牍，此楔牍中毫未言 30
及水与种子一事。耆老如是说：曾将一处田庄给予莎阇（Saca）之主簿黎贝
耶，然未曾给予水及种子。依据由陛下之处所得田地之方式，其属你等所
有。无论会有何等事涉水与种子之手（写）书，或如有一道详尽之指令，皆
须搜寻到并送至本处。如若该地并无此等（文书），则将水与种子之价钱由
该处送至本处，而本处将着手耕种。耆老亦如是说：当沙毗伽（Sarpika）居
住此地之时，通常由彼供给田地，由莎阇人则供给水与种子，而众 *katma* 从
事耕种。[2]

【注】

[1] 矩形底牍，信函。遗物编号 N. I. iv. 139。《古代和田》第一卷，第 395 页；第二卷，图版 XCVI。《佉卢文题铭》第一卷，第 63—64 页。

[2] 本件说的可能是佃种田地的事，左多那似是一位佃户，这里说明土地主须得　并提供种子和灌溉用水，也可以折算成钱由人代理。最后一句似是说某种合伙种田的方式。

161[1]

大主簿黎贝耶（*mahaṃta cozbo* Lýipeya）启。

〔人神亲爱、享有令名、长命百岁之爱兄大主簿（*mahaṃta cozbo*）[2] 黎贝耶，〕鸠吉陀（Kukita）与帕帕那（Parpana）〔谨祝你及儿女身体安康、万寿无疆，〕并如是（写下）：该地有一男子系一逃亡者，由陛下赐予我。[3] 确切说，对此（男子）左曩迦（Cañaǵa），你将去做 [……]。你须得从速妥善处理该男子之事，如此对我方为正当。此外，务必关照此位左曩迦，无论其有何需求，你须得给予确实之注意。如若你能为我办理此事，我亦会为你做某事作为回馈，无论属下有何人将来本处，我亦会将彼等视作我自己之人。且将其交与在职之信差，以送交本处。我等已呈上小礼物聊寄挂怀，鸠吉陀所赠者系一 *chotaǵa*，帕帕那所赠者系一 *lastuǵa*。

【注】

[1] 楔形双牍，信函。遗物编号 N. I. iv. 140 + 110。《古代和田》第一卷，第 393、395 页。《佉卢文题铭》第一卷，第 64 页。

[2] *mahaṃta cozbo*，《沙海古卷》（第 281 页）释作“大州长”。这种称呼另见于第 162、307、385、390、399、541、585 号等文书，用于不同的人，且均出现于信函中。它很像是一种敬称，类似“大王”（maharaya）、“大城”（mahaṃtanagara）等。

[3] “该地有一男子系一逃亡者，由陛下赐予我”，对逃亡者的处置方式之一（参见第 136 号文书）。

162[1]

爱兄主簿柯罗那耶（*cozbo* Kranaya）〔与税监黎贝耶（*ṣoṭhaṃgha* Lýipeya）〕启。

〔人神亲爱之大主簿柯罗那耶与税监黎贝耶，〕主簿帕特罗耶（*cozbo* Patraya）〔及司土苏耆陀（*vasu* Suǵita）问安，谨祝福体安康、万寿无疆，〕并如是（写下）：就毗陀阿瓦纳（Peta avana）人口之赋税事，你等曾遣波耆陀

(Pǵita) 来本处。去年，莱帕陀 (Lepata) 曾取去三年之赋税 (计) 绵羊 18 只。本年彼等业已取去绵羊 6 只带至打泥 (Khvani) [2]。我等业已交纳于该处 3 硒酥油，并未拖欠去岁以及之前之酥油。所拖欠者，现下为第五年之赋税 (自其到期计)，已全数征缴。彼时我等曾就欠税一事做出裁决。你等曾命苏耆陀前去该处，然则现下并无拖欠之赋税，(是故) 苏耆陀已不必前去。

【注】

[1] 矩形双牍，信函。遗物编号 N. I. iv. 141 + 58。《古代和田》第一卷，第 395 页。《佉卢文题铭》第一卷，第 64—65 页。

[2] Khvani，巴罗直译为“都城”(capital)。

163[1] 31

林苏 (Lýimsu?) 言道：柯跋腊苏耆陀 (Kobala Suǵita) 做出 3 峰橐驼之 *varmi* (？)。司土奥迦 (*vasu* Oǵa) [……] 于夷龙提那阿瓦纳 ([Yiruṃ] ḍhi[na] avana)。于左勒摩萨 (Calmasa) 之封地 [……] 于林苏之边界 [……] 那摩罗支摩 (Namarazma)，得自林苏手中之 1 峰 *nikrona* 驼 [……] 伐色摩那 (Vaṣmana) 之 1 峰 *aṃklatsa* 驼 [……

【注】

[1] 长方形牍，籍账类之账目。遗物编号 N. I. iv. 142。《古代和田》第一卷，第 395 页。《佉卢文题铭》第一卷，第 65 页。

164[1]

致令人愉悦之大人、人神荣耀、具神性之慈父主簿黎贝耶 (*cozbo* Lýipeya)、慈母沙毗那 (Sarpinae) 及苏耆陀 (Suǵita)、沙伐室利 (Sarvaśrṛe)、萨里伐特罗陀 (Sarvatrata)、*cuṭane* 鸠德 (Kuḍe)，林苏敬叩首问安，敬祝圣体安康、万寿无疆；其首要者，欣闻你等安康，我在此亦感慰藉；托你等之福祉，在此地我连同我属下之牲畜、人民颇为安好。我且如是禀报：敬请父母大人照护我之 *cuṭana* 子鸠德。此外，本处尚未就我之生意之事做出裁决，因挂虑此事，我曾向腊因摩伽（Layiṃmaka?）打问。请关照我田庄之生意，牲畜需专门照料，悉心喂养以饲料及水。我亦尚未收到哪怕一小点儿之食品。务必将食物交与带信人手中。现下在此地，彼等正（为我）大加担忧，即毗陀阿瓦纳（Peta avana）人民赋税之管理。去年曾由帕瞿（Paǵo）负责份额税（*pake*）。此外彼等正就 *kilýigaṃci* 税闹事。如此信传至该地，速将法定数目之赋税送交本处。至于彼等正向我讨要之该王土（rajade）[2] 之其他赋税，*samarena*、*tsaṃghina*、*kvemaṃḍhina* 税，务必从速征集并送至本处。另，务必将帕瞿派来本处。①

【注】

[1] 矩形底牍，信函。遗物编号 N. I. iv. 143。《古代和田》第一卷，第 395 页。《佉卢文题铭》第一卷，第 65—66 页。

[2] rajade，是经常出现的鄯善王国下属的第一层级行政区，巴罗有时释作“province”（第 164、182、198、214、272 号等），有时释作“kingdom”（第 272 号等）。此时鄯善王国系由周围若干个绿洲“城郭诸国”和“行国”所组成的大邦，它包含了鄯善王的领地及被兼并的各小邦、部落等在内。段晴教授已指出，将 rajade 释译作“州”是不确的，应释作“王土”。这个用语也可以释作“国土”。

32 **165**[1]

致令人愉悦之主簿柯罗那耶（*cozbo* Kranaya）与税监黎贝耶（*ṣoṭhaṃgha* Lýipeya），奥古劫提沙摩（*ogu* Kirtiśama）谨问安贵体无恙、万寿无疆，并如是（写道）：其首要者，我已由本处交与摩羯那（Maǵena）及帕瞿（Paǵo）一信札及一礼物，由此将会呈达你等之处（连带诸礼物）。此外，

① *cuṭane* 作为 *putra*“儿子”的绰号，或许意为“宝贝”，因为鸠德（Kuḍe）是这个列举出的家庭的孙子。第 6 行的句法十分不清楚，尚不可能全部释译出来。*pake* 一词或许与常见的 *paḱe* 为同一个，后者常见于账单当中。如是，则 *paḱe* 看上去就是赋税之一类。或者我们可以将 *paḱe* 当作一般意义上的“份”，并如是翻译：*Paǵo pake palýi ki'da*“帕瞿将税打包”。词语 *kilýagaṃci* 仅见于此处，其意十分模糊。它可能源自一处地名。词语 *samarena*、*tsaṃghina*、*kvemaṃḍhina* 常见于文书中，用作赋税之种类。它们确切的意思尚不明确。—— 原注

在毗陀阿瓦纳（Peta avana）所拖欠之去年之税及今年之税，交与该两人送至本处。若是你等呈交该赋税或早或晚于该时，或是在途中被劫掠，你本人——税监黎贝耶须由你本人之田庄里所得者逐份赔偿。另将大量收购之酥油连同田地新（收割之）谷物①，送交至本处。韦迦封地（*veǵa kilme*）妇女之赋税[2]及田里新收之谷物，全数送交至本处，连带送交一峰税驼。不得扣留诸督军（*toṃga*）之驼。就该驼之事，曾由该处下达一道由王做证之指令。我谨写给你主簿柯罗那耶。你须得关心此事，此位黎贝耶并不关心此事。你自己将来会有何等事，我都会为你去做。无论有何等好或坏消息，皆写信交信差之手带给我。有关本处之消息，你会从林苏（Lýimsu）处知悉。

【注】

[1] 矩形底牍，信函。遗物编号 N. I. iv. 143。《古代和田》第一卷，第 395 页。《佉卢文题铭》第一卷，第 66 页。

[2]“韦迦封地妇女之赋税”，是一种专门对妇女的赋税。

166[1]

〔爱兄主簿 [……] 启。〕

此外，就橐驼之事请予关注。如此驼并不存在，你须得给林苏一峰牝驼[……

【注】

[1] 矩形盖牍，信函。遗物编号 N. I. iv. 145。《古代和田》第一卷，第 395 页。《佉卢文题铭》第一卷，第 66 页。

168[1] 33

毗特迦（Pitǵa）欠交葡萄酒 1 弥里码 15 硒，罗舍那（Rasena）欠 10 硒。

施伐耶（Svaya）之百户所欠交之葡萄酒计 14 硒，卢施屠（Lustu）之

① 我们可以把 *bhuma navaka aṃna* 换读为 *bhumana vaka aṃna*“作为田租支付之谷物”。——原注

管区欠 16 硒。

左尼耶（Caneya）欠 1 弥里码 2 硒，浮雅（Vua）欠 8 硒。

（背面）

于伏陀（Vuǵto）之区 [……[2]

【注】

[1] 棍形简，籍账类之账目。遗物编号 N. II. v. 4。《古代和田》第一卷，第 395 页。《佉卢文题铭》第一卷，第 67 页。

[2] 一份欠税的账目。

169[1]

兹于大王、天子、侍中摩醯利（jiṭugha Mayiri）[2] 陛下之第二十六年十月，彼时人们所算得之苏吉（*śuki*）酒。[3]

（文书之其余部分为一份清单）①

【注】

[1] 长方形牍，籍账类之纳税账目。遗物编号 N. II. v. 6。《古代和田》第一卷，第 395 页。《佉卢文题铭》第一卷，第 67—68 页。

[2] 摩醯利王，为佉卢文书记录之鄯善五或六位王之一，排在第四位。按年代学研究，其在位时间为公元 289/290 或 291/292 年至 318/319 或 320/321 年（《楼兰鄯善简牍年代学研究》，第 383 页；《沙海古卷释稿》，第 13 页）。保存的该王纪年文书中，最早的是其在位第 13 年（第 180 号），其时他已拥有“大德（mahanuava）”、“大王（maharaya）”、“天子（devaputrasa）”、“侍中（jiṭugha）”的尊号。

[3] 本件账目的纪年和主题语书于木牍的背面，其下接 4 栏各若干行书写人名、数目若干硒（khi）纳税的酒（masu），各栏的第 1 行书各“百户（śataṃmi）”之名称。完整之释译，参见《沙海古卷》，第 191—192 页。

① *sṕarna* 一词并不能就上下文读作 *suv́arna*（如同《语法》第 49 节中所读出者）。其最大可能是被当作较硒（*khi*）更小的度量衡单位。但是，它在其他地方用 *caṣaǵa* 表述。—— 原注

173[1]

苏耆耶（Sugiya）之百户，交纳1张地毯（kojava）。特迦左（Tǵaca）之衙署，13硒葡萄酒（masu）[2]。〔斯伐耶（Svaya）之百户，十户长左归耶（Cakvaya）、帕罗舍那（Palasena）15硒葡萄酒。苏耆耶（Suġiya）之百户，15硒葡萄酒。昆格耶（Kunǵeya）之百户，15硒葡萄酒。牟查伽摩（Mochakama）之百户。左尼耶（Caneya）之百户，10硒葡萄酒。迦波格耶（Kapǵeya）之百户，十户长布尔难陀（Pulnaṃto）、波离耶萨迦（Priyaśaka）14硒葡萄酒。

浮卢之部（Vūruasa pradej'ate[3]），十户长鸠菲那伽（Kuvinaġa）、昆格耶15硒葡萄酒。〕[4]

【注】

[1] 长方形牍，籍账类之纳税账目。遗物编号N. II. v. 10。《古代和田》第一卷，第396页。《佉卢文题铭》第一卷，第69页。

[2] masu，巴罗释作葡萄酒（wine），《沙海古卷》释作酒（第194页）。

[3] prade，《沙海古卷》释作“部”（第194页）。据本件，它似是一种高于百户的编制。浮卢作为人名出现于第179、195、569号文书中。

[4] 本件分为2栏，浮卢部落以下书于第2栏，采用了不同编制的统计法。

175[1]

……] 交纳王廷之陈酒1弥里码13硒 [……] 司土乌波格耶（*vasu* Opǵeya）。

……] 此等人饮去3硒葡萄酒 [……[2]

【注】

[1] 长方形牍，籍账类之账目。遗物编号N. II. v. 13。《古代和田》第一卷，第396页。《佉卢文题铭》第一卷，第70页。

[2] 此件释读不完整，其中，背面所存2栏未释译。完整之释译，参见《沙海古卷》，第195页。

177[1]

〔[……] 爱 [……] 主 [簿] 康阇伽（Kaṃjaka）[……] 启。〕

亦请照护众孩童。一些金子亦被遗下。一俟该处有一适合之人做信使，即将其送交本处彼之手中。① 无论你处有何等消息，亦使我知悉。彼无数（次）向其爱兄鸠那舍那（Kunasena）问安。早时我亦曾赠上一件小礼物于沙卢肥（[Salu?]ve）手中。

【注】

[1] 长方形牍，信函。遗物编号 N. II. v. 15。《古代和田》第一卷，第 396 页。《佉卢文题铭》第一卷，第 71 页。

34

179[1]

于卢施屠（Lustu）之管区（pradej'ami）[2]，彼等收纳 20 *meta*。

于浮卢（Vuru）之管区，彼等收纳 10 *meta*②，所欠交之 *meta*（数）为 10。

【注】

[1] 长方形牍，籍账类之纳税账目。遗物编号 N. II. v. 17。《古代和田》第一卷，第 396 页。《佉卢文题铭》第一卷，第 71 页。

[2] pradej'ami，巴罗释作"管区"（district），《沙海古卷》释作"部"（第 196 页）。

180[1]

兹于大王、天子、侍中摩醯利（jiṭugha Mayiri）陛下之第十三年 [……] 月二十六日，彼时所清查、登记之王家橐驼之账目：

（A 栏）司土安提（*vasu* Aṃti），9 峰牝驼，1 峰公驼，及 1 峰已生下之

---

① 关于 *cuṭaṅga*，参见第 164 号文书注。下一个词可能读作 *culaǵa*，这种情况下我们或多或少有个同义的词。第 2 行当然要读作两个词 *gami syati*。*gami* 常用于指称一种信差或信使。—— 原注

② *meta* 仅见于此处，其意义不明。—— 原注

驼崽。

鸠那舍那（Kunasena），9峰牝驼，（1峰）公（……）崽。

康支（Kaṃci），10峰牝驼。

司土乌波格耶（*vasu* Opǵeya），6峰于阗（Khotaṃn）牝驼，另外1峰牝驼，4峰驼崽。

司土乌波格耶，6峰于阗牝驼，及4峰牝驼所产之崽。

（B栏）兹于〔大王、天子、侍中摩醯利（jiṭugha Mayiri）陛下之第十[……]年九月十七日：〕

伐贝（Varpe）处有14峰活牝驼，另2峰牝驼已死，2峰幼驼已死。

司土乌波格耶处，2峰幼驼系第四胎，另2峰系第五胎。

司土乌波格耶处有11峰活牝驼，2峰驼已去往王廷，（亦有）其他6峰牝驼。

柯罗罗卢达罗耶（*korara* Rutraya）处8峰牝驼，1峰橐驼已去往王廷，另1峰牝驼已死。

督军阿般那（*toṃga* Apeṃna），3峰牝驼。

康支处2峰幼驼生下后尚存活着，（亦有）10峰牝驼，另外6峰驼已死。

[……]驼存活，另外之9峰驼已死。[2]

【注】

[1] 矩形底牍，籍账类之账簿。遗物编号N. II. v. 18。《古代和田》第一卷，第396页。《佉卢文题铭》第一卷，第72页。

[2] 两份摩醯利王纪年账目，分2栏书写在木牍的正面，由此，第2栏的纪年很可能也是第十三年。本件呈现了账目的完整形态。

182[1]

〔大德、大王敕谕税监黎贝耶（*ṣoṭhaṃgha* Lýipeya）如下：〕康阇伽（Kaṃjaka）禀报我等道，彼乃王家驼群之看护人。先前，彼等通常是由国中为诸王家驼群看护人供给侍从，然现下彼等正终止为看护人供给侍从。先前，王家驼群常是于第四日 *vuḍhiṃ*。现下在你处王土（raja）内[……

〔税监、康阇伽。〕

【注】

[1] 楔形底牍，谕令，关于服役纠纷之申诉。遗物编号 N. III. vi. 1。《古代和田》第一卷，第 396 页。《佉卢文题铭》第一卷，第 73 页。

35

183[1]

其时苏毗人（Supi）曾来至精绝（Caḍ'ota）。

【注】

[1] 矩形盖牍，信函。遗物编号 N. III. vi. 2。《古代和田》第一卷，第 396 页。《佉卢文题铭》第一卷，第 73 页。

184[1]

〔人神亲爱之慈父主簿克罗那耶（*cojhbo* Kranaya）启。〕

（背面）毡子如是如数交上。现下，且由霸卢（Bharu, Tsaru）口里下达指令。鸠曩（Kuña）[……]。勿担心礼物。我已呈上一件小礼，一件 *lastu*[*ǵa*]，以表达我心中对你之思念，而你应予照料 [……]。

【注】

[1] 矩形盖牍，信函。遗物编号 N. III. vi. 3。《古代和田》第一卷，第 396 页。《佉卢文题铭》第一卷，第 73—74 页。

186[1]

于第七年[2]，主簿（*cozbo*）[……]。奥迦左（Oǵaca）与萨里韦迦（Sarviga）曾将土地售与鸠伐耶（Kuύaya），价钱为一头孕牛并已收讫。该土地（可以播种）30 硒。证人为（一位男子）名叫卜吉沙（Pugiṣa），一位 *karsenaύa* 与沙门（*śramana*）名佛陀伐摩（Buddhavarma），会计摩拉（Mala）[……]。彼等断绳。[3]

【注】

[1] 矩形底牍，土地买卖之书面契约。遗物编号 N. III. vi. 6。《古代和田》

第一卷，第 396 页。《佉卢文题铭》第一卷，第 74 页。

[2] 本件纪年，《佉卢文题铭》释为第五年（第一卷，第 74 页）。

[3] 本件保存了书面契约的基本格式：立契时间、当事人、标的、价格、证人，以及作为契约订立仪式的最后程式“断绳（sutra chinida）”。断绳，指书面契约在封检式木牍上书写完毕后封缄的程式（《沙海古卷释稿》，第 36—38、300—301 页）。

187[1]

兹于大王 [……] 安归伽（Aṃguúa[ka]）[2] 陛下之五年七月六日，古速罗韦诃罗伐腊（*guśura* Viharavala）、[*tuǵuja*①] 伽般左（Kapuṃca）、祭司罗睺腊特迦（*tasuca* Rahulatǵa）与吉查依查鸠德（*kitsa<i>tsa* Kuḍe）[……]。鸠伐耶（Kuúaya）、牟迦陀（Moǵata）、支摩腊（Cimola）及黎弥纳（Lýimiṃna），此等人拥有一座田庄 [……] 以及由其父、祖父所继承之耕地与一座葡萄园。现下彼等业已将其全数均分，（包括）衣裳、寝具等细物等。为此而达致一项决定。此位小弟支摩腊殴打鸠伐耶，并打断其一根骨头。现下支摩腊已遭到惩处，已笞打七十下，遍体鳞伤。业已给付赔偿，系一名 5 *diṣṭi* [3] 高之男子。故自现下起，凡长兄殴打小弟、父亲殴打其子，自此案起予以终止。有关（此事），本（信札）已写给吉查依查毗忒耶（Piteya）。此众兄弟中，无论何人伤害其他，彼等皆须被阻止。另，*maravara* 莱帕耶（Lepaya）与鸠伐耶就一峰橐驼发生争执，鸠伐耶须来本处。[4]

【注】

[1] 矩形底牍，判决书。遗物编号 N. III. vi. 7。《古代和田》第一卷，第 396 页。《佉卢文题铭》第一卷，第 74—75 页。

[2] 安归伽，佉卢文书记录的第三位鄯善王，在位时间为公元 253/254 至 288/289 年或 290/291 年（《楼兰鄯善简牍年代学研究》，第 383 页）。

[3] *diṣṭi*，一种度量衡单位，此处用于表述身高。

---

① 第 2 行（以二者择一）读作 *tuǵuja*，以替代 *ǒugaja*。*tuǵuja* 在各处皆作为一种职衔出现。—— 原注

[4] 本件为判决书之一，显示出文书的通用格式及当时鄯善的法律状况。对人身伤害的赔偿一般是一位男子（奴隶）。

36 188[1]

……] 将带去桥边 [……] 三岁口之橐驼 10 峰，及第二（? bi<ti>）10 峰。你确须做此事。将该牲畜交与诸守桥人。我已送上一礼物 [……] 如你有任何事情要办，我会为你办理。

【注】

[1] 楔形盖牍，信函。遗物编号 N. III. vi. 8。《古代和田》第一卷，第 396 页。《佉卢文题铭》第一卷，第 75 页。

189[1]

〔大德、大王敕谕主簿夷陀伽（*cozbo* Yitaka）与督军伏陀（*toṃga* Vukto）如下：〕司土乌波格耶（*vasu* Opǵeya）禀报道，在尼壤（Nina）[2] 之其他驼群看护人并未给予侍从，现下看护人正向彼等讨要侍从。当此印封之楔牍传至你等之处，即刻详加审理此事，正如尼壤之其他驼群看护人并未给予侍从，同样地此等人不能够供给侍从。但如其他人并未供给彼等 [……]

司土乌波格耶尼壤侍从事宜。

【注】

[1] 楔形底牍，谕令，关于服役之申诉。遗物编号 N. III. vi. 10。《古代和田》第一卷，第 396 页。《佉卢文题铭》第一卷，第 75 页。

[2] 尼壤（Nina），位于精绝南方的一个聚落，依据《大唐西域记》的尼壤比对此地名。

190[1]

……] 以弓箭射击。（若是）彼死于该射击 [……

【注】

[1] 矩形底牍，信函。遗物编号 N. III. vi. 11。《古代和田》第一卷，第396页。《佉卢文题铭》第一卷，第75页。

193[1]

〔奥古贵霜舍那（*ogu* Kuṣanasena）、主簿黎贝（*cojhbo* Lṕipe）启。〕

（背面）于十一年三月二十八日，王后之新阿瓦纳（Deviyae naύaka avana）[2]，天子曾亲自下达一道谕令。[3]

【注】

[1] 楔形盖牍，谕令。遗物编号 N. III. vi. 14。《古代和田》第一卷，第396页。《佉卢文题铭》第一卷，第76页。

[2]“王后之新阿瓦纳”，可能指王后的封邑。

[3] 由于书写在楔形牍的盖牍上，应当是谕令的封面。

195[1]

兹于大王、天子、侍中摩醯利（jiṭugha Mahiriya）陛下第十五年，于新年之月第二十日，有一众跋迦沙（Bhaǵasa）之人，兄弟（与姊妹），（名为）司土乌波格耶（*vasu* Opǵeya）、苏耆耶（Suḡiya）、曹长浮卢（*apsu* Vuru）、鸠莱耶（Kuleya）、浮卢尉沙（Vuruύisaae）及鸠陀迦（Kutaǵa），彼等已做祭祀。彼等已自司土乌波格耶处取得一峰 *aṃklatsa* 驼用作牺牲。若是此驼死去或遗失，或是为武装劫匪所掳掠，此众兄弟将会偿还乌波格耶一峰同等价值之橐驼。[2]

【注】

[1] 矩形底牍，书面契约。遗物编号 N. III. vii. 1a, b。《古代和田》第一卷，第397页。《佉卢文题铭》第一卷，第76—77页。

[2] 关于财产赔偿的书面契约（或凭据）。

197[1]

（正面）人神亲爱之司土乌波格耶（*vasu* Opǵeya）启。

（背面）速将一名税吏（*aǵeta*）随（他）一道派来本处。此事不得有丝毫疏忽。

【注】

[1] 矩形盖牍，信函。遗物编号 N. III. viii. 2。《古代和田》第一卷，第 397 页。《佉卢文题铭》第一卷，第 77 页。

37 ## 198[1]

〔大德、大王敕谕奥古贵霜舍那（*ogu* Kuṣanasena）、主簿黎贝（*cozbo* Lýipe）如下：〕贵霜舍那禀报道，先前有一峰属彼等所有之橐驼曾交与（你）处王土（raja）内饲养。现下又有第二峰驼须送交王土中。当此印封之楔牍传至你等之处，即刻办理，彼两峰被上交之橐驼 [……] 任何一峰长肥者，将其于秋季送交本处。该橐驼交与税监（*ṣoṭhaṃgha*）处置，彼等将带其来此。

〔贵霜舍那。〕

【注】

[1] 楔形底牍，谕令。遗物编号 N. III. ix. 1。《古代和田》第一卷，第 398 页；第二卷，图版 C。《佉卢文题铭》第一卷，第 77 页。

200[1]

〔令人愉悦、人神亲爱之〕芳邻〔檀阇伽（Taṃjaka）、萨毗沙（Sarpisa）、帕苏罗（Paśura）、优婆色那（Upasena）〕，探长左特吉腊（*carapuruṣa* Catǵila）谨祝贵体安康，我如是写下：我曾将我所有之 6 弥里码谷物取来放入你等门下，现下我等已派遣柯莱陀（Koleta）与陀弥（Tami）前去处理此谷物一事。陀弥之橐驼驮载 3 弥里码谷物，我之橐驼亦驮载 3 弥里码。此外，我有一项申诉（？）于 [……] 你，优婆色那，理当送交它。

【注】

[1] 长方形牍，信函。遗物编号 N. III. ix. 3。《古代和田》第一卷，第398页。《佉卢文题铭》第一卷，第78页。

201[1]

……] 你业已存放 [……

……] 沙鲁吠陀（Saluʋeta）责怨你。现下已有可能前去王廷。你自身之行为讫至今日 [……

【注】

[1] 矩形底牍，信函。遗物编号 N. IV. x. 2。《古代和田》第一卷，第398页。《佉卢文题铭》第一卷，第78页。

202[1]

……] 此处卡拉般囊跋腊（*kāla* Puṃñabala）禀报 [……

【注】

[1] 简牍（残片），谕令（？）。遗物编号 N. IV. x. 2b。《古代和田》第一卷，第398页。《佉卢文题铭》第一卷，第78页。

204[1]

兹于大王、天子、侍中伐色摩那（*jiṭugha* Vaṣmana）之第七年五月十二日，此时于 *potǵe*，长老檀阇伽（Taṃjaka）与密特老（Mitro）加诸彼等身上一道惩罚，（即是良种）绵羊一只及30下杖笞。

daśavita preṣi 苏耆陀（Sugita）与达摩室利陀（Dhamaśreṭha）。

（其余部分为一份名单，其中间为一篇佛教诗）[2]

【注】

[1]“塔赫特”形牍，账目和诗篇。遗物编号 N. IV. x. 3。《古代和田》第

一卷，第 398 页；第三卷，图版 CI。《佉卢文题铭》第一卷，第 79—80 页。

[2] 木牍正、背面的名单各分作 2、7 栏，正面共 10 人，背面书写 43 人，有多位是 *daśavita*（《沙海古卷》第 201 页释作“十户长”）。因此，其后罗列之人名应是他们的部属。

206[1]

〔税监乌波格耶（*ṣoṭhaṃgha* Opǵeya）启。

人神亲爱、长命百岁之〕慈父税监乌波格耶，税监达摩跋腊（Dhamapala）

38 〔敬祝身体安康、万寿无疆，〕并如是（写下）：本处曾下达一道（带指令之）信札予令郎阿毗陀（Apita），令其将葡萄酒与苏阇陀（Sujata）一道带来本处。苏阇陀曾来本处，然你将阿毗陀留住，你并未将葡萄酒及其余之赋税送交本处。在此地，彼等正就阿毗陀之事向苏阇陀大加问罪，彼等亦曾打算在此地搜寻阿毗陀。我曾上奏于陛下，其结果是彼得到允准（？）。现下确实要做准备。阿耶摩图伐沙（Ayamatu Vasa）之年税由其带至本处。若是此税扣留在阿耶摩图伐沙，不可（？），勿怪罪于我。①

【注】

[1] 矩形双牍，信函。遗物编号 N. IV. x. 6 + 5。《古代和田》第一卷，第 398 页。《佉卢文题铭》第一卷，第 80—81 页。

207[1]

（正面）阿迟耶摩阿瓦纳（Ajiyama aύana）[2] 所拖欠之赋税。

……] 上呈于陛下。

（背面）属伽黎格耶（Kalýiǵeya）之另一份额，计 3 弥里码 [……] 硒。

另一笔 26 [……] 尚在拖欠中。石榴 [……] 1 *sap.ǵa*，6 弥里码 *oǵana*，6 匹布，1 头牛，酥油 [……

---

① 本件漫漶不清的是 *cuḍaso*、可能是地名的 *ayamatu vasa*，以及在句子 *ma iṃci varayaṃ bhaviṣyati* 中的 *varayaṃ*。——原注

属竺格伐（Tsuǵelva）之另一份额，计 2 弥里码谷物；由伽黎格耶 [……

欠税之总额计：鲜酥油及陈酥油 18 硒，1 件 *asaṃkharajiya*（？），6 条地毯（*kośava*），1 件 *akiṣḍha*，5 匹布，16 件 *kamuṃta*，3 条麻袋，3 只篮子，1 只绵羊，1 弥里码 5 硒 *potǵoñena* 葡萄酒，16 弥里码谷物，1 头牝牛。①

【注】

[1] 矩形盖牍，籍账类之赋税账目。遗物编号 N. IV. x. 7。《古代和田》第一卷，第 398 页。《佉卢文题铭》第一卷，第 81 页。

[2] 阿迟耶摩阿瓦纳，位于精绝的阿瓦纳（聚落）。

208[1] 39

有关督军（*raṃga*, *taṃga*）苏耆耶（Suğiya）之葡萄酒，由税监鸠伐耶（*ṣoṭhaṃgha* Kuύaya）妥为保存。[2]

【注】

[1] 矩形盖牍，书面契约（？）。遗物编号 N. IV. x. 8。《古代和田》第一卷，第 398 页。《佉卢文题铭》第一卷，第 81 页。

[2] 由书面契约的格式看，这是书于矩形盖牍上、封印上方的主题语，封印下方应是关于封印的文字说明。

209[1]

大王、天子、侍中伐色摩那（jiṭugha Vaṣmana）陛下之第三年一月十二日，彼时在此一日，有一位属奥古般囊耶沙（*ogu* Puṃñyaśa）及亚耶沙

① 背面第 3 行 [*a*]*ǵa* 1 读作 *oǵana*。它是某种农产品，见于其他文书时以弥里码和硒来计量。*kalýiǵe vini* 读作 *Kalýiǵeyena* 更适宜，它是上述 *Kalýiǵeyasa* 的指令。*potǵoñe* 1 读作（如第 10 号文书的取舍）*potǵoñena*，这一形式同样见于其他文书中，其意义尚未确定。本文书亦由吕德斯讨论过（《中亚古代织物》，第 6 页）。一些商品尚不能确定，上文还原的 *oǵana*，某种织物 *akiṣḍha*，未见于其他文书且无法全部还原的 *sap.ǵa*，以及 *kamuṃta*。吕德斯用 *kamaṃta* 来确认 *kamuṃta*（《中亚古代织物》，第 6 页），并引证了赛德尔（Schaeder）和亨宁（Henning）的考证，后者用北方波斯语的 *kamand*“套索”与此词比对。贝利（Bailey）也注意到塞语中的 *kāṃmadi*。然而，这两个词还是没有得到确证。—— 原注

(Jayaśa）封地所有之男子，名帕莱格（Palǵe），彼曾现身而彼等曾将一位名叫阿耆月其沙（Argiyotǵisaae）之妇人售与 *rāsuvaṃta* 阿波陀（Apta）。帕莱格收到此妇人之作价，为一峰七岁口之橐驼。彼等平等达致合意。彼等当诸众证人面做出决议。（对违反协约之）处罚（对双方皆）相同。彼等断绳。彼等曾给予一峰 *kapala* 橐驼之 o[ḍu]vaǵa。就该方面说，彼等曾同意给予相同之处罚。无论何人将来欲改变此协约，彼等（各方）受相同之处罚，即一匹 *vito* 良马及七十下笞打。证人为僧人波离月沙（Priyosa）、帕那迦罗（Panaǵara?）及贵曩迦（Kviñaǵa）。彼等做出处置。[2]

【注】

[1] 棍形简，人口买卖之书面契约。遗物编号 N. IV. xi. 1。《古代和田》第一卷，第 399 页。《佉卢文题铭》第一卷，第 82 页。

[2] 书面契约的正式书写载体是封检式矩形简牍，本件为例外，但具备书契之完整格式。关于此等人口买卖契约所涉诸问题，可参见《沙海古卷释稿》，第 294—309 页。

210[1]

（一份支付名单）①

【注】

[1] 棍形简，籍账类之账目。遗物编号 N. IV. xii. 1。《古代和田》第一卷，第 399 页。《佉卢文题铭》第一卷，第 82—83 页。

211[1]

〔[……] 启。〕

---

① 在人名后提及的支付中，包括了 3 目厘（*muli*）、1 目厘；而 1 目厘后的 28 笔支付中，每一笔各为 5 硒（谷物）。最后的总数计支付 12 目厘。因此，清楚的是 12 目厘 = 5 目厘 + 140 硒，亦即 7 目厘 = 140 硒 = 7 弥里码，因为 20 硒对应弥里码。目厘因此作为价值单位等于 1 弥里码谷物。——原注

……] 事关 [……] 我正发出一封信札。此信札 [……] 你正在拨出你自己田庄之法定数目之赋税，但你未透露其他人之赋税数。你乃是我就今冬之赋税事发出过信函之该地第三位高阶官吏。你甚至尚未交纳过一份第三部分赋税。若是彼等不将此赋税之全数即刻交来本处，不须多久你本人就会在今年雨季来此。现下 [……若是？] 彼等不将韦伽封地（*veǵa kilme*）妇人税带来，我等将 […？…]。去年之赋税亦 [……] 在鸠那舍那（Kunasena）手里，你曾 40
交付到期之利息以替代 5 硒酥油。本处已收到 2 硒酥油，尚欠 2 硒。

【注】

[1] 矩形盖牍，信函。遗物编号 N. IV. xiii. 1。《古代和田》第一卷，第 399 页。《佉卢文题铭》第一卷，第 83 页。

212[1]

大德、大王敕谕主簿索阇伽如下：现下于本处，乌波格耶（Opǵeya）申诉说，伽克（Kaḱe）与黎贝（Lýipe）放纵其牝驴在彼所有之 *miṣi* 地里饲养。苏毗人（Supi）曾从那里将牲畜掠走。现下彼等正就该牝驴事起诉他。

〔乌波格耶。〕[2]

【注】

[1] 楔形底牍，谕令，关于财产纠纷之申诉。遗物编号 N. IV. xiv. 1。《古代和田》第一卷，第 399 页。《佉卢文题铭》第一卷，第 83 页。

[2] 本件亦涉及苏毗人对精绝之侵扰。

213[1]

〔御牧卢达罗耶（*kori* Rutraya）启。〕

……] 不做调动。是故，你已将主簿萨摩舍那（*cozbo* Ṣamasena）之马匹交与僧吉腊（Saṃgila）照管，以作快递（*aṃtaǵi*）使用[2]。当此印封之楔牍传至你处，你须得对此事详加审理。沙达苏陀（Śadaṣuta）马匹之佣金按此等情况以同等方式处理，给付马匹之佣金。

〔于第二十六年二月九日，主簿（*cojhbo*）[……] 萨摩舍那（Ṣamasena）[……]〕

【注】

[1] 楔形盖牍，关于赋役之谕令。遗物编号 N. V. xv. 2。《古代和田》第一卷，第 399 页。《佉卢文题铭》第一卷，第 84 页。

[2] 用作快递的马匹，似乎是一种驿马。

214[1]

〔大德、大王敕谕主簿柯利沙（*cozbo* Kolýisa）、索阇伽（Soṃjaka）如下：〕现下我已派遣奥古阿离耶（*ogu* Alýaya）出使于阗（Khotaṃna）。为你等王土（raja）内事务考虑，我已交与奥古阿离耶手中一匹马，以作赠送于阗王之礼物。要供廪此马自莎阇（Saca）至精绝（Caḍ'ota）之饲料：自莎阇起直至热弥那（Remena），10 瓦查里（*vacari*）饲料，10 瓦查里 *phalitaǵa*，2 袋苜蓿；自精绝起直至扜弥（Khema），15 瓦查里饲料，15 瓦查里 *phalitaǵa*，3 袋苜蓿。①

〔奥古阿勒波耶（*ogu* Alṕaya）[……] 大德、大王 [……]

[……] 大、大王 [……]〕

【注】

[1] 楔形底牍，关于出使供廪之谕令。遗物编号 N. V. xv. 3。《古代和田》第一卷，第 399 页。《佉卢文题铭》第一卷，第 84 页。

215[1]

于第三年，彼时曹长阿波宁耶（*apsu* Apñiya）收到 3 只死幼畜。

---

① 读作 *dui goniyaṃmi aśpista yava remenaṃmi...aśpista tre goniyaṃmi 3 yava Khemaṃmi*。*aśpista* 为伊朗语，意为“苜蓿”。参见北方波斯语 *aspist*、*supust*“三叶草，苜蓿”，巴拉维语（Pahlavi）*aspast*，普什图语（Pašto）*špēšta*“苜蓿”。*phalitaǵa* 明显是某种马饲料，如 *satu*“饲草”和 *aśpista*“苜蓿”。——原注

于第四年，曹长阿波宁耶收到1只死幼畜，金支耶（Kiṃciya）收到1只幼畜。

于第五年，*suśaǵa*① 分别收到1只幼畜。彼等不欲接收2只幼畜。 41

【注】

[1] 长方形牍，籍账类之账目。遗物编号 N. V. xv. 4。《古代和田》第一卷，第399页。《佉卢文题铭》第一卷，第84页。

216[1]

〔诸大人、王[……]、大夫（*mahatvana*）启。〕

于阗人波离善陀（Khotanī Preṣāṃḍha）由安提（Aṃti）手里逃脱并离去。现下，德罗伽（Ḍhraka）[……]在该地拿获。彼（？）与吉利耶格（Kilýaǵi）关乎此位男子。在此，我，大（王）等，已查验此案连同其宣誓证言。黎波陀（Lýipta）与其他人——卡拉牟特离耶（*kāla* Mutreya）与百户长昆格耶（[*śada*]*vida* Kunǵeya），业已发誓，彼等如是说，该男子于阗人波离善陀自安提之田庄里（逃）离，德罗伽（？）与吉利耶格行不公道。为此缘故，大人[……]于（王）廷，诸古速罗（*guśura*）及（其他）高官须得详加审理此案。[2]

【注】

[1] 矩形盖牍，谕令，关于逃亡纠纷之申诉。遗物编号 N. V. xv. 5。《古代和田》第一卷，第399页。《佉卢文题铭》第一卷，第85页。

[2] 本件作为谕令，在书写载体上与通常的楔形牍不同。木牍的正面书有“诸大人（*bhaṭara[ǵa]na*）”等字迹，其封印下方书有“主簿夷陀伽（*cojhbo* Yitaka）、督军伏陀（*toṃga* Vugto）”等字迹（《佉卢文题铭》第一卷，第85页）。

① *suśaǵa* 可以读作 *vuryaǵa*，一个见于他处的词语。不过，*suśaǵa* 也可由其变形词 *sujaǵa*（第387号文书）来检验。如果该词为梵语 *sūcaka*，其意思就可能是“探子”。——原注

217[1]

〔主簿索阇伽（*cozbo* Soṃjaka）启。〕

（背面）……] 由是，即刻将一名逃亡人从速遣来本处之王廷，交与一合适之人手中，该人非是工匠且非有争执之人。现下如你（不能）将（彼）送来，你且当心。

【注】

[1] 楔形盖牍，关于逃亡之谕令。遗物编号 N. V. xv. 6。《古代和田》第一卷，第 399 页。《佉卢文题铭》第一卷，第 85 页。

219[1]

〔主簿索阇伽（*cozbo* Soṃjaka）启。

大德、大王敕谕主簿索阇伽如下：〕牟吉（Moǵi）申诉道，其与左摩伽（Camaka）就一峰橐驼争执。当此印封之楔牍传至你处，〔即刻对此案详加审理，依照王法（rajadhamena）[2] 做出裁决。若非如此，应送至王廷。

牟吉。〕

【注】

[1] 楔形双牍，谕令，关于财产纠纷之申诉。遗物编号 N. V. xv. 7 + 194。《古代和田》第一卷，第 400、407 页。《佉卢文题铭》第一卷，第 86 页。

[2] rajadhamena，《沙海古卷》释作“国法”（第 72 页）。

222[1]

兹于大王、天子、侍中摩醯利（jiṭugha Mayiri）陛下之第二十二年一月二十五日，是时司书罗没索磋（*tivira* Ramṣotsa）、苏怙陀（Sugūta）、苏难陀（Sunaṃta）、鸠宁陀（Kuñita）与左史格耶（Caṣǵeya），就主簿索阇伽（*cozbo* Soṃjaka）之一块可种下 2 硒 *aḍini* 种子之 *akri* 田地一事前来申诉，另涉及在外之更多田地，其范围两者合计为（诸如可种下）5 硒 *aḍini* 种子。

主簿索阁伽现身并给予司书罗没索磋及苏怙陀一份礼物，即一张价值 10 目
厘（*muli*）之地毯（*kojava*）以作为田地之回报。彼等公平达成协议。自今 42
日起，主簿索阁伽有全权在该地播种、犁耕、用于交换、为所欲为。[2]

【注】

[1] 矩形底牍，关于田地之书面契约。遗物编号 N. V. xv. 11a。《佉卢文题铭》第一卷，第 87 页。

[2] 司书罗没索磋田地及奴婢交易的文书，另见于第 336、571、574、579、580、581、582、586、587、589、590、592 号。

223[1]

〔御牧卢达罗耶（*kori* Rutraya）启。

大德、大王敕谕御牧卢达罗耶如下：〕僧吉腊（Saṃghila）上奏道，彼即将出使于阗（Khotaṃna），曾配给由国家供廪之一匹驿马。你并未自国家供给一匹马，（而）僧吉腊则租赁了一匹马。租金应自国库中予以支付。主簿萨摩舍那（*cozbo* Ṣamasena）担保。当此印封之楔牍传至你处，你务必即刻详加审理此事及其宣誓证言与证词，以查明此事是否属实，并查明租金之数目，须由拉尔苏（Larsu）征集并送交本处。依据王国法令做出裁决，〔如你不能澄清此案，应将彼等拘押，于王廷裁决。

僧吉腊。〕

【注】

[1] 楔形牍，谕令，关于供廪纠纷之申诉。遗物编号 N. V. xv. 12a, b。《古代和田》第一卷，第 400 页。《佉卢文题铭》第一卷，第 87 页。

224[1]

〔[……] 督军伏陀（*toṃga* Vukto）[……]。〕

……] 服国役之人（raji jaṃna）[2]。由苏难陀（Sunaṃta）及宾那（Biṃna）起所登记之人。以此种方式登记来自萨摩舍那（Ṣamasena）家屋

(之人)。如有差别，则依据法令做出裁决。

【注】

[1] 楔形盖牍，关于服役的谕令。遗物编号 N. V. xv. 13。《古代和田》第一卷，第 400 页。《佉卢文题铭》第一卷，第 87 页。

[2] raji jaṃna，《沙海古卷》释作“州之人”(第 73 页)。

225[1]

(正面)沙门僧伽帕罗那(*śramana* Saṃgaparana)收到 1 弥里码谷物。

另在 [……] 地中曾播种过。

自索柯陀(Ṣokota)有播种 [………

我播种过柯特沙那(Ktesana)之地，收到 2 弥里码谷物。

播种过 [……] 地，从中收获 2 弥里码谷物，另加 6 硒葡萄酒。

……] 收获 1 弥里码谷物，另收到 2 匹丝绸，及 25 只绵羊 [……

(背面)……] 收到佛陀瞿沙(Budhaghoṣa)[2] 之 3 硒葡萄酒。

僧伽帕罗那之奴隶进入我之房屋[3]，并(?)3 匹丝绸，另加 2 *śata racana* 及 1 件 *vuspárta*(*raspárta*)。彼曾在(?)该处。此块高地上曾被播种过。

43 另有 *aresa* [...]*palaśa*。

……] 之时，我在此曾收到(*pir.ci*)2(弥里码?)*potǵa* 葡萄酒及 3 弥里码 *ṣamiyo* 葡萄酒，为一位妇人起见[4]。

另收到 3 硒 *giṃta*。①

【注】

[1] 长方形牍，籍账类之账目。遗物编号 N. V. xv. 14 + 27。《古代和田》

① 本文书异常模糊，部分是因为其残破状况，部分则因为其中所出现的大量孤立且无法解释的词语。无法解释的词是：*racana*(*śata racana*，*śata* 当然意即“100”，其例是“200 *racana*”)；*vuspárta*，其读法不能确定，乃因为该词未见于其他文书；*aresa*，见于其他文书，但其意思不能确定；*giṃta*，某种用硒计量的物品；*oṣaḍha*，不可能等于 *asuṣadha*，因为没理由将 *dh* 变为 *ḍh*。*potǵa* 一词或许是 *potǵoñena* 的简称，后者常见于与 *masu*“葡萄酒”有关的语句中，亦与 *ṣamiyo* 有关。这两个词之意思均未得到确定。当此情况下，可理解数字 2 前面的弥里码。*pir.ci* 或许与 *piro*“桥”有关。—— 原注

第一卷，第 400 页。《佉卢文题铭》第一卷，第 88 页。

[2] 佛陀瞿沙，在精绝，很多（男）人的名字都带有佛教色彩。

[3] “僧伽帕罗那之奴隶进入我之房屋”，指偷盗。

[4] “为一位妇人起见”，或许指所谓的“妇人税”。

226[1]

〔大德、大王敕谕主簿夷陀伽（*cozbo* Yitaka）与督军伏陀（*toṃga* Vukto）如下：〕主簿萨摩舍那（*cozbo* Ṣamasena）禀报我等道，彼就一桩橐驼及马匹之买卖与多人（? *jana janena*）发生争执。于第 [……] 年彼等被期待着由此男子负责，于第四年后彼等被交与此位萨摩舍那。当印封之楔牍传至该处，须如是做出裁决。

〔主簿萨摩舍那。〕

【注】

[1] 楔形底牍，谕令，关于财产纠纷之申诉。遗物编号 N. V. xv. 15。《古代和田》第一卷，第 400 页。《佉卢文题铭》第一卷，第 88 页。

227[1]

〔[……] 索阇伽 [……]〕

……] 送交本处，不得扣留任何物品，亦不得短少。

【注】

[1] 楔形盖牍，谕令。遗物编号 N. V. xv. 17。《古代和田》第一卷，第 400 页。《佉卢文题铭》第一卷，第 88 页。

228[1]

〔大德、大王敕谕御牧卢达罗耶（*kori* Rutraya）如下：〕主簿 [……] 将其他橐驼看护人派来本处。彼时，主簿萨摩舍那（*cozbo* Ṣamasena）屋中之人［……］不被移交。当萨摩舍那屋中之人再来本处时，彼时一峰橐驼［……

（背面）主簿萨摩舍那，橐驼之老看护人。

〔［……］〕

【注】

［1］楔形底牍，关于服役之谕令。遗物编号 N. V. xv. 17a。《古代和田》第一卷，第 400 页。《佉卢文题铭》第一卷，第 89 页。

44 231[1]

〔［……］人皆爱慕之［……］迦帕启。〕

……］一位妇人之子。在都吉（Duki）山中（有）另一位妇人之儿女。彼时我等来至该地，以使之 *chaṃni*①。且让男人以男人名义 *chaṃni*，并让女人以女人名义 *chaṃni*。为着佳运起见，一枚箭镞之礼业已奉上。

【注】

［1］矩形盖牍，信函。遗物编号 N. V. xv. 20。《古代和田》第一卷，第 400 页。《佉卢文题铭》第一卷，第 89 页。

235[1]

〔主簿索阇伽（*cozbo* Soṃjaka）［……］。

大德、大王敕谕主簿索阇伽如下：〕鸠恩格（Kuunǵe）禀报道，凯尼迦（Keniǵa）之（子？）苏耆伽（Sugika）正占用属其所有之 *miṣi* 地，而无正当理由。当此印封之楔牍传至你处，你须得查明该 *miṣi* 地[2]是否确属彼所有而苏耆伽正无正当理由占用它。若是其先前为鸠恩格之财产，（则现下）将该地给还他，苏耆伽不得无正当理由地违法占有。你若不能澄清此案，〔速将彼等押送至王廷，由本处裁决。

鸠恩格。〕

---

① *chaṃni* 之意不明。——原注

【注】

[1] 楔形双牍，谕令，关于田地纠纷之申诉。遗物编号 N. V. xv. 24。《古代和田》第一卷，第 400 页；第二卷，图版 LXXI、CI。《佉卢文题铭》第一卷，第 90—91 页。

[2] *miṣi* 地，在一些涉及田地的文书中反复出现的词语，指某种田地。还有其他类别的田地。

236[1]

〔主簿夷陀伽（*cozbo* Yitaka）与督军伏陀（*toṃga* Vukto）启。

大德、大王敕谕主簿夷陀伽、督军伏陀如下：〕今年秋季须得装载精绝（Caḍ'ota）之 *kuv́ana* 谷物。就此，我，大王，已允准将打包谷物之半数作为拨款给予主簿萨摩舍那（*cozbo* Ṣamasena），其余之半数交来。其让出的半数系用作拉尔苏（Larsu）之口粮。

于二十一年一月二十一日，*caṃkura* 鸠腊伐达那（Kulavardhana）系证人。[2]

〔主簿萨摩舍那（*cozbo* Ṣamasena）。〕

【注】

[1] 楔形双牍，关于赋税之谕令。遗物编号 N. V. xv. 26 + 16。《古代和田》第一卷，第 400 页。《佉卢文题铭》第一卷，第 91 页。

[2] 盖牍上书写纪年是不寻常的，而且书明了证人。这个格式看上去像是顺带签署在楔牍上的凭据（收讫？）。

241[1]

（残片）

……] 应接受价钱，将男子派出。若是 [你] 不从速派此位妇人 [……

【注】

[1] 楔形盖牍，关于服役（？）的谕令。遗物编号 N. V. xv. 32。《古代和田》第一卷，第 401 页。《佉卢文题铭》第一卷，第 92 页。

243[1]

〔大德、大王敕谕主簿柯罗那耶（*cozbo* Kranaya）、税监黎贝（*ṣoṭhaṃgha* Lẏip[...]）如下：〕拉尔苏（Larsu）禀报我等道，左归腊（Cakvala）曾赠送其父主簿萨摩舍那（*cozbo* Ṣamasena）一匹马作为礼物，对此礼之回赠为两只绵羊与三 *hasta varṣe*[...]。主簿萨摩舍那已辞世。此马左瓜腊 [……] 曾取得。当此印封之楔牍传至你等处，须得从速详加审理涉案者，查明此事是否属实，一位高官已将法定属于国王所有之物品送礼。

〔拉尔苏、左归腊马匹之事宜。〕

【注】

[1] 楔形底牍，谕令，关于遗产纠纷之申诉。遗物编号 N. V. xv. 33。《古代和田》第一卷，第 401 页。《佉卢文题铭》第一卷，第 93 页。

45

244[1]

〔主簿索阁伽（*cozbo* Soṃjaka）启。

主簿索阁伽[2]。〕

（背面）支摩腊（Cimola）之（子）迦波格耶（Kapǵeya）亦欠向导左摩伽（Camaka）一峰橐驼，因此供给（？）该左摩伽。另，波格左（Pǵeca）曾取去三峰橐驼，你务必照料它们。亦下令将借用之葡萄酒连同（各色）人等送呈。

【注】

[1] 矩形盖牍，信函。遗物编号 N. V. xv. 33。《古代和田》第一卷，第 401 页；第二卷，图版 LXXII。《佉卢文题铭》第一卷，第 93 页。

[2]“主簿索阁伽”，反向书于封印之下方（《佉卢文题铭》第一卷，第 93 页）。

246[1]

〔令人爱戴之主簿索阁伽（*cozbo* Soṃjaka）启。〕

（背面）户主（vyalidavo）[2]竺吉耶（Tsuǵiya）、户主鸠莱耶（Kuleya）、婆尼支迦（Ponicǵa）、婆迦那（Poǵana）、鸠宁陀（Kuñita）、吉利耶摩（Kilẏama）、苏伐耶（Suvaya）、黎般摩（Lẏipaṃma）、陀美耶（Tameya）：此令所有提及之人前去桥边，王廷已发令所有精绝（Caḍ'ota）人与且末（Calmadana）人安置于此。关于此事，已下达一道（有关安置事宜之）简要信函。勿担心礼物。

【注】

[1] 矩形盖牍，信函。遗物编号 N. V. xv. 41。《古代和田》第一卷，第401页；第二卷，图版 LXXII。《佉卢文题铭》第一卷，第93—94页。

[2] 户主，涉及精绝的家庭形态（《沙海古卷释稿》，第194—197页）。

247[1]

呈大人（bhaṭaraġasa）、〔人神亲爱、长命百岁之爱兄周迦帕（Cuǵapa）与波离耶沙耶（Priyaśaya）足下[……]耶问安，敬祝贵体安康、万寿无疆。欣闻贵体安康，我亦安好，你等闻之定觉欣喜。〕我谨如是禀报你等，一切皆在你等真知灼见（之中）。我的葡萄酒收到[……]。现下为第三年你等不曾将此葡萄酒交来。我的[……]一位男子允诺一匹马在此。将彼所拥有之葡萄酒取来。现下务必将葡萄酒交与百户长苏迦陀（*śadavita* Sugata）手中。要加印封送来，以此等主簿之印加封。[……]于波黎耶沙耶手中。另，[……]速将其送来，并务必交上一封答信。

〔[……]兄周迦帕。〕[2]

【注】

[1] 皮革文书，信函。遗物编号 N. V. xv. 42。《古代和田》第一卷，第401页；第二卷，图版 LXXII。《佉卢文题铭》第一卷，第94页。

[2] 在尼雅遗址发现的皮革文书，通常用于书写谕令，但此件例外。这种文书亦如封检式的楔形和矩形牍，采取印封措施，故文书末说“要加印封送来，以此等主簿之印加封”（《沙海古卷释稿》，第48—49页）。

248[1]

……]彼下指令于主簿索阇伽（*cozbo* Soṃjaka），如此你须知晓[……]如是有任何来自扜弥（Khema）与于阗（Khotaṃna）之消息，须将其情况写信禀报于我——大王[……

……]如同在其他情况下对女巫施以处罚与限制，故现时对女巫施以处罚与限制[2]。再者[……]凡在该处之逃亡人皆送来本处。该地之王家橐驼[……]*suveṣta* 摩（？）列迦（Ma(?)reǵa）须得出使于阗以办理国家要事[……

……]*gaṃmi* 讨要（*ya*[*j*]*ita*）。彼等已移交与沙门佛陀舍那（*śramana*
46 [B]udasena）。取代彼[……]征集到一起。关乎该处之王家驼群[……

【注】

[1] 皮革文书，谕令。遗物编号 N. V. xv. 43。《古代和田》第一卷，第401页。《佉卢文题铭》第一卷，第94页。

[2] “故现时对女巫施以处罚与限制”，对女巫的处罚似乎带有普遍性（《沙海古卷释稿》，第265—268页）。

249[1]

（残片）①

【注】

[1] 矩形底牍，信函。遗物编号 N. V. xv. 45。《古代和田》第一卷，第401页。《佉卢文题铭》第一卷，第95页。

251[1]

大德、大王敕谕[……

① 现存文书之大部分包含了信札的常见套语。有趣的是出现在最后一行的句子 *...mṛdhena parichitama*，它明显可与第385号文书中出现的句子 *taha ahu uparyaṃ mṛdhena pratichami*（读作 *paḍichami*）相对应。*mṛdhena* 意思不明。——原注

……] *ambukaya* 阿波宁耶（Apñiya）[2] 已出使于阗（Khotaṃna）。当此印封之楔牍传至你处，须给予 [……] 如现下需要再次前往，应速将一名向导遣至热弥那（Remena）。

〔*ambukaya* 阿波宁耶。〕

【注】

[1] 楔形底牍，关于出使供廪的谕令。遗物编号 N. V. xv. 47。《古代和田》第一卷，第 401 页。《佉卢文题铭》第一卷，第 95 页。

[2] Apñiya，《佉卢文题铭》释作 Apǵaya（阿波迦叶）（第一卷，第 95 页）。

252[1]

沙门僧伽波黎耶（*śramana* Saṃghapriya）自帕卢迦（Paruǵa）处所收讫之谷物。苏耆陀（Suḡita）须查明（此事）。如彼不交纳谷物，须给付（？）。此外，须下令此等人勿去做苏耆陀所不许可之事。食肉亦得交与 *śamuḍa raya*①，将它们标记上。

（背面）……] 且使彼等不扣留任何此物品 [……

……] 石榴、茜草（*rotaṃ*），苏耆陀及布瞿（Puǵo）[……

……] 须与 [……] 来此，无论如何 [……

……] 我等将 [……]；作为留念，已奉上一根弓弦并（？）。

【注】

[1] 矩形盖牍，信函。遗物编号 N. V. xv. 50 + 200。《古代和田》第一卷，第 401 页。《佉卢文题铭》第一卷，第 95—96 页。

---

① *śamuḍa rayana* 意义难明，它看上去与第 387 号文书中所出现者相同，但是在该文书里读作 *śamuṃta*，本处则读作 *śamuḍa*。再者，第 387 号文书里的句子是这样读的：*śamuṃta rayana iṃci visajidavya*。作为虚词的 *iṃci* 仅用在文书里以加强否定的 *na* 和 *ma*，清楚的是，本句中的音节 *na* 为否定的意义“非”，并且须与它后面的 *iṃci* 连用，不能够组成前一个词的一部分。因此，我们必须把该词语读作 *śamuṃta-raya* 而非 *śamuṃta rayana*，除非我们假设书手略去了一个音节 *na*。如是，则本句的 *śamuḍa rayana* 必是出自所有格复数的上下文中；而这个上下文可以进一步推定它是某种肉食动物。词语 *aṃgha* (= *aṅka*)“标记”与此十分一致，因为如果它们是动物的话，是可以被标记的。我们可以进一步将 *śamuṃta* 与第 15 号文书里的 *śamuta* 做比较，该处缺少 *raya*。该文书事涉狩猎（nacira），故与某种动物词语十分契合。—— 原注

47

253[1]

〔主簿索阇伽（*cozbo* Soṃjaka）[……]〕

由该处派出一名向导给主簿跋迦舍那（Bhaǵasena）[……] 供给一名橐驼看护人直至于阗（Khotaṃ）。

【注】

[1] 楔形盖牍，关于出使供廪之谕令。遗物编号 N. V. xv. 51。《古代和田》第一卷，第 401 页。《佉卢文题铭》第一卷，第 96 页。

254[1]

大德、大王敕谕 [……

司土、*suveṭha* 毗摩色那（Bhimasena）禀报我等道，在叶吠阿瓦纳（Yaúe aúana）[……] 该地她被嫁与奥古阿输迦（*ogu* Aśoǵa）封邑（*kilme*）之人 [……] 出售。彼之一子在且末（Calmadana），属奥古劫提（*ogu* Kirti）[……

〔*suveṭha* 毗摩色那。

叶吠阿瓦纳。〕

【注】

[1] 楔形底牍，关于奴隶纠纷之申诉。遗物编号 N. V. xv. 52。《古代和田》第一卷，第 401 页。《佉卢文题铭》第一卷，第 96 页。

255[1]

苏怙陀（Suǵuta）言道，在查伽（Tsaǵa）属秦人（Ciṃna）阿尔耶沙（Aryasa）[2] 所有之土地 [……] 我曾由此位秦人阿尔耶沙口中听说，彼如是说：此时并无土地可买。就此土地之边界而言，我想要 [……

（背面）……] 儿子。现下田地 […？…

……] 系苏耆陀（Sugīta）之田庄。

【注】

[1] 长方形牍，信函。遗物编号 N. V. xv. 54。《古代和田》第一卷，第401页。《佉卢文题铭》第一卷，第96页。

[2] 秦人，指来自内地的汉人，这个称呼还可证以《刘平国作关亭诵》中的“秦人”。阿尔耶沙似乎是他的胡语名字。

256 及 260[1]

〔御牧卢达罗耶（*kori* Rutraya）[……]〕

……〕她于卡拉伽左伽（*kala* Kacaka）封邑成婚。无论如何 [……] 彼
等曾就所有（彼等所继承之财产）做出（一项平等之裁决），仅帕特罗耶
（Patraya）保留下普通财产。卢达罗耶与般左摩（Paṃcama）已使用此帕特
罗耶为其劳动八年。当此印封之楔牍传至你处，即刻详加审理此案，若是卢
达罗耶与般左摩业已使帕特罗耶为其劳动，而此帕特罗耶又受雇于 *suv́eṭha* 48
毗摩色那（Bhimasena）达八年，此八年间卢达罗耶与般左摩并不曾拥有此
帕特罗耶之所有权。当卢达罗耶与般左摩再次 [……] 之后 *cuḍo* 再次受雇于
彼等。其他方面如有任何争议，当彼等前来此处王廷申诉 [……①

【注】

[1] 长方形牍（256）+ 楔形盖牍（260），谕令，关于奴隶纠纷之申诉。遗物编号 N. V. xv. 55 + 81 + 64。《古代和田》第一卷，第401、402页。《佉卢文题铭》第一卷，第97、98页。

261[1]

（太过残破无法释读）

【注】

① 第256和260号文书明显为同一份文书的两部分，故将其释译在一起。第256号文书里的句子 [*sarva*] *bh*[*a*]*ǵ*[*a*] *kiḍati*，用作共同继承财产的分割（参见第18号文书）；或者第187号文书里的 [*sarva sama*] *bhaǵa*。第260号文书第2行的 *cuḍo* 意思不明，似乎是指帕特罗耶。——原注

[1] 矩形盖牍，不明。遗物编号 N. V. xv. 65。《古代和田》第一卷，第 402 页。《佉卢文题铭》第一卷，第 98 页。

262[1]

〔主簿索阇伽（*cozbo* Soṃjaka）启。

大德、大王敕谕主簿索阇伽如下：〕阿伯各（Apǵe）申诉道，跋迦尔伽（Bhaǵarka）曾杀死彼所有之一峰橐驼。此乃就此事所传达于你之第二道印封楔牍，（令你）将其护送来本处；（然）彼并未来此。当〔此印封楔牍传至你处，须即刻详加审理此案并宣誓证言及证人，依法做出裁决。如你不能澄清此事，则将彼押至本处。

阿伯各耶（Apǵeya）。〕

【注】

[1] 楔形双牍，谕令，关于财产损害之申诉。遗物编号 N. V. xv. 66。《古代和田》第一卷，第 402 页。《佉卢文题铭》第一卷，第 99 页。

265[1]

〔主簿柯罗那耶（*cozbo* Kranaya）、税监黎贝（*ṣothaṃga* Lýipe）启。

大德、大王敕谕主簿柯罗那耶、税监黎贝如下：〕僧人僧伽罗支（Saṃgharachi）禀报道，彼等为着在 *yaṃba*（？）之其他份额起见，正放弃彼之份额。当此印封之楔牍〔传至你等处，须即刻详加审理此案。不得为其他份额而放弃彼之份额。依法做出裁决。如你等不能澄清此事，则将彼等押至王廷，由本处裁决。

僧伽罗支。〕

【注】

[1] 楔形双牍，关于赋税之谕令。遗物编号 N. V. xv. 71。《古代和田》第一卷，第 402 页；第二卷，图版 LXXII、C。《佉卢文题铭》第一卷，第 100 页。

271[1]

致〔令人愉悦、人神亲爱之〕爱兄〔主簿索阇伽（*cozbo* Soṃjaka），〕
黎贝耶（Lyýi[pe]ya）谨祝贵体安康、万寿无疆，并如是（写下）：我所领有
之在精绝（Caḍ'ota）之人，应由你全数照管。现下我已派出我封邑之（其
他）人受你照管。彼等人如你自己人一般。另就[……]之子[……]曾下令 49
（？）于你，众村民（？）将被带走。你确须注意此事[……]将被带走。于
地面清理之处，于该区（？），沙地[……]。

【注】

[1] 矩形底牍，信函。遗物编号 N. V. xv. 87 + 308。《古代和田》第一卷，第403页。《佉卢文题铭》第一卷，第101页。

272[1]

〔大德、〕大王敕谕主簿索阇伽（*cozbo* Soṃjaka）如下：你须明白我所写者，当我下令处理国务之时，你须不计昼夜忠心操持国务，悉心警戒（国土），甚至不惜你之性命；一俟有任何来自扜弥（Khema）与于阗（Khotaṃ）之消息，你须得将谍报上呈于大王我。你亦由该处曾呈上一封谍报于督军伏陀（*toṃga* Vukto）之手，由该谍报大王我曾知悉任何事情。看上去自去岁起，你已遭受苏毗（Supi）之极大威胁，你并将国民安置入城内。现下，苏毗人已全数离去，先前彼等曾居住之处，彼等业已安居该处。你处王土（raja）之情形已和缓下来。于阗方面亦变得平和与安宁。现下，将 *lautǵaiṃci* 人予以登记。仅防守城镇，王土内之其他人听凭离去，彼等不会再受城内（拥挤）之烦扰。去年亦曾在该处征缴苏吉酒（*śuka*），现下据闻诸税吏及有司酒务之诸官员已将此酒用尽。当此谕令传至你处，须从速全数征缴去年之苏吉酒及今年之酒，并将其合并在一处。另，参照司税帕鸠陀（*yatma* Parkuta）所征缴并存放 *kuv́ana*、*tsaṃghina* 及 *koyimaṃḍhina* 谷物于城内所有衙署（之法），现下即将 *kuv́ana*、*tsaṃghina* 及 *koyimaṃḍhina*[2][……]谷物征缴，并[……]城内。诸信差须以急务形式前来本处王廷，且由拥有牲

畜者手中征集一头，其佣金由国库按固定价格支付，以使国务不致于遭任何怠慢。亦须在城中征缴作为饲料之苜蓿。不论昼夜，速将 *caṃdri*、*kamaṃta*、茜草（*rotaṃ*）与 *curoma* 送交本处王廷。据闻，该处之国民正就旧债之事相互滋扰。应阻止此等富人迫害债务人。俟于阗方面安宁且王土（raja）内稳定下来，彼时将予以偿还。另据听闻，该处名门出身之可供职人士正对主簿索阇伽大不服从[3]。彼等之行为殊非妥当。我已将王土（raja）委诸此人之手，（而）国务并非人皆可管。自现下起，不得再不服从于彼。凡不服从主簿索阇伽者，将被送交本处王廷，彼将于本处受到惩处。

〔十一月七日。

主簿索阇伽启。〕[4]

【注】

[1] 皮革文书，谕令，关于警戒于阗、苏毗及赋税等事务之谕令。遗物编号 N. V. xv. 88。《古代和田》第一卷，第 403 页；第二卷，图版 XCII。《佉卢文题铭》第一卷，第 102 页。

[2] *kuv́ana*、*tsaṃghina*、*koyimaṃḍhina*，这几种谷物名称意义不明。

[3] 主簿索阇伽是鄯善王委任的管理精绝事务的官员，“该处名门出身之可供职人士”可能指精绝当地的贵族。

[4] 作为谕令，皮革文书与楔形牍的书写格式大体相同，但内容大多涉及对于于阗、扜弥的警戒事务。

275[1]

〔大德、大王敕谕主簿索阇伽（*cozbo* Soṃjaka）如下：〕自先前估定阿迟耶摩阿瓦纳（Ajiyama avana）之年税以来，已过去二十年头。你处占用去该税。当此印封之楔牍传至你处，我等已自本处发出一件账目，即刻将此税连同该账目由莱婆陀（Lepata）从速全数上交本处司税（*yatma*）及税吏（*aǵeta*），不得扣留，不得短少。

〔阿迟耶摩阿瓦纳。〕

【注】

[1] 楔形底牍，关于赋税之谕令。遗物编号 N. V. xv. 91。《古代和田》第一卷，第 403 页。《佉卢文题铭》第一卷，第 103 页。

278[1]

〔诸大人、令人爱戴之爱 [……] 卡拉阿周那（*kala* Acuñ）[2][……]（启）。〕

（背面）我等已将耕地交由鸠罗格耶（Kuraǵeya）及监察（*cuvalayina*）照管。无论由该地所产何等食品与饮料，皆交与此位张伽（Caṃja），并将包含有账目之文书送呈于我。另在贵霜陀（Kuṣaṃta）之土地，黎帕那（Lẏipana）与帕伐陀（Parvata）播种过 [……] 业已交诸你等照管。该处交来之谷物给予张伽。将账目送交于我。若是在摩施那（Masina）之封地并不按其吩咐去做，你须得当心。

【注】

[1] 矩形盖牍，信函。遗物编号 N. V. xv. 95。《古代和田》第一卷，第 403 页。《佉卢文题铭》第一卷，第 104 页。

[2] 卡拉阿周那（*kala* Acuñ），应是第 327 号文书之阿周囊耶（Acuñaya）。

279[1] 51

〔大德、大王敕谕主簿索阇伽（*cozbo* Soṃjaka）如下：〕司土苏伐那摩输迦（*vasu* Suvarnamasuǵa）禀报道，叶吠阿瓦纳封邑（Yaʋe aʋana kilme）卡拉阿周宁（*kala* Acuñi）之姊妹左鸠伐（Cakuʋaae），被嫁与阿迟耶摩阿瓦纳封地（Ajiyama aʋana kilme）之波格那（Pǵena）。该妇人之 *lote* 及 [*muke*]*ṣi* 并未付与叶吠阿瓦纳。[2] 她在该地生下众儿女。属叶吠阿瓦纳封地所有之张左（Caṃcā），曾与波格那之女成婚。其余（之左鸠伐之儿女）仍归属阿迟耶摩阿瓦纳。为其母，沙毗那（Sarpina）作为叶吠阿瓦纳人张左之妻。因父亲之故，波格那业已将其女作为交换，凭此声明，由波格那之诸子 [……]。[3]

【注】

[1] 楔形底牍，谕令。遗物编号 N. V. xv. 96 + 325。《古代和田》第一卷，第 403 页。《佉卢文题铭》第一卷，第 104 页。

[2] *lote* 及 *mukeṣi* 似乎指该妇人的赎金或所谓“奶费”之类。

[3] 本件涉及交换婚。

283[1]

〔[……] 王敕谕 [……]〕

……] 忠心于国事，应持加倍、三倍之警惕。如有来自扜弥（Khema）与于阗（Khotaṃna）之消息 [……] 你曾呈上一份报告。由该报告，大王我已知悉所有事情。你亦禀报我等道，就牲畜 [……] 所征缴之苏吉（葡萄酒）且悉心存放。无论现下再 [……] 秋季另外之 [……] 忘记彼等之中所存之积怨与猜忌。以食物妥善安置该等遭诱拐之人 [……] 友善对待彼等，犹如有技能之人（？），用食物专门供养彼等，以使该处 [……] 城中全数赋税业已交纳。

【注】

[1] 皮革文书，关于赋税等谕令。遗物编号 N. V. xv. 101。《古代和田》第一卷，第 403 页；第二卷，图版 XCI。《佉卢文题铭》第一卷，第 105 页。

286[1]

〔大德、大王敕谕主簿索阇伽（*cozbo* Soṃjaka）如下：〕牟吉（Moǵi）申诉道（？）。该处之证人为军多（Kuṃdho）、波腊特迦（Platǵa）及 *caru*。此一争讼，〔须与誓证、证人一道由你亲自审理，依照法令做出裁决。若你不能澄清此案，应将彼等押至王廷。

牟吉。〕

【注】

[1] 楔形底牍，谕令。遗物编号 N. V. xv. 105。《古代和田》第一卷，第 403 页。《佉卢文题铭》第一卷，第 106 页。

288[1]

〔大人、主簿索阇伽（*cozbo* Soṃcaka）足下启。〕

大人、人神亲爱、令人神荣耀、貌若菩萨（Bodhisattva）[2]之大主簿索阇伽（*mahacozbo* Soṃcaka）足下，主簿夷利（*cozbo* Yili）与纳弥迦叶（Namilǵaae）谨致敬意并祝圣体安康、万寿无疆，我等如是陈词：自我等致 52
信并赠礼于你以来，已历时良久。为此缘故，我等诚挚乞求你之宽容。你明察秋毫，无所不知。此位沙门左归腊（*śrāmaṇera* Cakvala）已被派遣，去向你传达问安圣体（之良愿）。无论彼在那里如何与你联络，务必倾听彼之言辞。且让此沙门置于你之关照之下，勿弃之不顾。我等已呈上一件薄礼，故你无需担心礼物。稍后我等会呈上一封信札及礼物于达摩波离耶（Dharmapriya）手中，该礼物对你会有价值，其由夷利赠送者为一根绳索，纳弥迦叶所赠系一 *lastuǵa*。[3]

致爱兄、具无上功德之主簿佛陀罗支（Budharachi），其永驻（我）心，达摩波离耶谨问安。

〔沙弥。〕

【注】

[1] 楔形双牍。遗物编号 N. V. xv. 108 + 113。《古代和田》第一卷，第 404 页。《佉卢文题铭》第一卷，第 106 页。

[2]“貌若菩萨”及下文“具无上功德”的表述不同寻常，具有佛教色彩。佛陀罗支的名字也带有佛教色彩。

[3] 关于赠礼的表述在信函中随处可见，表明这是当地上层交往的礼节，也令人联想到斯坦因在 N. XIV 发现的赠礼表文的汉简（《西域考古图记》第一卷，第 218—219 页；罗振玉、王国维编著《流沙坠简》，中华书局 1993 年版，第 69、223—225 页）。

289[1]

……] 敕谕主簿索阇伽（*cozbo* Soṃjaka）如下：你须明白我所写者，当我下令处理国务之时 [……] 一俟有任何来自扜弥（Khema）与于阗（Khotaṃ）之消息，你须得将谍报上呈于大王我。[……] 国民。如有一封包含有此等人众名册之文书，色罗伽（Ṣeraka）将带去给你。涉及此等人众（之文书）[……

〔主簿索阇伽启。〕

【注】

[1] 皮革文书，谕令。遗物编号 N. V. xv. 110。《古代和田》第一卷，第 404 页。《佉卢文题铭》第一卷，第 107 页。

290[1]

（背面）彼等为左特老（Catroae）与娑阇室利（Soṃjaśṛryae）发下誓言。此等被查询之人从那摩罗支摩（Namarasma）处离去。[2]

【注】

[1] 矩形底牍，籍账类之名册。遗物编号 N. V. xv. 111a。《古代和田》第一卷，第 404 页。《佉卢文题铭》第一卷，第 107 页。

[2] 本件正面存 2 栏（原应有 4 栏），背面书 4 栏。巴罗所释译的仅是文书背面的第 4 栏文字，系名册最后部分的说明文字，且在第 4 栏第 1、3 行横写“于 [……] 年”。完整之释译，参见《沙海古卷》，第 210—211 页。

291[1]

〔大德、大王敕谕主簿萨摩舍那（*cozbo* Ṣamasena）、布瞿（Puǵo）如下：〕你等须领会我所写者，当我下令处理国事之时，你等应关心国事，不惜性命以保持戒备，一俟扜弥（Khema）及于阗（Khotaṃna）方面有何消息，即向大王我禀报。先前曾估定你等之处之 *kuv́ana* 谷（税），计 350 弥里码。已派遣司税波尔诃陀（*yatma* Porkata）前去，以督促彼等将此税之三分之一带入都城。当此谕令传至你等处，即刻从速征缴该谷物。交付 40 峰橐驼，每峰驮载 3 弥里码，各包括两份 *juṭhi* 及一份 *sahini*。（剩余之）三分之二存放于毗沙离（Pisali）处。将首先备妥之 15 峰橐驼带来，（以运输）葡萄酒。此等橐驼由兵户供给。

〔主簿萨摩舍那、布瞿启。〕

【注】

[1] 皮革文书，谕令。遗物编号 N. V. xv. 112。《古代和田》第一卷，第 404 页。《佉卢文题铭》第一卷，第 108 页。

292[1] 53

……] 敕谕主簿索阇伽（*cozbo* Soṃjaka）如下：（你）须领会我所写者，当我下令处理国事之时 [……] 即向大王我禀报。由该处信差苏耆（Sugi）[……] 现下已移交与骑卒。你亦禀报道，*kuv́ana* 谷业已征集，你（如是）禀报，（分量为）346 弥里码 [……] 谷物得以征缴。该等被带来之精绝（Caḍ'ota）人 [……] 已进入其自己之疆界以前往阿尔摩布弥（Alma Bhumi）[……] 照料，如同彼等为你自己之人。你亦禀报该等逃亡人之事。须给予该等逃亡人以农田及房舍 [……]。并将 *kharaǵi* 及种子给予该等逃亡人，以使彼等耕种有好收成。

【注】

[1] 皮革文书，谕令，关于赋税与逃亡人安置事宜。遗物编号 N. V. xv. 114。《古代和田》第一卷，第 404 页。《佉卢文题铭》第一卷，第 108 页。

295[1]

……] 敕谕 [……] 与卡拉伽蓝查（*kala* Karaṃtsa）。现下，主簿苏耶蜜多罗（*cozbo* Suryamitra）申诉道，僧人 [……]。须参照先前之赋税计一罐（容量）1 硒之石榴，故现下做出要求。关于在晢蒂女神阿瓦纳（Devi Catisae avana）之茜草[2]，彼已被免除，（故）不得再讨要。苏耶蜜多罗复申诉道，一位名陆都（Luṭhu）之男子在王廷当诸古速罗（*guśura*）与诸大夫之面，已否认彼曾由苏耶蜜多罗田庄借用一名女孩鸠迪（Kuti）（之事实）。当此印封之楔牍传至你处，即刻从速将女孩归还与彼 [……

〔苏耶蜜多罗。〕

【注】

[1] 楔形底牍，谕令，关于赋税与雇佣之申诉。遗物编号 N. V. xv. 118。《古代和田》第一卷，第 404 页。《佉卢文题铭》第一卷，第 109 页。

[2] 茜草，与苜蓿一样，是鄯善的经济作物，可能都用作了饲料。有意思的是，茜草还被用作了染料，这是最近从尼雅遗址 95MNI 墓地出土丝绸的颜料检测中获知的（宋殷《新疆尼雅遗址 95MNIM1:43 的纤维和染料分析所见中西交流》，《敦煌研究》2020 年第 2 期）。

296[1]

〔主簿索阇伽（*cozbo* Soṃjaka）启。

大德、大王敕谕主簿索阇伽如下：〕我，大王，已允诺给予梵图阿瓦纳（Vaṃtu avana）[2] 之牟查伽摩（Mochakama）一名（叫作）达摩伽提迦（Dhamakathiǵa）之男子，该男子来自且末（Calmadana）之农庄（*miṣiyade*）。现下在本处，大王我已给予梵图阿瓦纳一名逃亡男子。当此印封之楔牍传至你处，无论会有何等之于阗（Khotaṃna）独身逃亡人，应将其移交与梵图阿瓦纳之信使。[3]

54 兹于十年二月四日，于大城（mahaṃtanagara）之王廷。

于梵图阿瓦纳。[4]

【注】

[1] 楔形双牍，谕令。遗物编号 N. V. xv. 119 + 361。《古代和田》第一卷，第 401、404 页。《佉卢文题铭》第一卷，第 109 页。

[2] 梵图阿瓦纳，也可能是精绝的一个阿瓦纳（聚落）。

[3] 有多件谕令等文书都涉及对逃亡者（流民）的处置，其中有来自于阗的逃亡者。他们由鄯善王安置在王土或赐予贵族的封地中。

[4] 书于盖牍上的纪年和地点，指谕令的签发时间和地点（王廷，即扜泥）；底牍上的地点是谕令的接收地。

297[1]

A（N. V. xv. 79）

〔大德、大王敕谕主簿索阇伽如下：〕司土、*caṃkura* 左归腊（Cakvala）禀报道，一名夷龙提那阿瓦纳（Yiruṃḍhina aύana）[2]之土人竺格尸罗（Tsuǵeṣila），正挪动 *haṣǵa*。当此楔牍传至你处，即刻详加审查此事及宣誓证言，以确证是否如此。依照前定之法令，将 *haṣǵa* 呈交本处之王廷。

夷龙提那阿瓦纳。

B（N. V. xv. 121）

〔主簿索阇伽（*cozbo* Soṃjaka）启。〕

……] 于该事上，布瞿（Puǵo）系该地之一名证人。奥古布那沙（*ogu* Purnaśa）曾夺取左摩伽（Camaka）之两峰橐驼。诸大夫于此处王廷曾做出如是裁决：应将主簿支摩腊（*cozbo* Cimola）之一峰橐驼，及第二峰来自诸侍卫之橐驼，给予左摩伽。然迄至今日，彼等尚未给付橐驼。当此印封之楔牍传至你处，你须即刻亲自详加审理，依照王廷所做出之裁决，此两峰橐驼须得给付左摩伽。若是还有任何争议，依法做出判决。如你不能澄清此案，速将彼等押至王廷。①

【注】

[1] 楔形双牍，谕令，关于服役等纠纷之申诉。遗物编号 N. V. xv. 121 + 79。《古代和田》第一卷，第 402、404 页。《佉卢文题铭》第一卷，第 109—110 页。

[2] 这个阿瓦纳似乎不在精绝。

298[1]

兹于大王、天子、侍中摩醯利（jiṭuṃgha Maırıya）陛下之第十七年，在

① 此件确系两份各自独立的文书，相应地已被分开。A 件看上去是完整的。B 件的开头部分不存。——原注

此日子四月十七日，左鸠（Caku）、牟格（Moǵe）与阿舍那（Aṣena）曾提出诉讼。左鸠就其所受之田庄活计申诉，而阿舍那与牟格则于王廷应诉。该田庄中业已耕犁过之犁田，应予以专门之灌溉及照管。无论内、外之耕田，皆应予以专门之照管。①

【注】

[1] 板条形牍，判决书（？）。遗物编号 N. V. xv. 122。《古代和田》第一卷，第 404 页；第二卷，图版 XCVII。《佉卢文题铭》第一卷，第 110 页。

55

303[1]

（名册残片）[2]

【注】

[1] 长方形牍，籍账类之账目。遗物编号 N. V. xv. 129。《古代和田》第一卷，第 404 页。《佉卢文题铭》第一卷，第 111 页。

[2] 仅存 2 栏。其释译参见《沙海古卷》，第 211 页。

305[1]

卡拉鸠那罗（*kala* Kunala）谨问安人神亲爱之爱兄主簿索阇伽（*cozbo* Soṃjaka），祝其万寿无疆。得悉你安好我感欣悦，而得悉我安好你亦会欣悦。我如是（写下）：你知悉所有事实，即由精绝（Caḍ'ota）所运来之牲畜驮载物。且末（Calmatana）人亦曾由且末驮载其谷物。有些人曾拿取谷物，另一些人则一而再、再而三拿取。彼时司税乔勒（*yatma* Caule）曾被迫为此包装其驮载。彼从其自己之[……]（装载）[……

① 鉴于 *vakoś* 一词的意义及语源不明，只能译出其大体意思。*laṭhani* 曾被释读作 *laṭhaya*，看来是不可能的。——原注

【注】

[1] 矩形底牍，信函。遗物编号 N. V. xv. 131。《古代和田》第一卷，第404页。《佉卢文题铭》第一卷，第112页。

306[1]

tuǵuja 支摩腊（Cimola）启。

由莎阇（Saca）派出一峰橐驼，（而）该驼从精绝（Caḍ'ota）送回。现下于春天时分，彼正忙于急务。不得给其提供一头不当职之牲畜，须供给他所有合乎职务之配备。

【注】

[1] 楔形盖牍，关于供廪之谕令。遗物编号 N. V. xv. 132。《古代和田》第一卷，第404页。《佉卢文题铭》第一卷，第112页。

307[1]

大王之子、卡拉鸠波苏陀（*kala* Kupṣuda）[2] 谨向令人愉悦、长命百岁、具神性之大主簿索阇伽（*cozbo* Soṃjaka）[3] 问安，得闻你身体安康我极欣悦。我亦安好，你得悉后将感欣悦，我且如是（写下）：此前你已照护过我封地之百姓，依此，现下且使彼等均置于你照护之下。无论该处（有）何等赋税，且予征缴。另，凡曾不得不以葡萄酒（偿付）购买之谷物，且予购买。须发布特别之指令于司税及税吏，不得有任何短少，而司税与税吏二者须有一人先行。

【注】

[1] 矩形底牍，信函。遗物编号 N. V. xv. 134。《古代和田》第一卷，第405页。《佉卢文题铭》第一卷，第112页。

[2] 大王之子、卡拉鸠波苏陀，表明作为王子（rayaputra）的鸠波苏陀所拥有的卡拉（*kala*）是一种高级爵位，可以按照《汉书·西域传》的表述释作“侯”。

[3] 大主簿索阇伽，是数量众多的谕令和公务信函等中反复出现的重要人物，很像鄯善王在精绝的“王土”的主管。此时他的职衔“大主簿”，是一种恭维称呼。

56

308[1]

〔大德、大王敕谕主簿萨摩舍那（*cozbo* Ṣamasena）与布瞿（Puǵo）如下：〕萨摩舍那禀报道，彼与周迦帕（Cuǵapa）就一男子发生争执。该事有难提迦（Naṃtiǵa）及左周伽（Cacuka）做证。当此楔牍传至你处，即刻对此案连同宣誓证词亲自审理。如你不能澄清此案，须呈交一份报告，内具宣誓证词与证人情况，呈交本处。

〔萨摩舍那。〕

【注】

[1] 楔形底牍，谕令，关于奴隶（？）纠纷之申诉。遗物编号 N. V. xv. 135。《古代和田》第一卷，第 405 页。《佉卢文题铭》第一卷，第 112 页。

309[1]

〔大德、大王敕谕主簿索阇伽（*cozbo* Soṃjaka）如下：〕在你之前负责政府事务之人，彼时彼等曾交纳 150 弥里码 *koyimaṃḍhina* 谷物于本处。在你任职于王土期间，自其时谷物尚未交来。冬季之时曾由本处下达一道谕令，（指示）将该谷物交至且末（Calmadana）。然你并未将谷送交且末。当此楔牍传至你处，即刻将此 *koyimaṃḍhina* 谷物 [……] 购买同等价值（？）之物①送交本处黎帕那（Lýipana）手中。不得克扣。

---

① 术语 *śuka muli* 难以解释。如果它来自梵语 *śulka*，则可以译作“赋税”或购买价值。由于常用于赋税的词是 *palýi*，而我们并未在他处发现 *śuka* 用于赋税，故第一种意思是不可能的。如果把它解释作第二种意思的梵语 *śulka*，则它就可能是来自 *śuka* 的一个不同的词，*śuka* 固定地用作 *masu*“葡萄酒”的别名，具有十分不同的意思。此术语于第 59 号文书再次出现，该处它应该被读作 *śubha muli*。——原注

〔*koyimaṃḍhina*。〕

【注】

[1] 楔形底牍，关于赋税之谕令。遗物编号 N. V. xv. 136。《古代和田》第一卷，第 405 页。《佉卢文题铭》第一卷，第 113 页。

310[1]

〔主簿索阇伽（*cozbo* Soṃjaka）启。

大德、大王敕谕主簿索阇伽如下：〕司库鸠韦嫩耶（Kuviñeya）禀报道，彼之两位父辈逃亡。当此印封之楔牍传至你处，即刻仔细寻找此两人。将支摩伽（Cimaka）与色克腊（Sekla）派去守桥，以防彼等逃往别国。前年，就这些人等曾（下达）一道谕令于苏耆（Sugi）手中，（然）至今杳无音信。再下一道谕令至密探黎波陀（Lýipta）手中，而再无听闻有何裁决做出。再有一道谕令附带此等人之详情下达于苏耆手中。现下，本处业已详审此事，
（我等发觉）此等人已在你处劳作三年而你并未将其交来本处。如有合适之人 57
前来本处，则将此等人交与彼等手中带来，以使彼等不再消失于道路中。

（背面存 3—4 行，可释读如下：）

妇人们说，这些男子乃是 [……] 及帕特卢迦（Patruǵa）。彼等被详加审问彼等在何等村庄与家室。

支摩伽与色克腊亦曾发话。彼等说他们在精绝（Caḍ'ota）。第一次，一道事涉此等男子之谕令曾下达至苏耆耶（Sugiya）手中。第二次，黎波陀曾得到一道谕令。曾有一道谕令在迦波格耶（Kapǵeya）手中。第四次，税监 [……①

【注】

[1] 楔形双牍，关于逃亡者之谕令。遗物编号 N. V. xv. 137。《古代和田》第一卷，第 405 页；第二卷，图版 LXXI、XCVIII。《佉卢文题铭》第一卷，第 113 页。

---

① 此处刊布之背面之文书，看上去似是主文书的一篇后记。—— 原注

311[1]

〔爱兄主簿索阇伽（*cozbo* Soṃjaka）启。〕

……] 交与本处 [……] 之手中。若是他还怜悯（？）我性命，我将以良行回报该绝佳美德之人。已呈上一份礼物，系一件 *hasta-varṣaǵa*。

【注】

[1] 矩形盖牍，信函。遗物编号 N. V. xv. 138。《古代和田》第一卷，第 405 页。《佉卢文题铭》第一卷，第 113 页。

312[1]

〔主簿索阇伽（*cozbo* Soṃjaka）启。

大德、大王敕谕主簿索阇伽如下：〕吉诃摩耶（Jihmaya）申诉道，彼曾被判定由左陀陀（Catata）与阿耶（Aya）给付其男子康吉（Kaṃki）之佣
58 金，（且）曾写有一份文书。当此印封之楔牍传至你处，你须即刻亲自详加审理，查明其情况是否如此。依据本处王廷所做之判决，你须如此做出判决，不得与王廷判决有差。如你不能澄清此事，〔速将彼等押至王廷，由本处做出判决。〕

【注】

[1] 楔形双牍，谕令，关于雇佣纠纷之申诉。遗物编号 N. V. xv. 140。《古代和田》第一卷，第 405 页。《佉卢文题铭》第一卷，第 114 页。

313[1]

（处理份额税之名单）

（第 3 栏）此处未提及这些人等（大意是你正在该地雇佣彼等）。[2]

【注】

[1] 长方形牍，籍账类之赋税账目。遗物编号 N. V. xv. 141。《古代和田》第一卷，第 405 页。《佉卢文题铭》第一卷，第 114 页。

[2] 文书分作 3 栏，第 1 栏起首为“阿波格耶百户”（Apgeyasa śadami），以下人名应是其属部纳税人名单（参见《沙海古卷》，第 212 页）。

314[1]

〔人神亲爱、受人爱戴之爱兄主簿索阇伽（*cozbo* Soṃjaka），〕监察摩尔布陀（Malbhuta）谨问安，〔祝身体安康、万寿无疆，并如是（写下）：〕一位男子柯利沙（Kolýisa）[……] 曾取去一峰橐驼以育肥。彼等曾予做证：监察摩尔布陀 [……] 帕尔尼耶（Parneya）、达摩施罗（Dhamaśira）及左贝耶（Capeya）。该处之此等证人 [……

【注】

[1] 矩形底牍，信函。遗物编号 N. V. xv. 142 + 147 + 148 + 302 + 313。《古代和田》第一卷，第 405、408 页。《佉卢文题铭》第一卷，第 114 页。

315[1]

〔主簿萨摩舍那（*cozbo* Ṣamasena）及布瞿（Puǵo）。

大德、大工敕谕主簿萨摩舍那与布瞿如下：〕奥古（*ogu*）萨摩舍那禀报道，先前自该处曾支付 *tsaṃghina* 税，而（现下）彼等未曾交来甚至四分之一，彼等欠下本处一大笔。须在该处就 *tsaṃghinaύa* 税发誓，并详加审问柯利沙（Kolýisa）。当此楔牍传至你等处，[……] 须对此事连同誓言详加审理。

（盖牍之背面）详加清查产酥油 [2] 之小牛及牝牛。该处有多少皆须送交本处。

〔*tsaṃghina*。〕

【注】

[1] 楔形双牍，关于赋税之谕令。遗物编号 N. V. xv. 143 + 301 + 321。《古代和田》第一卷，第 405、407 页。《佉卢文题铭》第一卷，第 114—115 页。

[2] 酥油是鄯善的一种税。

316[1]

致爱姊般囊腊札（Puṃñalazaae），周伽帕（Cukapae）谨致无数次问安，并如是（禀告）：我已赠送你一件以 *prigha* 制作之 *paṃzavaṃta*，你理当赠送我一袭衣袍。①

【注】

[1] 长方形牍，信函。遗物编号 N. V. xv. 146。《古代和田》第一卷，第405 页。《佉卢文题铭》第一卷，第 115 页。

317[1]

致令人愉悦、人神亲爱之主簿索阇伽（*cozbo* Soṃjaka），主簿毗摩色那（*cozbo* Bhimasena）[……] 在此安好。不论会有何等事务，却无任何正确账
59 目给我，大王。另 [……] 彼等亦在派出信使。即使你等再不情愿，你等不得 [……] 应是合宜。此等负责该处之王家赋税之人 [……]。由该处城镇衙署所估定之税收 [……]。你且记下上计之账目。如是，在 *protsa kreṣa*②[……] 之时，你等须得来此以使 [……

【注】

[1] 皮革文书，关于赋税等事务的谕令。遗物编号 N. V. xv. 149。《古代和田》第一卷，第 405 页。《佉卢文题铭》第一卷，第 115 页。

318[1]

此文书事涉僧吉腊（Saṃgila）之（奴）伽左诺（Kacano）偷窃之事，由拉尔苏（Larsu）妥为保存。

此系诸主簿因陀罗舍那（Iṃdrasena）与劫提萨摩（Kirtisama）之印。

---

① 就本件可参见吕德斯《中亚古代织物》第 30 页。*prighamaya* 写作 *prighamaǵa*。*prigha* 为一种丝绸。—— 原注

② *protsa kreṣa* 十分模糊，它或许是某个地名。—— 原注

兹于大王、天子、侍中伐色摩那（*jiṭugha* Vaṣmana）陛下之第九年三月十九日，在此日子诸奥古阿输罗迦（Asuraǵa）、毗忒耶（Piteya）、楼哈那（Rohana）、亚耶沙（Jayaśa）、劫提萨摩与勒达沙（Ldasa）、主簿陀克罗（*cozbo* Takra）、*caṃkura* 布那达那（Purnadana）及主簿密特罗帕腊（Mitrapala）曾听闻（一件案子）。拉尔苏禀报道："我之财产遗失并在僧吉腊之奴伽左诺处寻获。"（财产计有：）

一件刺绣之 *vidapa*；一件白丝绸上衣；一件 *ṣamiṃna*；一件多彩之 *lýokmana*；一件黄颜色之 *kuv́ana* 衣裳；一件麻布上衣；一件 *kharav́arna* 衣裳；一件刺绣之 *lýokmana*；一件 *kremeru*；一件 *paliyarnaǵa* 衣裳；四枚金 *dare*；一件 *varṣaǵa*；五 *hasta* 毛布；两件蓝色染 *kiǵi*。[2] 此等物品价值[……]全数财产业已被寻获。[3]

【注】

[1] 矩形双牍，关于盗窃财物之判决书。遗物编号 N. V. xv. 151。《古代和田》第一卷，第 405 页。《佉卢文题铭》第一卷，第 115—116 页。

[2] 这里提及的失窃的多种衣物，都意义不明。

[3] 本件后面部分有阙，即判决书完整格式中的判决结果、证人说明等（参见第 322、326 号等）。判决书一般采用封检式矩形双牍书写，并加盖印章封存，与书面契约相同（《沙海古卷释稿》，第 32—38 页等）。

320[1]

〔大人、人皆爱慕、人神亲爱之主簿难帝伐罗什耶（*cojhbo* Naṃdivalasya）足下启。〕

（背面）……]将会如此。考虑到该处并无他人（专门）照管（我
的）耕田，我且记下，现下我且有一机会给你；我求你考虑此位伏伐色那 60
（Phuv́asena），且让他前去，能着手为我犁地及播种。若是你不加怜悯不让他去，则该地另有一名合适之人，叫作沙尔毗迦（Sarpiǵa）。不过，要写下此封 *pāǵanātsa*。务必放开伏伐色那，让他前往，我特意求你。我已将此事告知于你，现下我正有一个机会，免得将来错失良机。我已由奥古杰耶沙

（*ogu* Jeyaśa）之 *rocakhora*① 发出此请求书及祝福，故你无需为（缺失）礼物而生气。自你离开此地后，你的屋舍与家人一切安好。

【注】

[1] 矩形盖牍，信函。遗物编号 N. V. xv. 154。《古代和田》第一卷，第 405 页；第二卷，图版 XCVII。《佉卢文题铭》第一卷，第 116 页。

322[1]

此文书事涉一名于阗男子（Khotaṃni），由吉利耶吉耶（Kilẏaġiya）妥加保存。

兹于大王、天子、侍中摩醯利（*jiṭugha* Mayiri）陛下之第二十一年二月十一日，是时布瞿（Puġo）与探长乌波格耶（*carapuruṣa* Opġeya）曾出面，将一名叫作僧葛（Ṣaṃnġo）之于阗男子给予精绝僧团（Caḍ'ota bhighu-saṃgha）[2]。现下，精绝僧团复将此男子转予诸司土施毗陀（*vasu* Sṗirta）与军那舍那（Kuṃnasena）。此事当诸主簿夷陀伽（*cozbo* Yitaka）与主簿伏陀（Vukto）面写下。[3] 凡有何人将来申诉反对吉利耶吉耶，卡拉布那跋腊（*kala* Purnabala）或者诸司土与诸税吏将不予赔偿。[4]

【注】

[1] 矩形底牍，关于人口转让之书面契约。遗物编号 N. V. xv. 155。《古代和田》第一卷，第 405 页；第二卷，图版 LXXII、XCIV。《佉卢文题铭》第一卷，第 117 页。

[2] 精绝僧团，可证精绝有僧伽组织。另参见第 489 号文书。

[3] "此事当诸主簿夷陀伽与主簿伏陀面写下"，意指此二人系证人。

[4] 由盖牍上书明的吉利耶吉耶为契约的保存者看，他可能是转让此男子的僧团代言人；而卡拉布那跋腊或者诸司土与诸税吏并不曾出现在契约的当事人中，这一点看上去是奇怪的。

---

① 读作 *nirāvakāśa* 和 *ogu Jeyaśa ni rocakhorade*。词语 *rocakhora* 和 *pāġanātsa* 仅见于本文书，其意不明。——原注

323[1]

〔爱兄主簿（*cojhbo*）[……] 舍那启。〕

（背面）……] 和平之消息。速将另一名 *acoviṃna* 人送来本处。

【注】

[1] 矩形盖牍，信函。遗物编号 N. V. xv. 156。《古代和田》第一卷，第406页。《佉卢文题铭》第一卷，第117页。

324[1]

兹于大王、天子摩醯利（Mairi）陛下之第四年三月十三日，此时（？）
苏毗人（Supi）来至且末（Calmadana），彼等劫掠了此王土（raja）并将
其居民掠去。苏毗人曾捉去一男子名叫僧毗那（Saṃrpina），系司土优奴
（*vasu* Yonu）之奴隶，并将其作为礼物送与秦人史家智（Cina Ṣǵaṣi）。为
此男子，秦人史家智由本处回报以2枚金斯塔尔（*satera*）及2德拉克马
（*trakhma*）[2]。（其后）该男子即成为史家智之正当财产（？）。其本来之主 61
人司土优奴，却不情愿转交此男子，但允诺史家智将此奴售与他人。考虑及
此位史家智曾将此男子卖与伽特格（Katǵe），男子之作价 [……] 及一张弓合
宜。秦人史家智业已售妥，而伽特格业已买就。自现时起 [……

【注】

[1] 矩形底牍，关于人口买卖之书面契约。遗物编号 N. V. xv. 158。《古代和田》第一卷，第406页。《佉卢文题铭》第一卷，第118页。

[2] 金斯塔尔及德拉克马，这是两种古希腊金币，也见于于阗语文书中，参见贝利《于阗语文书集》第四卷“导言”（H. W. Bailey, “Introduction Gaustana: The Kingdom of the Sakas in Khotan”, in *Khotanese Texts IV*, Cambridge: Cambridge University Press, 1979, pp. 1-18）。

325[1]

（残片）

〔[……] 主簿萨摩舍那（*cozbo* Ṣamasena）妥为保存。〕

（背面第 4 行）……] 五十下笞打，彼之胡须（应予）剃光。证人为 [……

【注】

[1] 矩形盖牍，判决书。遗物编号 N. V. xv. 159。《古代和田》第一卷，第 406 页。《佉卢文题铭》第一卷，第 118 页。

326[1]

此文书事涉 [……] 特罗沙阿瓦纳（Trasa avana）人之屋舍与田庄，伽摩耶（Kamaya）之屋舍、田庄及土地，由主簿萨摩舍那（*cozbo* Ṣamasena）妥加保存。

此系诸奥古般左特伐（*ogu* Paṃcatva）与措那伽罗（Conakara）及主簿毗摩色那（*cozbo* Bhimasena）之印。

（背面）……] 毗支迦（Picǵa）就伽摩耶（Kamaya）之屋舍、田庄及土地申诉。司土伏迦左（*vasu* Vuǵaca）与司税夷毗支迦（Yipicǵa）[……] 伽摩耶之田庄、屋舍与土地属于特罗沙阿瓦纳。在该事上并无证人。主簿萨摩舍那曾陈述（道）：伽摩耶之田庄与屋舍乃是我等继承之财产，在精绝（Caḍ'ota）曾有诸多耆老出面做证。考虑到伽摩耶之屋舍、田庄与土地乃主簿萨摩舍那之祖产，我等已裁定此屋舍与田庄与土地连同其一切归属主簿萨摩舍那，对特罗沙阿瓦纳人将不做任何偿付。此事业已澄清，裁决业已做出。

【注】

[1] 矩形盖牍，关于财产纠纷之判决书。遗物编号 N. V. xv. 160。《古代和田》第一卷，第 406 页；第二卷，图版 XCVI。《佉卢文题铭》第一卷，第 118—119 页。

327[1]

兹于大王[……]陛下第二十三年二月四日，此时，一名属 *caru* 卢施
屠（Lustu）与支摩耶（Tsimaya）所有之奴隶，名叫阿桑那（Aṣaṃna），曾
将 *miṣi* 地中之13 *kuthala* 售与阿周曩耶（Acuñaya）之奴柯腊施（Kolaṣi），
价钱已支付，计（价值）10（单位）之牝牛。再支付1条计价5（单位）之
氍毹（*kojava*）作为 *atǵa* 价钱，合计价钱为15。彼等于诸大夫面前达成如 62
是合意。吉查依查（*kitsayitsa*）伐尔帕（Varpa）与诸卡拉鸠特雷耶（*kala*
Kutreya）、伽蓝查（Karaṃtsa）曾是证人。主簿卢施屠曾是证人[……]与伽
蓝查及税监[……[2]

【注】

[1] 矩形底牍，关于土地买卖之书面契约。遗物编号 N. V. xv. 162。《古代和田》第一卷，第406页。《佉卢文题铭》第一卷，第119页。

[2] 本件交易中的双方当事人都是奴隶。

328[1]

〔[……]保存。〕

此系诸古速罗左鸠罗陀（*guśura* Ca[k]urata）、阿输迦（Aśoǵa）之印。[2]

（背面）……]伽特迦耶（Katǵaya）对此男子拥有全权。该处之证人（为）诸奥古（*ogu*）左鸠罗陀、阿输迦、左鸠罗耶（Cakuraya）、萨摩舍那（Śamasena）及卡拉鸠那腊（*kala* Kunala）。就（？）事，陛下须三思。（此）已由我伏查伐（Vutsaύa）写下。

【注】

[1] 矩形盖牍，关于人口买卖之书面契约。遗物编号 N. V. xv. 163。《古代和田》第一卷，第406页；第二卷，图版 LXXII。《佉卢文题铭》第一卷，第119页。

[2]“诸古速罗……之印”句，书于封印之下方（《佉卢文题铭》第一卷，第119页）。

329[1]

〔大德、大王敕谕主簿索阇伽（*cozbo* Soṃjaka）如下：〕现下，在且末（Calmadana）已开始葡萄酒[2]生意。当此谕令传至你处，即刻将五峰橐驼（所能驮载之）葡萄酒交此位乔勒格耶（Caulǵeya）手中送来本处。每峰橐驼驮载1弥里码1硒，以使彼在且末按1弥里码计量。由该处[……]将葡萄酒一并带上。此葡萄酒应于第四月之第五日带至且末。决不可使任何[……]葡萄酒。

〔主簿索阇伽启。〕

【注】

[1] 皮革文书，关于交纳赋税之谕令。遗物编号N. V. xv. 164。《古代和田》第一卷，第406页。《佉卢文题铭》第一卷，第120页。

[2] 葡萄酒是一种赋税。

330[1]

事涉于阗（Khotaṃni）之*aklatsa*橐驼[……]沙门般曩[……]摩（Puṃña[...]ma），由主簿萨摩舍那（*cozbo* Ṣamasena）保存。

此系司土乌波格（*vasu* Opǵe）与探长乌波格（*carapuruṣa* Opǵe）之印。[2]

……]御牧卢达罗耶（*kori* Rutraya）[……]税监苏遮摩（*ṣoṭhaṃgha* Sucama）[……]诸司书（*divira*）伏格耶（Vuǵeya）与佛陀罗支（Budharachi）。

【注】

[1] 矩形盖牍，关于财产纠纷（？）之判决书。遗物编号N. V. xv. 165。《古代和田》第一卷，第406页。《佉卢文题铭》第一卷，第120页。

[2] “此系……之印”句，书于封印之下方（《佉卢文题铭》第一卷，第120页）。

331[1]

此文书事涉由波离耶帕陀（Priyapata）处领养之一女孩，由伽左那（Kacana）妥加保存。

此系卡拉般囊跋腊（*kala* Puṃñabala）之印。[2]

兹于大王、天子、侍中摩醯利（jiṭugha Mairi）之第十一年二月八日，此时，有一位属大王之子卡拉般囊跋腊之封地所有之男子[3]，名叫波离耶帕
陀，彼曾生下一女。彼等欲将此女弃诸地上。伽左那由地上拾起此女，并将 63
奶费支付与波离耶帕陀，系一匹马。伽左那不得将该女出卖，亦不得抵押、自其屋中迁出，她亦不得在家中遭受虐待。应将彼视若己出。至于该女之未来，男子波离耶帕陀或女儿之母亲不得提出第二种声明。（文书系）由我，沙门牟查菩提（*śramana* Mochabudhi），应大王之子、卡拉般囊跋腊之命写下，其于各地有效。

【注】

[1] 矩形双牍，关于领养之书面契约。遗物编号 N. V. xv. 166。《古代和田》第一卷，第 406 页；第二卷，图版 LXXI、XCV。《佉卢文题铭》第一卷，第 120—121 页。

[2]“此系……之印”句，书于封印之下方（《佉卢文题铭》第一卷，第 120 页）。

[3]“大王之子卡拉般囊跋腊之封地所有之男子”，应指其部曲而非奴隶。这可以解释其弃置的女婴被人领养并按照鄯善的领养法支付“奶费”后，领养人不得将该女出卖等，这是权利让渡的限制。

333[1]

［大德、大王敕谕［……］舍那、布瞿（Pugo）如下：你等须领会我所写者，［……］若有任何来自扜弥（Khema）及于阗（Khotaṃna）之消息，即刻禀报大王我［……］

自现时起，你尚未派出一匹租借（？）之马，仅就此事［……］将送出。

该处已进入桥梁之于阗逃亡人，以此方式 [……]。[*cu*]*roma* 交与本处黎波陀（Lýipta）手中。（雇作驮运之）马匹，葡萄酒 [……

【注】

[1] 皮革文书，谕令。遗物编号 N. V. xv. 168。《古代和田》第一卷，第 406 页；第二卷，图版 XCII。《佉卢文题铭》第一卷，第 121 页。

334[1]

康鸠左（Kaṃkuca）之女，叫作康支瞿娅（Kaṃcǵoae）[……

妇人罗牟蒂耶（Ramotiyae）之女（嫁与）哲蒂女神阿瓦纳（Catisa deviyae aύana）[……]

波莱耶跋腊伐摩（Pleya Balavama）之养女 [……] 妻子。

[……] 伽之母亲系来自哲蒂女神阿瓦纳 [……] 名曰达摩伽摩（Dhamakama）之妻。

……] 嫁与 [……] 阿瓦纳，于哲蒂女神阿瓦纳。

一名妇人 [……] 名曰 [……] 嫁与哲蒂女神阿瓦纳，做了穆特罗施罗（Mutraśra）之妻。

康鸠左之女 [……] 名曰 [……] 柯罗罗左归腊（*korara* Cakvala）[……[2]

【注】

[1] 长方形牍，籍账类之妇女名册。遗物编号 N. V. xv. 172 + 174。《古代和田》第一卷，第 406 页。《佉卢文题铭》第一卷，第 121—122 页。

[2] 已婚妇女的登记册，注明所嫁地方，可能与某种专门赋税有关。

335[1]

此信札来自于阗人沙诃（Khotaṃni Śakha），事涉一峰橐驼，由周迦帕（Cuǵapa）妥为保存。

64 ……] 彼如是言道：时过已久，而我等尚未自此处呈与你一封信笺与礼物，我等已未听闻任何来自你处之消息。为该缘故，应是十分 [……]。本处亦收到你之谷物。该谷之其余部分业已支付 [……] 谷物之价钱毋庸置疑须由该处送交 [……] 应予支付 [……] 我等已送交，你无需担心礼物。[2]

【注】

[1] 矩形双牍，关于财产纠纷之判决书及信函（？）。遗物编号 N. V. xv. 173 + 06。《古代和田》第一卷，第 406 页。《佉卢文题铭》第一卷，第 122 页。

[2] 从盖牍的书写格式，可知本件是一件判决书，其余文字似信函。

336[1]

此文书来自司书罗没索磋（*tivira* Ramṣ[otsa]），事关土地，由主簿索阇伽（*cozbo* Soṃjaka）妥为保存。[2]

【注】

[1] 矩形盖牍，关于土地买卖之书面契约。遗物编号 N. V. xv. 175a。《古代和田》第一卷，第 406 页。《佉卢文题铭》第一卷，第 122 页。

[2] 司书罗没索磋文书之一。“文书（lihitaǵa）”，书面契约等类文件的自称。本件为此书面契约盖牍上的主题语。

338[1]

爱兄主簿索阇伽（*cozbo* Soṃjaka）启。

……] 将被取去。你理应呈交一份新 *vachu*。其中，我封地之此等互相攻讦之人众，（就其案子）应依法做出裁决。另就鸠雅（Kua）之橐驼之纠纷，业已制定一道楔牍。其中 [……] 应予做出。本处将有一道判决：勿咨议该处事务。左摩伽（Camaka）知悉我封地之人与外人互换婚（*striyana mukeṣi*）之安排。应向他咨询。有如是之证人，将彼等之证词写下并送交本处。送上一件 *hastavarṣaǵa* 作为亲善之表记。

【注】

[1] 矩形盖牍，信函。遗物编号 N. V. xv. 178 + 183 +186。《古代和田》第一卷，第 406 页。《佉卢文题铭》第一卷，第 123 页。

339[1]

主簿索阇伽（*cozbo* Soṃjaka）启。

〔大德、大王敕谕主簿索阇伽如下：〕苏遮摩（Sucaṃma）申诉道，曾由波格那（Pǵena）处判予其一峰橐驼。然（波格那）并未给付橐驼。更有甚者，波格那曾捆缚其父鸠恩格（Kuunǵe）之手足加以殴打。当此楔牍传至你处，即刻就橐驼之事，依照原判做出判决。

〔苏遮摩。〕

【注】

[1] 楔形底牍，谕令，关于财产纠纷之申诉。遗物编号 N. V. xv. 179。《古代和田》第一卷，第 406 页。《佉卢文题铭》第一卷，第 123 页。

340[1]

主簿柯罗那耶（*cozbo* Kranaya）与税监黎贝耶（*ṣoṭhaṃgha* Lýipeya）启。

〔大德、大王敕谕主簿柯罗那耶与税监黎贝耶如下：〕僧人僧伽罗支（Saṃgarachi①）申诉道，现下五年彼之 [……] 直至今日，佣金 [……]。当此
65 楔牍传至你等处，即刻详加审理此案，你等须询问究有多少月日 [……] 橐驼离去 [……] 做出裁决。如是其他 [……] 做出裁决。

〔僧伽罗支。〕

【注】

[1] 楔形底牍，谕令，关于雇佣纠纷之申诉。遗物编号 N. V. xv. 180。《古代和田》第一卷，第 407 页。《佉卢文题铭》第一卷，第 123 页。

341[1]

〔大德、大王敕谕主簿索阇伽（*cozbo* Soṃjaka）如下：〕该处来自

① *Saṃgarachi* 是 *Saṃgarachita(da)* 的笔误，如背面所书的 *Saṃgarachida*。——原注

畜群之众驼为三岁口，自该岁口起至八岁口，应送交本处税监柯利沙（*ṣoṭhaṃgha* Kolýisa）与左勒摩萨（Calmasa）手中。于十一月十日，毗沙利（Pisali）[……] 众驼并未派来。应由毗沙利先呈交一份报告。当你读到此（文字）时，应呈上毗沙利之报告。

【注】

[1] 皮革文书，关于赋税之谕令。遗物编号 N. V. xv. 182。《古代和田》第一卷，第 407 页。《佉卢文题铭》第一卷，第 124 页。

343[1]

兹于大王、天子、侍中伐色摩那（jiṭugha Vaṣmana）陛下之八年十二月九日，在此日子主簿拉尔苏（*cozbo* Larsu）曾受命购买食物，计价为一件上衣。已收讫 16 目厘（*muli*）①15 硒，并已分配。剩余 1 目厘。

【注】

[1] “塔赫特”形牍，收据。遗物编号 N. V. xv. 185。《古代和田》第一卷，第 407 页；第二卷，图版 CI。《佉卢文题铭》第一卷，第 124 页。

344[1]

主簿柯罗那耶（*cozbo* Kranaya）与税监黎贝（*ṣoṭhaṃgha* Lýipe）启。

若是彼死去，应将此带回。遵照王国先前法令做出裁决。若你等不能澄清此事，俟彼等来至王廷我等面前时，将做出裁决。

【注】

[1] 楔形盖牍，谕令。遗物编号 N. V. xv. 187。《古代和田》第一卷，第 407 页。《佉卢文题铭》第一卷，第 124—125 页。

---

① 此处之 *muli* 用作一种弥里码谷物的等价物，如第 120 号文书。此处之 *krita* 可以是 *kṛta* 或 *krīta*。—— 原注

345[1]

（底牍正面）

兹于大王、天子、侍中伐色摩那陛下（jiṭugha Vaṣmana）之九年三月五日，在此日子，拉尔苏（Larsu）言道：此系事实，在精绝（Caḍ'ota），僧人阿难陀舍那（Anaṃdasena）曾收到由周瞿帕（Cuǵopa）处借贷之谷物30弥里码。再者，彼收到15硒借贷之葡萄酒。此外，此位僧人阿难陀舍那之奴隶，名叫佛陀瞿沙（Budhagoṣa），彼曾从我（及）周瞿帕之屋中窃去12掌长之丝绸（*paṭa*），以及3件*urnavaraṇḍe*，2根绳索，3袭毡衣，4只绵羊，1件总值在100目厘以上之*aresa*。就此事，周瞿帕曾发下誓言。因此，僧人阿难陀舍那做了全数赔偿，并由周瞿帕与拉尔苏收讫。再者，该僧人正欠王廷一头
66 牲牛。现下僧人阿难陀舍那复与拉尔苏申辩并努力为之。拉尔苏渴求与僧人阿难陀舍那一道获得功德，彼等在（王廷）外彼此达致一合意。此位僧人将窃贼佛陀瞿沙给了拉尔苏，以抵价阿难陀舍那所借贷之110目厘谷物，及被窃之12掌长布匹等物。主簿拉尔苏亦撤去对僧人阿难陀舍那此110目厘之诉讼。自今日起，就此110目厘及其奴隶（之偷窃），拉尔苏将不再状告僧人阿难陀舍那。僧人阿难陀舍那亦不会就其此位奴隶状告拉尔苏。诸事皆已处理，业已做出一项判决。如若将来僧人阿难陀舍那或其子孙或其任何亲属或亲属之子想要改变此判决，或就此一判决挑起争执，彼等之重申将会无效，且将受到处罚。彼等将受罚30掌长布匹以充入王家金库，支付所有此项处罚，无疑其将如上述所写者持续下去。此事之证人为奥古劫提沙摩（*ogu* Kirtiśama）、勒达沙（Ldasa）、陀克罗（Takra）及*caṃkura*阿奴迦耶（Anuǵaya）。[2]

（底牍背面）[3]

于寺院（*saṃgaramaṃ*）：周迦帕（Cuǵapa），3 *masuśa*与10弥里码谷物；半数已消失；*pasḍha*（=？）；波离耶室利（Priyaśri），1弥里码谷物；僧摩离耶（Saṃmarya），1弥里码谷物；僧摩波离（Ṣaṃmapri），1弥里码谷物；劫波离耶（Jepriya），1弥里码谷物；左波耶那（Capyana），5硒谷物；达摩罗那（Dhammaraṃna），10硒谷物；措迪室利（Codistri?），10硒谷物；那施陀（Narsita），1弥里码谷物；支摩迦（Cimaǵa），1弥里码谷物；[...]*kha*，

1 弥里码谷物；金格舍（Ciṃǵse），1 弥里码谷物；室利沙（Śirsa），15 硒谷物；檀左诺（Taṃcano），[……] 弥里码谷物；优婆特耶（Upateyu），1 弥里码谷物；那输伐（Naṣoύa），10 硒谷物；沙卢（Saru），10 硒谷物；措迪卢（Codiru?）与提特沙（Titsa?），10 硒谷物；支迦支（Tsgatsi），10 硒谷物；腊鸠那吉陀（Lakunaǵita），1 瓦查厘（*vacarina*）；黎帕伐（Lǵipaύa），2 硒 *mahuraǵa*；摩尼吉（Maniǵi），2 硒 *mahuraǵa*；左波耶那（Capyana），1 硒 *mahuraǵa*；黎帕摩（Lýipama），1 只绵羊；周迦帕（Cuǵapa），1 硒 *mahuraǵa*；波离耶室利（Priyaśri），1 硒 *mahuraǵa*；拉尔苏，1 硒 *mahuraǵa*；贝波离耶（Pepriya），1 硒 *mahuraǵa*；G.yaṃna，1 硒 *mahuraǵa*。[4]

【注】

[1] 矩形牍，财产纠纷之判决书（底牍正面）及寺院财产账目（底牍背面）。遗物编号 N. V. xv. 190 + 10 + 86。《古代和田》第一卷，第 400 页。《佉卢文题铭》第一卷，第 125 页。

[2] 这件财产纠纷是复杂的，其当事人有四位：拉尔苏、僧人阿难陀舍那、周瞿帕及阿难陀舍那之奴佛陀瞿沙；涉及了两项以上债务及盗窃等。“该僧人正欠王廷一头牝牛”，如果把文件持有人主簿拉尔苏理解为王廷的代理，则可以解释为什么他是主要的被赔偿者及文件持有人。

[3] 底牍背面的账目列举了 28 人名字及谷物、羊等数日，似是寺院的债务人及债务名册，用另外一种笔迹书写。这个问题涉及寺院的债务问题，一些文书表明僧侣拥有土地、奴隶，也涉身于债务等纠纷中（《沙海古卷释稿》，第 277—283 页）。

[4] 本件未译释的盖牍正面书 2 行，其中有“沙弥阿难陀舍那（*śramaṃna* Anaṃdasena）”、“主簿拉尔苏（*cojhbo* Larsu）”、“*paride* 布瞿舍那（Bugoṣena）”、“妥为保存”等文字，应是文件持有人之说明；封泥下方存 2 行字迹，应是关于封印之说明（《佉卢文题铭》第一卷，第 125 页）。

346[1]　67

众男（[manu]ṡarūpa）女（？）[……

【注】

[1] 矩形牍，不明。遗物编号 N. V. xv. 193。《古代和田》第一卷，第407页。《佉卢文题铭》第一卷，第126页。

347[1]

〔监察摩尔布陀（*cuv̇alayina* Malbhuta）启。〕

……］无水。当此楔牍及封印传至你处，须详加审理是否确实如此。时下主簿萨摩舍那（*cozbo* Ṣamasena）正从速传递一道有关 *potǵe* 事宜之谕令。乔勒（Caule）不得阻挠其路途，亦不得拘留他。俟彼等来至王廷之时，将会做出判决。

【注】

[1] 楔形盖牍，谕令。遗物编号 N. V. xv. 195。《古代和田》第一卷，第407页。《佉卢文题铭》第一卷，第126页。

348[1]

由吉利耶格（Kilẏaǵi）妥加保存。

此系竺格尸罗（Tsuǵeṣla）之印。[2]

此文书之日期为四月二十一日。彼时，竺格尸罗曾出售一件罐子（*kalaśa*）。吉利耶格购买此罐并支付了价钱（？）。竺格尸罗收讫此价钱并做出一项裁定，将来彼此互不亏欠。此事当诸主簿萨摩舍那之面书写下来，其由我，司书佛陀罗支（*divira* Budharachi），所书写，其效力达一百年。无论何人将来干扰此项安排，将支付 12 掌长布匹之处罚，其全数归僧伽（Saṃgha）。

【注】

[1] 楔形双牍，关于买卖之书面契约。遗物编号 N. V. xv. 196。《古代和田》第一卷，第407页；第二卷，图版 LXXII、XCIV。《佉卢文题铭》第一卷，第126—127页。

[2] 本件具有书面契约的基本格式。“此系……之印”句，书于封印之下方。

349[1]

〔大德、大王敕谕主簿索阇伽（*cozbo* Soṃjaka）如下：〕王家畜群之六峰橐驼[……]78弥里码谷物。此谷中[……]此谷[……]应给付。(?)另[……]并未予以咨询。就王家畜群之诸橐驼事，应予以估算，并阻止人们[……]诸马匹。[……]畜群中之诸牝驼[……]葡萄酒，亦未交上*śaḍi*葡萄酒。另，左鸠伐腊（Cakuύala）曾将两峰橐驼给予卡拉布那跋腊（*kala* Purnabala）。这些橐驼已死亡。此等（状况下），应给予两峰橐驼*paṃcara*。此谷物应予征缴。就此谷物一事，应制定另一份税单（*yatmi*）。[……]于第二十四日。

（背面） 68

索阇伽启。

事涉畜群及驼群[……]带来。[2]

【注】

[1] 皮革文书，关于赋税之谕令。遗物编号 N. V. xv. 197。《古代和田》第一卷，第407页。《佉卢文题铭》第一卷，第127页。

[2] 末2行为文书之背面，根据皮革文书的封缄方式，其相当于封面。

350[1]

于第四年三月一日，在此日子，王后之诸牝驼须由一名属主簿夷陀伽（*cozbo* Yitaka）所有之男子照料。

（背面残损）[2]

【注】

[1] 长方形牍，籍账类之服役名册。遗物编号 N. V. xv. 199。《古代和田》第一卷，第407页。《佉卢文题铭》第一卷，第127页。

[2] 背面残片存 2 行，有“第四年”等字迹（《佉卢文题铭》第一卷，第 127 页）。

351[1]

〔大德、大王敕谕主簿索阇伽（*cozbo* Soṃjaka）如下：〕现下众多苏毗人（Supi）已来至拿佛得（Navote）[2]。彼等于该处如是言道 [……] 与扈从。[……] 彼等在精绝（Caḍ'ota）打发时光。有关（此事），我等已从速派遣一位信使前去该处。如此谕令传至你处，即刻 [……] 以使王国免受伤害。

〔主簿索阇伽启。〕

【注】

[1] 皮革文书，谕令。遗物编号 N. V. xv. 201。《古代和田》第一卷，第 407 页。《佉卢文题铭》第一卷，第 128 页。

[2] 拿佛得，一个地名，不明。

352[1]

〔主簿索阇伽（*cozbo* Soṃjaka）启。〕

是否另将鸠格（Kuǵe）及竺莱迦（Tsulǵa）连同军舍那（Kuṃsena）一道拘押至本处，（且）将做出决定。

【注】

[1] 楔形盖牍，谕令。遗物编号 N. V. xv. 202。《古代和田》第一卷，第 407 页。《佉卢文题铭》第一卷，第 128 页。

353[1]

我已赠你一条汉巾（*cinaveḍa*）[2]，以表思念之情。

【注】

[1] 长方形牍，信函。遗物编号 N. V. xv. 204。《古代和田》第一卷，第

407 页。《佉卢文题铭》第一卷，第 128 页。

[2] *cinaveḍa*，巴罗释作“汉（或中国）巾”（Chinese turban）。

354[1]

……] 送交本处，连同一封报告与一件礼物。于（？）月之第十八日，应派来一名男子。若是其彼时不来，此事则不 [……] 应是。已奉上一份姜以表思念之情。

【注】

[1] 长方形牍，信函。遗物编号 N. V. xv. 206。《古代和田》第一卷，第 407 页。《佉卢文题铭》第一卷，第 128 页。

355[1]

〔大德、大王敕谕主簿索阇伽（*cozbo* Soṃjaka）如下：〕现下，我，大王，已将一名逃亡之男子赠与御牧苏阇陀（*kori* Sujada）。当此楔牍与封印传至你处，即刻将（一名男子）给付（与他），该男子既非有技能之工匠，亦非有争议之人。彼不应有代扣之税款。

〔御牧苏阇陀。〕

【注】

[1] 楔形底牍，关于处置逃亡者之谕令。遗物编号 N. V. xv. 300。《古代和田》第一卷，第 407 页。《佉卢文题铭》第一卷，第 129 页。

356[1] 69

〔大德、大王敕谕主簿索阇伽（*cozbo* Soṃjaka）如下：〕佛陀舍那（Budhasena）禀报我等道，彼与柯利沙（Kolẏisa）有一峰橐驼。其死亡。当此楔牍与封印传至你处，即刻对此事连同誓言与证人详加审理，并依照法令做出裁决。

〔佛陀舍那。〕

【注】

[1] 楔形底牍，关于财产纠纷之申诉。遗物编号 N. V. xv. 303。《古代和田》第一卷，第 408 页。《佉卢文题铭》第一卷，第 129 页。

357[1]

〔大德、大王敕谕主簿索阇伽（*cozbo* Soṃjaka）如下：〕你已将禀报交信使之手呈上，故我等已知悉详情。你亦禀报我等道，人们正为旧债相互滋扰。彼等须得停止。当王国（再）获安宁，然后就能做出审理。自王国遭劫掠以来所产生债务之偿付一事，须查明彼等是如何处置此类事务。就如先前你派遣诸督军（*toṃga*）及其扈从（*vaṭayaǵa*）那样，平时你应将彼等派来王廷。贡赋应呈交至国库。另须呈交大笔之 *curama*。茜草亦交国库。就如先前之例，现下如是交纳。将 *karci*、*kamude* 及 *curama* 交付国库。此无他事。

〔主簿索阇伽启。〕

【注】

[1] 皮革文书，谕令，关于债务纠纷之申诉。遗物编号 N. V. xv. 304。《古代和田》第一卷，第 408 页。《佉卢文题铭》第一卷，第 129 页。

358[1]

〔大德、大王敕谕主簿索阇伽（*cozbo* Soṃjaka）如下：〕我等由你交信使左提（Caḍhi）之手呈上之报告，已知悉诸事。你亦禀报我等道，两峰属卡拉布那跋腊（*kala* Purnabala）所有之橐驼，未在你处停留并且跑脱。此等橐驼应在该处专门照管，以使它们长肥。彼等不须在秋季带至本处。

你另禀报我等道，有位属卡拉布那跋腊之左摩伽（Camaka）所有之男子，正在该处做活，而非其他人；（而该事）既无书面文字，亦无证人。该男子须移交到卡拉布那跋腊名下。若是有何人争议此事，彼等可至王廷申诉。

70 又，（就你所请求执行之事，即）“凡于本处犯罪者，应死于本处”，我等曾将（诸犯人）交付与你。（此中）据闻维诃罗伐腊（Viharavala）正浪费并毁坏其本人封户（*kilmeciyana*）之酒及肉食。就日常生计上，应由维诃罗伐腊本人之封地中，供应彼及其子、扈从以面粉与肉，（数目为）4 瓦查里（*vacari*）。彼应处于为犯人（所规定）之条件下，（以此种方式，即）彼不得有手足之自由，且不得为 *balasta*。彼等另由此处送与苏达沙那（Sudarśana）两件罐子。它们被获准给予他。按（前述之）方式，由其本人之封地里供应其食物，并按相同方式将其严加监管。又，该处有属苏达沙那所有之两个家户，此等人应宣誓做证。勿使到处谈论或听闻丑事。应允许此等人不时接近苏达沙那。

又，本处已多次下令，（要你）交与税监沙鲁韦（*ṣoṭhaṃgha* Saluvi）一名逃亡人。迄至今日，你仍未给予。你在扮演拖延者。你须从速给予；若是你不从速给予，且当小心。

速将悉诃达摩（Sihadhama）之子带给其本人，以作一名初学者；（？）将沙门（*śramana*）给予其他人做奴隶[2]。

〔主簿索阇伽启。〕①

---

① 本文书已由托马斯（Thomas）教授翻译出来，载《东方学报》（*Acta Orientalia*, vol. viii, 1935, p. 64）。如现下译文所见，有多处与其不同。第 3 行，托马斯教授将 *śaratammi* 归入前一句中。那儿乎是不可能的，因为在此种语言中，动词通常是在句子的末尾。第 4 行，此处的 *kamaveti*，如在别处所见，似意为“活计”，而不是“导致劳作”。比较第 107 号文书及《新疆出土佉卢文书之语言》第 104 节。第 5 行，应在句子的 *iśeva* 前加上 *teṣa*，编者不小心忽略掉了。读作 *suṭha viheḍeti vinajeti divasi nisaǵa*。第一句结束于 *vinajeti*“毁坏”。尽管维诃罗伐腊在监禁中，仍靠其封邑过着奢侈生活，浪费其出产。这应被阻止。可清楚地读出 *divasi*，而不是 *dinasi*。这些用 *-i* 的形容词形式可以从任何名词里造出，我在《新疆出土佉卢文书之语言》第 75 节里已处理过了。词语 *nisaǵa* 在各种可能性下都可以简单地比定为巴利文的 *nissaya*。此处很清楚打算用 *ss-*，因为在此方言中单一的中间字 *s* 变为 *ṣ*。在 *nisaǵa* 所出现的全段落里，我们发现了 *s*，而非 *ṣ*。《新疆出土佉卢文书之语言》第 16 节已指出，*ǵ* 通常表示 *y*。自然，此一形式不可能属于此方言。因为 *nissaya* 是一个十分知名的佛教术语，其意是生命所必需的基础，故此词汇显然是由该来源里借用过来。Viharavala，此处如同别处，是以一个专门名称出现的。第 6 行，读作 *aṭa yaṃ ca satu*，如托马斯教授所指出的。*balasta* 是一个未知词汇。托马斯教授将其分作 *ba lasta*，并将 *ba* 认作是 *vā*。这是不可能的，因为在此方言里 *v* 是不会变成 *b* 的。*kuḍa* 或许是梵语 *kuṭa* 的规则形式，故托马斯教授尝试如是提出。不过，托马斯教授将它视作常用的词 *kuḍaǵa* 的等同词，并翻译作奴隶（“男儿”）。然而，对这个以无后缀的 *-ǵa* 出现的词汇是无效的。它亦不适合段落的总体含义（如我所释译的；托马斯教授给出了不同的翻译）。苏达沙那系在监禁中。他的朋友正在供给他两只罐子（酥油或某物）。第 9 行，*khaṃnavaṭaǵesi*，“你在扮演拖延者”，如托马斯教授所释译的。——原注

【注】

[1] 皮革文书。遗物编号 N. V. xv. 305。《古代和田》第一卷，第 408 页；
71 第二卷，图版 XCIII。《佉卢文题铭》第一卷，第 130 页。

[2] “将沙门给予其他人做奴隶”，令人费解。

359[1]

主簿索阇伽（*cozbo* Soṃjaka）启。

……] 彼亦申诉道，彼有一道王廷下达之书面文件，（据此）彼曾受赐波耆那（Pǵina）之两峰橐驼。其中，彼（波耆那）曾给予一峰橐驼，彼并未给予第二峰橐驼。你须详加审理，依据书面文件中所写，现下你须依照法令予以裁定。不得做出别等裁定。彼另禀报我等道，彼曾由竺格尸罗（Tsuǵeṣla）处租赁一橐驼，并支付全额租金。此驼伐贝（Varpe）曾带来，于途中死去。现下彼申诉伐贝。就此事应做出裁决。

【注】

[1] 楔形盖牍，谕令，关于财产纠纷之申诉。遗物编号 N. V. xv. 306。《古代和田》第一卷，第 408 页。《佉卢文题铭》第一卷，第 130 页。

360[1]

tuǵuja 支摩腊（Cimola）、*sevena*① 柯利沙（Kolýisa）、卡拉鸠那罗（*kala* Kuna[la]）、诸主簿柯利沙（*cozbo* Kolýisa）与索阇伽（Soṃjaka）启。

〔务须前往。〕

【注】

[1] 楔形盖牍，谕令。遗物编号 N. V. xv. 307。《古代和田》第一卷，第 408 页；第二卷，图版 LXXI。《佉卢文题铭》第一卷，第 131 页。

① *sevena*，仅见于此处，似是某种职衔。——原注

361[1]

72

……] 于 [……] 之手。于前次 [……] Acokisǵiya 神[2] 之 [……] 速交伏迦左（Vuǵaca）之手 [……] 送交本处。你曾呈上一信札。制弓匠（*dhaṃnukara*）[……] 你曾寻找。彼言道，我（?）有一笔扣缴税款。今日早时你曾送交 [……

【注】

[1] 楔形底牍，谕令。遗物编号 N. V. xv. 309。《古代和田》第一卷，第 408 页。《佉卢文题铭》第一卷，第 131 页。

[2] Acokisǵiya 神，可能指精绝当地的某种神祇。

362[1]

〔大德、大王敕谕主簿萨摩舍那（*cozbo* Ṣamasena）、布瞿（Puǵo）如下：〕现下 *suv́eṭha* 霍沙（Khosa）已受遣出使于阗（Khotaṃna）。他携带了家人，将他们安置于精绝（Caḍ'ota）。不得使此等霍沙家人前去于阗，将他们留住在精绝。且使他们置于你等长官（*rajadharaǵa*）之照护下，以你等之最佳方式招待他们。如有何短缺影响至他们，应予以专门之关照。（俟）他自于阗返回之时，他将携回他们于本处。

〔主簿萨摩舍那、布瞿启。〕①

【注】

[1] 皮革文书，关于出使供廪之谕令。遗物编号 N. V. xv. 310。《古代和田》第一卷，第 408 页；第二卷，图版 XCI。《佉卢文题铭》第一卷，第 131 页。

363[1]

卡拉鸠那罗（*kala* Kunala）启。

---

① 最末行欠清晰，不足以翻译，似是写下后又被擦掉。——原注

【注】

[1] 楔形盖牍，谕令。遗物编号 N. V. xv. 311。《古代和田》第一卷，第408页。《佉卢文题铭》第一卷，第131页。

364[1]

主簿索阇伽（*cozbo* Soṃjaka）启。

……] 速予拘押送至王廷。他们将于我等面前申诉，（并）将予以裁决。应阻止其被非法带离左摩伽（Camaka）。又，左史格耶（Caṣǵeya）已使用一名属左摩伽所有之奴隶达十二年 [……] 业已带来。他再次讨要橐驼。此一争讼连同誓言与证人在你面前详加审理，依法做出一道判决。如你不能澄清此案，速将他们押至本处王廷，本处当我等之面做出判决。他们曾就此争讼（？）将其拖拽至两座城市。其结果是他死去。

【注】

[1] 楔形盖牍，谕令，关于财产等纠纷之申诉。遗物编号 N. V. xv. 312。《古代和田》第一卷，第408页。《佉卢文题铭》第一卷，第132页。

73 365[1]

（残片）

……] 不得有拖欠税款 [……

【注】

[1] 矩形盖牍，不明。遗物编号 N. V. xv. 316。《古代和田》第一卷，第408页。《佉卢文题铭》第一卷，第132页。

366[1]

致主簿索阇伽（*cozbo* Soṃjaka）启。

〔大德、大王敕谕主簿索阇伽如下：〕卡拉般囊跋腊（*kala* Puṃñabala）

禀报我等道，有一位名叫昆格耶（Kunǵeya）之男子，正在那伐迦阿瓦纳（Navaǵa aύana）犁地。彼由田庄里如是获取。如此一楔牍及封印传至你处，即刻详加审理此事连同誓言与证人，（而）如属实，这些土地须移交与那伐迦阿瓦纳之人，作为其财产。有关[……]昆格耶之[……

〔卡拉般囊跋腊。〕

【注】

[1] 楔形底牍，谕令，关于田地耕种纠纷之申诉。遗物编号 N. V. xv. 317。《古代和田》第一卷，第 408 页。《佉卢文题铭》第一卷，第 132 页。

367[1]

〔大德、大王敕谕主簿索阇伽（*cozbo* Soṃjaka）、檀阇伽（Taṃjaka）如下：〕现下布遮（Puśe）正办理王家生意。由莎阇（Saca）供廪其两峰橐驼与一名侍卫，他们将陪同其直至边界。由精绝（Caḍ'ota）供廪其一匹马及一名称职之侍卫，直至于阗（Khotaṃna）。若是你扣留（它们），或是供应一名不称职侍卫，你且当心。

〔布遮。〕

【注】

[1] 楔形底牍，关于供廪之谕令。遗物编号 N. V. xv. 318。《古代和田》第一卷，第 408 页。《佉卢文题铭》第一卷，第 132 页。

368[1]

〔大德、大王敕谕[……]〕（？）耕地里无水，耕地变得缺水。现下水被转去彼等之政区。不可能[……]人们被写下。总数计 100。

连同诸 *aresa* 一道，将彼等于七月十五日带至莎阇（Saca），交与沙布伽（Śapuka）之左摩伽（Camaka）手中。你，主簿索阇伽（*cozbo* Soṃjaka）[……]或（如）彼等逾期抵达，致使莎阇之事务遭到废弃，我，大王，将向你讨要（赔偿）[……

〔主簿索阇伽启。〕

【注】

[1] 皮革文书，谕令。遗物编号 N. V. xv. 319。《古代和田》第一卷，第408 页。《佉卢文题铭》第一卷，第 133 页。

369[1]

此文书之日期为（？）年二月五日。我等接收绵羊之数目计 230 只。

【注】

[1] 矩形底牍，籍账类之收据。遗物编号 N. V. xv. 320。《古代和田》第一卷，第 408 页。《佉卢文题铭》第一卷，第 133 页。

74

370[1]

主簿索阇伽（*cozbo* Soṃjaka）启。

致人神亲爱、令人愉悦、享有芳名之爱兄主簿索阇伽，奥古阿离耶（*ogu* Alýaya）谨写信问安，无数次祝身体安康，并如是（言道）：我乃你兄弟及男亲属 [……] 为你缘故。若是陛下 [……] 感受爱意。另，小儿业已被送至该处，其来自 [……] 给予及取得。务必使其置于你、主簿之照护下。我等亦如是禀报你：一些楼兰（Kroraina）人已停驻我等屋舍，他们系我等之债户。他们已趁夜逃离。[2] 务必使此人置诸你之照护下。（我）已呈上一件 *hastavarṣaǵa* 及五件 [?]，以表思念之情。

〔此函件 [……]。〕

【注】

[1] 矩形牍，信函。遗物编号 N. V. xv. 322 + 39。《古代和田》第一卷，第 401、408 页。《佉卢文题铭》第一卷，第 133—134 页。

[2] 负债的楼兰人逃离之事，可能于阗等地来的逃亡者都是出于负债（或者逃避法律制裁）。

371[1]

主簿索阇伽（*cozbo* Soṃjaka）启。

……] 无论其发布何等指令与人们，他们皆须立即遵照其指令行事。凡是违抗主簿索阇伽且不遵照其指令者，我，大王，将在此地审查此等人（之行为）。另，*dhamaka* 户主之人不时违抗主簿索阇伽，丝毫不尊敬他。我等将于此再次审查他们的行为，他们将受到处罚。[2]

【注】

[1] 楔形盖牍，谕令。遗物编号 N. V. xv. 323。《古代和田》第一卷，第 401、408 页。《佉卢文题铭》第一卷，第 134 页。

[2] 这是又一件由大王（鄯善王）申明维护主簿索阇伽权威的谕令。

373[1]

〔人皆爱慕之〕主簿索阇伽（*cozbo* Soṃjaka）启。

彼禀报我等说有两位户主，该地近旁有其他人。你如愿意，可以从该处征税；若是再走远点，还有比该地更富足者，该处应予交纳。另，此位左史格耶（Caṣǵeya）彼等（？）你面前之头领。此等乃诚实之人，为着谋生前来该地。你须得以此方式扮演照护人角色，你须得使之不受侵扰，并平息（可察觉到针对他们之）怨恨。① 随后我等会呈上一封信札及礼物。[2] 75

【注】

[1] 矩形盖牍，信函。遗物编号 N. V. xv. 330。《古代和田》第一卷，第 408 页；第二卷，图版 LXXI。《佉卢文题铭》第一卷，第 134 页。

[2] 本件看上去像是鄯善王的信函，而非谕令。

① 第 1 行，读作 *icha tade*，为两个词。第 2 行，在 *se dadavo* 前删去 *yati*。第 3 行，动词 *pariyanaṃti* 字迹漫漶。第 4 行，*toṣu* 读作 *doṣa*。*doṣa* 类似巴利文的 *dosa*，意思很清楚即“怨恨”，而非“错误”。—— 原注

374[1]

〔大德、大王敕谕主簿索阇伽（*cozbo* Soṃjaka）如下：〕先前由该地，曾由 *tuǵuja* 苏达沙那（Sudarśana）与司税阿葛（yatma Aco）估定摩施那（Masina）① 之年税，既有来自私人封地（*kilmeciyana*）者，亦有来自王土（*rajade*）者[2]。当此楔牍与封印传至你处，即刻从速将此赋税全数交与司税阿葛（之手中）[……

〔司税阿葛。〕

【注】

[1] 楔形底牍，关于赋税之谕令。遗物编号 N. V. xv. 331。《古代和田》第一卷，第 409 页。《佉卢文题铭》第一卷，第 135 页。

[2] 这里再次显示出鄯善的两种土地占有形式：*kilmeciyana*（巴罗释作 private estates，私人封地或庄园）和 *rajade*（巴罗释作 royal lands，王室土地，王家封地）。

375[1]

〔大德、大王敕谕主簿夷陀伽（*cozbo* Yitaka）与督军伏陀（*toṃga* Vuǵto）如下：〕德缪斯梵陀（Dmusvaṃta）禀报我等道，*suv́eṭha* 支那色那（Cinasena）之家庭曾被我，大王，赐予此德缪斯梵陀。跋古萨摩（Baguśama）由其中取去五人。为该事之故，曾有一道谕令下达该处，内书有全部详情（着令将）此等人移交与德缪斯梵陀。而你等曾予以移交。当此楔牍与封印传至，你等即刻详加审理此事及誓言与证人。

〔祭司德缪斯梵陀。〕

【注】

[1] 楔形底牍，谕令。遗物编号 N. V. xv. 332。《古代和田》第一卷，第 409 页。《佉卢文题铭》第一卷，第 135 页。

---

① Masina 可能是一个地名，或是某种技术性术语。——原注

376[1]

……] 你尚未呈交一份报告。第二件事：于阗（Khotaṃna）人曾以
骑卒袭击热弥那（Remena），并掠去那摩陀（Namata）之子那摩罗支摩
（Namarazma）。你仍保持沉默。第三件事：曾下达一封带徽章之信[2]与你，
告知你准备 *tsakeṃci* 人，而你保持平静并未准备。苏耆陀（Sugīta）曾将谕
令带与你。你于第一日承阅谕令，（然则直至）第三日方派人前去桥畔。带
信人（*pṛṭhabhāriǵe*）[……] 申诉道该物被用尽。第四件事：先前，诸信差
常是逐月前往，（然）你拖欠信差。乌波格耶（Opǵeya）请求复信。为你考 76
虑，应发出一信函。就该缘由，我曾劝阻他。复信未曾交付手中。由我所下
达之此信，你可知悉详情。当你读及此信时，须从速执行。[3]

【注】

[1] 皮革文书，谕令。遗物编号 N. V. xv. 333。《古代和田》第一卷，第 409 页；第二卷，图版 XCII。《佉卢文题铭》第一卷，第 135 页。

[2] “一封带徽章之信”，似乎不是指信函上加盖的封印，而可能指信函上加了某种王室的标记物。

[3] 大王申饬地方官怠惰的谕令。

377[1]

吉查依查伐尔帕（*kitsaitsa* Varpa）启。

……] 现下，第四 [………] 已妥，（而）一无所见。就该橐驼 [……] 业已交与该处（？）之波离耶尼雅（Priyaniae）[……] 应有所值。若是（你）认可 [……] 应予交纳。此处当诸奥古（*ogu*）之面，我谨为着波离耶尼雅起见呈上一封问安信。[……] 橐驼未交与 *abramo*。故其后该驼（？）应由你予以考虑。现下是第四个年头未尝见到此橐驼。现下此位多迦阇（Togaja）连同难度热（Namtuje）于月内曾前往该处。该处听令于我（？）。彼不得在将来被当作权威。

【注】

[1] 矩形盖牍，信函。遗物编号 N. V. xv. 334。《古代和田》第一卷，第 409 页；第二卷，图版 LXXII、XCV。《佉卢文题铭》第一卷，第 136 页。

378[1]

（正面）于第六年，在此日子周迦帕（Cuǵapa）与腊遮（Laza）收讫借贷之 *thubadauna*。

（背面）致令人愉悦、人神亲爱之爱兄主簿萨摩舍那（*cozbo* Ṣamasena），主簿毗忒耶（Piteya）谨致敬意 [……

【注】

[1] 长方形牍，正面似是收据，背面为信函。遗物编号 N. V. xv. 335。《古代和田》第一卷，第 409 页。《佉卢文题铭》第一卷，第 136 页。

380[1]

此文书事涉女孩娑阇室利（Soṃjaśrṛae），彼被当作一件赠礼[2]，应妥加保存。

此系那弥施耶那（Namiṣyanae）之印。[3]

【注】

[1] 矩形盖牍，关于赠送奴婢之书面契约。遗物编号 N. V. xv. 338。《古代和田》第一卷，第 409 页。《佉卢文题铭》第一卷，第 136 页。

[2] “彼被当作一件赠礼”，指赠送或转让奴婢的交易，按鄯善之契约法，须得订立书面契约以获得其权利。

[3] 从格式上说，本件是书面契约的封面。“此系……之印”句，书于封印下方，为封印之说明。

381[1] 77

……]〔敕谕主簿索阇伽（*cozbo* Soṃjaka）如下：〕[……] 封地。人、畜不服其役达如是之久，迄至主簿达摩舍那（Dhamasena）之 [……

〔主簿索阇伽。〕

【注】

[1] 楔形底牍，关于赋役之谕令。遗物编号 N. V. xv. 340。《古代和田》第一卷，第 409 页。《佉卢文题铭》第一卷，第 137 页。

382[1]

耶波怙（Yapgu）之税业已支付，（计有）2 件毡衣及替代酥油之 1 件毡衣。彼尚未支付租金，亦未支付生活费（pacavara）。

波莱耶（Pleya）之税，1 张氍毹（*kojava*）业已交纳，替换其托付物。租金尚未支付，生活费亦未支付。

柯罗罗卢达罗耶（*korara* Rutraya）之税，业已支付橐驼之租金（计）1 目厘。尚余者为 2 目厘。

康左伽（Caṃcaka）之税，已支付橐驼租金（其形式计）1 *posara*。尚余者为 2 目厘。

【注】

[1] 长方形牍，籍账类之纳税账目。遗物编号 N. V. xv. 342。《古代和田》第一卷，第 409 页。《佉卢文题铭》第一卷，第 137 页。

383[1]

此文书事涉王家诸尚存活之橐驼、诸牝驼及诸死亡之橐驼，由卡拉周迦帕（*kala* Cuǵapa）与拉尔苏（Larsu）妥加保存。

此系司土军舍那（*vasu* Kuṃsena）之印。

……] *putǵctsa*；另一峰橐驼一岁口，系一 *pursaka*。牝之女儿[2]，1 峰

putǵetsa（橐驼）。另一种橐驼[……]另一种橐驼[……]。另一种黑驼，1峰*noñi*。牝之女儿，1峰*putǵetsa*。另一种橐驼[……]1。另一种橐驼，1峰*vaghu*。牝之女儿，1峰*putǵetsa*。另一种橐驼[……]1峰*aṃklatsa*。另一种白驼，1峰。另一种公驼，白色（？）1峰。另一种橐驼[……]。另一种黑驼，1峰。另两种牝驼做了牺牲。此等橐驼[……]彼时7峰幼驼死亡。其后再有过失，3峰牝驼走失。再有该处[……]死于乌宾陀（Opiṃta）之池塘。该驼曾由曹长左勒摩萨（*apsu* Calmasa）担保。彼时卡拉苏阇陀（Sujata）系驼群之保管。此据司土军舍那口令写下[……]楼兰（Kroraina）之证人[……]证人。彼时司土军舍那（？）王家驼群。另一种*koro*驼，1峰。（此等橐驼业已进入）。[3]①

【注】

[1] 矩形盖牍，籍账类之账目。遗物编号N. V. xv. 343。《古代和田》第一卷，第409页。《佉卢文题铭》第一卷，第137页。

[2] “牝之女儿”，应理解作由牝驼所生的牝驼崽。

[3] 本件是一份关于王室财产的账目，有别于普通账目，它采取了封检式矩形双牍形式，并加了封印。“此系……之印”句，书于封印之下方。

78

384[1]

此系主簿萨摩舍那之文书，事涉左波奴尼耶（Capnuneya）。

（名单）

此等人应宣誓。证人如下：

（名单）[2]

【注】

[1] 矩形盖牍，不明。遗物编号N. V. xv. 344。《古代和田》第一卷，第

---

① 本文书释读时大有难度，首先是因为它满是术语，其次是因为在很多地方无法确切读出。第1行[*a*]*rṣiyo pursaka*，读作*varṣi yo pursaka*。第7行*puśga taṃ nikhami*，读作*puṣǵaraṃniyaṃmi*；*paṭanaǵa*读作*paḍuvaǵa*。第8行*uṭa a*[*laṃ*]*kalusu jata*，读作*uṭavala kala sujata*；在*Kuṃsenasa vacanena*前加入*vasu*。——原注

409 页。《佉卢文题铭》第一卷，第 138 页。

[2] 从矩形双牍形式上看，也可能是判决书。前份名单分 2 栏，书于封印下方。后份名单分 3 栏。完整之释译，参见《沙海古卷》，第 215 页。

385[1]

呈大人、〔令人愉悦、貌若天神之〕慈父、大主簿索阇伽（*mahaṃta cozbo*[2] Soṃjaka）足下，司书难陀舍那（*divira* Naṃdasena）无数次致敬与祝愿。欣悉你安好，托你之福我在此亦安好。此系我所不得不禀报者：诸事皆在你圣鉴之中。无论你吩咐我在此地做何事，我皆受之（？）。我等正派出全体信差（*leha*[*raǵa*]*na*）。由该处之人那里我亦应收到，由僧人僧伽罗陀（Saṃgaratha）处系 1 *arnavaji*，由苏耶摩（Suyama）处系（1 块）毡（*namata*），由 *cȧru* 吉牟耶（Jimoya）处系 1 块毡，由 *mararara* 鸠韦嫩耶（Kuviñeya）处系 1 块毡。务必速速下令于他们，并速将该等礼物交来本处。我且知会你，茜草（*rotaṃna*）亦应归我。应将茜草交来本处信差之手。（将）可能赠你一件爱物以作回报。

〔慈父、大主簿索阇伽。〕[3]

【注】

[1] 皮革文书，信函。遗物编号 N. V. xv. 346。《古代和田》第一卷，第 409 页。《佉卢文题铭》第一卷，第 138 页。

[2] *mahaṃta cozbo*，《沙海古卷》释作“大州长”、“伟大的州长”（第 300—301 页）。

[3] 采用皮革做信函是罕见的，这种书写方式通常用于国王谕令。

386[1]

〔大德、大王敕谕主簿索阇伽（*cozbo* Soṃjaka）如下：〕[……] 禀报我等道，诸沙门牟查波离（*śramaṃna* Mochapri）与僧伽罗陀（Saṃgaratha）[……] 一名属他所有之男子，并为其做活一月。其后，他们使其返回。此争讼〔务必由你详加审理，依法做出裁决。如你不能澄清此事，应将他们押至王廷，由我亲自斥责他们，做出裁决〕。

再者，应阻止精绝（Caḍ'ota）对山民行不法之事[2]。

〔[...]cakra [...]。〕[3]

【注】

[1] 楔形底牍，谕令，关于劳役纠纷之申诉。遗物编号 N. V. xv. 347。《古代和田》第一卷，第 409 页。《佉卢文题铭》第一卷，第 139 页。

[2] “应阻止精绝对山民行不法之事”，意味着精绝与其南方昆仑山谷中某部落之间的关系。

[3] 按谕令格式，书于底牍背面的残余字迹 [...]cakra[...]，应是关于本件当事人及其头衔的说明。

79

387[1]

〔大德、大王敕谕 [……]。〕你曾呈上一份报告于乌波格耶（Opǵeya）手中。由是我，大王，得悉诸般事务。你亦禀报我等 *kuv́ana* 谷与 *śukha* 酒 [……] 应收纳了租金。若是他们业已收讫，应予征用及收缴之总数为如是额度 [……]。此笔赋税应带至本处王廷，不得阻碍。又，先前由该处畜群之诸橐驼及本处之 *klaseṃcis* 马群 [……]。诸 *sujaǵa* 正服国役。当此谕令传至你处，即刻将 1 弥里码 10 硒之茜草从速由 *klaseṃcis* 取得 [……]。在萨摩莱那（Samarena）之赋税亦应从速全数送交本处王廷。当诸督军（*toṃga*）及其众扈从 [……]。金迦舍那（Ciṃgasena）业已取得属卡拉布那跋腊（*kala* Purnabala）所有之 10 峰橐驼。若是他已带走它们，同等数目之橐驼 [……]。去年，你曾将众驼扣留，若是你再次扣留此等橐驼，由你自己之田庄 [……]。时下仍未呈交 *śamuṃta raya*，仅是呈交 2 袭毡衣，另有 30 *saḍa* 应予呈交 [……] 交至本处诸督军之手。[2]

【注】

[1] 皮革文书，关于赋税之谕令。遗物编号 N. V. xv. 350。《古代和田》第一卷，第 450 页。《佉卢文题铭》第一卷，第 139 页。

[2] 关于本件受件人处的文字已残破。应是某主簿。

388[1]

……] 敕谕主簿索阇伽（*cozbo* Soṃjaka）去行使现下其 [……] 按规定之序列，诸向导（*arivaǵa*）将会前去于阗（Khotaṃna）[……] 并未做出。

【注】

[1] 楔形底牍，谕令。遗物编号 N. V. xv. 352。《古代和田》第一卷，第 409 页。《佉卢文题铭》第一卷，第 139 页。

390[1]

人神亲爱、人神荣耀、享有芳名、深悉大乘（Mahāyāna）[2]、令人无比尊崇之大主簿萨摩舍那（*mahaṃta cozbo* Ṣamasena）足下，祭司 [……] 谨致敬意并祝其圣体安康、万寿无疆。为该缘故，首先我得悉 [……] 欣悦，你应感欣悦。此乃我不得不言者：该处赋税 [……] 毗忒耶（Pideya）曾来 [……] 80
名叫苏梵尼耶（Suvaṃniya）[……] 此处再次 [……] 此事 [……

【注】

[1] 矩形底牍，信函。遗物编号 N. V. xv. 355。《古代和田》第一卷，第 409 页。《佉卢文题铭》第一卷，第 140 页。

[2]“深悉大乘”，暗示了大主簿萨摩舍那的佛教倾向。

392[1]

致人神亲爱之爱兄主簿索阇伽（*cozbo* Soṃjaka），主簿柯利沙（Kolýisa）谨致敬意并祝其圣体安康、万寿无疆。如是（具言道）：现下，彼等由土廷带走 20 峰橐驼，它们身患恶疾。我等曾带领 *pracukamaṃ nagara* 由此王国前去空旷地（*laṭhanami*）。彼等曾来至本处。当此信札送至你处，你须得即刻派人。应将 *pracukamaṃ nagara* 带进围地（*kabhoḍhammi*）。波格那

(Pǵena) 去了山里。[2] 鸠那 (Kuuna) 带橐群去了该地。

【注】

[1] 矩形底牍，信函。遗物编号 N. V. xv. 357。《古代和田》第一卷，第 410 页。《佉卢文题铭》第一卷，第 140 页。

[2] “波格那去了山里”，有多件文书提及在山里的产业，可能指王室或贵族们在南方昆仑山谷的牧场。

393[1]

〔大德、大王敕谕主簿索阇伽 (*cozbo* Soṃjaka) 如下：〕司土、御牧卢达罗耶 (*vasu kori* Rutraya) 禀报我等道，该处有一位属奥古维诃罗伐腊 (*ogu* Viharavala) 之封地所有之男子，于特罗沙阿瓦纳 (Trasa aʋ́ana) 欠下 20 目厘。当此楔牍传至你处，〔应即刻亲自详加审理此事。如先前曾做出之裁决，应遵从原判。如你不能澄清此事，应将此人从速押至王廷。

特罗沙阿瓦纳。〕

【注】

[1] 楔形底牍，关于债务之谕令。遗物编号 N. V. xv. 359。《古代和田》第一卷，第 410 页。《佉卢文题铭》第一卷，第 141 页。

396[1]

〔大德、大王敕谕主簿索阇伽 (*cozbo* Soṃjaka) 如下：〕支摩伽 (Cimaka) 与色克腊 (Ṣekla) 禀报我等道，彼处服国役之人违抗主簿索阇伽，他们 (?)，并不立即执行其命令。当此楔牍与封印传至你处，该处服国役之人即刻不得违抗主簿索阇伽，或违犯其命令。

〔支摩伽、色克腊之事宜。〕

【注】

[1] 楔形底牍，谕令。遗物编号 N. V. xv. 04。《古代和田》第一卷，第 410 页。《佉卢文题铭》第一卷，第 141 页。

397[1]

〔大德、大王敕谕[……]〕主簿萨摩舍那（*cozbo* Ṣamasena）禀报我等道，*potǵe* 之水[……]你须得查明是否属实。似其余之人，*potǵe* 之士卒[……]依此等方式，由主簿萨摩舍那将人们记下。

〔主簿萨摩舍那。〕

【注】

[1] 楔形底牍，谕令。遗物编号 N. V. xv. 05。《古代和田》第一卷，第 410 页。《佉卢文题铭》第一卷，第 142 页。

399[1]

令人愉悦、人神亲爱、长命百岁、享有芳名、人中之神之爱兄主簿萨摩舍那（*cozbo* Ṣamasena），奥古金那伏罗（*ogu* Ciṃnaphara）与主簿支尼耶沙（Cinyaśa）谨问安并祝安康、万寿无疆。为该缘故，其首要者乃是我们得悉 81
你安好。我们亦安好，你得闻于此应感欣悦。此乃我们所欲言者：你已就乌鸦（？）一事派来本处一名男子林格耶（Lýimǵeya）。凭此种方式，我们已知悉诸事。确然，若是你们发生争吵，此殊非好事。就你所责备之事，即伽克耶（Kakeya）、黎贝耶（Lýipeya）及婆萨尔沙（Pośarsa）所表现出的他们的敌意，我等并不信之。同时，若是你们因该事而产生争吵，则确是错事。（？）由谣言所带与你们的麻烦，他们已反复恳求我们，要我们制止其如此行事。我们在此业已制止他们。我们已由王廷获得一道谕令。须依据宁弥耶（Ñimeya）所持之书信做出裁决。若你们不认可，应将他们拘押送至本处之王廷。[2] 有关来自军队（所报告之）危险与警告，你们须得以如是方式去表明你们并未带来任何之不幸，以免你们祖先之名将受损害。你们将会由林格耶所做之沟通被知会。

致令人愉悦、人神亲爱、享有芳名之大主簿夷陀伽（*mahacozbo* Yitaka），卡拉贵霜舍那（*kāla* Kuṣanasena）谨祝安康、万寿无疆。得悉你身休安康，

我感欣悦。我亦安好，得闻此音你会感欣悦。如是我写道：诸事皆在你所意料中。你应带一峰橐驼与我。你不可送上一峰老衰之驼。为此缘故，此位 *stovaṃna* 业已被派往该处，以要求橐驼。当此位 *stovaṃna* 抵达该处，阅读此信，并即刻将一峰橐驼交付 *stovaṃna* 之手。不可交付一峰老驼。而且要使它成为令于阗人（Khotaṃni）艳羡我们的橐驼。若是你不按此信送交一峰橐驼，则我将会恼怒。我已再次送上一枚箭镞作为礼物。

人神亲爱、享有芳名、令人无限敬仰之爱友主簿难陀舍那（Naṃtasena）
与左陀老耶（Cataroyae），沙门般古舍那（*śraṃmana* Baṃgusena）与帕支
瞿耶（Pacǵoyae）谨祝圣体安康、万寿无疆。现下，在此地我等已听闻阿
82 那舍那（Anasena）去世之噩耗。惊悉此事，我等心中大为悲恸。此非人力
所能为，甚或超出佛陀（Buddha）、辟支佛（Pratyekabuddha）或是阿罗汉
（Arhant）或是轮王（Cakravarti raya）之能力。万事同终，我等须加珍重，
多行善事，保持纯洁。①

【注】

[1]“塔赫特”形牍，3 封信函。遗物编号 N. V. xvi. 2。《古代和田》第一卷，第 411 页；第二卷，图版 CI。《佉卢文题铭》第一卷，第 142—143 页。

[2] 书于正面的信函中，“应将他们拘押送至本处之王廷”一句，表明发信人奥古金那伏罗与主簿支尼耶沙为身居王城的贵人或官吏。

400[1]

〔大德、大王敕谕主簿柯罗那耶（*cozbo* Kranaya）、税监黎贝耶（*ṣothaṃga*

---

① 正面第 1 行，*Cinyaśa* = **Cinayaśa*。关于元音省略问题，参见《新疆出土佉卢文书之语言》第 12 节。两兄弟之名字用相同方式构成。印度语 *yaśa* = 伊朗语 *phara*。第 3 行，句子 *yo gu sa maṃtre ni asaṃta abhatayutu* 仍不够清楚。*abhatagutu*，在《新疆出土佉卢文书之语言》中被认为是书手对 *abuta gatu* 一词的误写。第 4 行读作 *tade veya nitya vare <ma> margetu*，假设书手在 *margetu* 前漏写了字母 *ma*。第 5 行，*kutu* 等于梵语 *kutaḥ*，在此处用作一个相对的意义。背面 B 第 1 行，*pacǵuyae* 读作 *Pacǵoyae*。第 2 行，*hiḍiteya* 里的 *ḍi* 系加写在下方，明显是打算修改。由此，*hiḍiya* 或 *hiḍeya* 应当是正确的方言形式，即书手所打算要写的。——原注

Lýipeya）如下：〕安陀舍那（Aṃtasena）禀报我等道：左伽沙（Cakasā）带走一名属彼所有之男子，叫作克罗摩夷那（Cramaena），前去于阗（Khotaṃna），并将其双手捆缚于背上。其后，左伽沙由于阗返回，然却未将其男子克罗摩夷那带来本处。彼如是说："我不曾携带他。"当此楔牍传至你等处，须即刻对此事连同其誓言、证人一道详加审理，确认彼之男子。

〔安陀舍那。〕

【注】

[1] 楔形底牍，谕令。遗物编号 N. VI. xvii. 1。《古代和田》第一卷，第 375、411 页。《佉卢文题铭》第一卷，第 143 页。

401[1]

兹于大王、天子、侍中伐色摩那（*jiṭugha* Vaṣmana）陛下之第十年六月十日，在此日子，有一峰属贵人昆格耶（*ari* Kuṅgeya）并主簿拉尔苏（*cozbo* Larsu）所有之橐驼。波莱耶（Pleya）、左史格耶（Caṣǵeya）、耶波怙（Yapǵu）及毗摩色那（Bhimasena）将（其）租与叶吠阿瓦纳（Yave avana）人之 *khani*[2]。彼等并未带此驼之租金。彼等装载此驼以 *make*。应取一峰 *putǵetsa*（驼）作为此驼之租金。应将其交与贵人昆格耶。应于十月份为贵人昆格耶备妥此租金。此当诸古速罗贵霜舍那（*guśura* Kuṣanasena）之面写下。证人为凯左那（Kecana）与摩伽沙（Makasa）。

〔沙门牟查舍那（*śramaṃna* Mochasena）、僧伽吉婆（Saṃghajiva）之事宜。〕[3]

【注】

[1] 矩形双牍，关于租赁之书面契约。遗物编号 N. VI. xvii. 3 + 2。《古代和田》第一卷，第 411—412 页；第二卷，图版 CIV。《佉卢文题铭》第一卷，第 144 页。

[2] *khani*，巴罗注说该词指矿场，疑为采石场。

[3]"沙门牟查舍那、僧伽吉婆之事宜"句，书于盖牍之背面。依书面契约之格式，此二人应是主要当事人，但未出现于文书正文中。

403[1]

〔主簿柯罗那耶（*cozbo* Kranaya）、税监黎贝耶（*ṣothaṃga* Lýipeya）[……]。大德、大王敕谕主簿柯罗那耶与税监黎贝耶如下：〕阿难陀舍那（Anaṃtasena）禀报我等道，[……]姊妹叫作支那施耶尼耶（Cinaṣyaniyae）。
83 该妇人[……]该妇人与其兄弟沙耆（Saǵi）由于阗来至本处[……]。在此地，他们被当作难民转交予杰耶伽（Jeyaka）。[……]曾获取全部之难民。该难民再次由杰耶伽处逃脱。在彼之地方，其毫无正当理由为妇人支那施耶尼耶做活直至今日。似此绝非王国之法令。[2] 当此等人为国家生意前来本处[……]应予给付。当此楔牍传至你等处，应即刻对此事连同誓言、证人一道详加审理，查明是否如此。[……]应移交与阿难陀舍那，而诸难民[……]送至本处王廷。（将）在此做出裁决。

〔阿难陀舍那。〕

【注】

[1] 楔形双牍，关于安置难民之谕令。遗物编号 N. VI. xvii. 01。《佉卢文题铭》第一卷，第 144 页。

[2]“似此绝非王国之法令”，意味着法令规定对难民的处置权属于王，可比较对所谓逃亡者的处置权问题。和田博物馆收藏的一件佉卢文判决书中，提及“从前已经制定了古老的律法：若是逃亡者从外域来到王的自己的领域，他们归王所有”（段晴《萨迦牟云的家园——以尼雅 29 号遗址出土佉卢文书观鄯善王国的家族与社会》，《西域研究》2016 年第 3 期）。

412[1]

〔大德、大王敕谕主簿索阇伽（*cozbo* Soṃjaka）如下：〕耶波怙（Yapǵu）禀报我等道，其与奥迦左（Oǵaca）一只绵羊[……

〔耶波怙。〕

【注】

[1] 楔形底牍，谕令。遗物编号 N. VII. xviii. 8。《古代和田》第一卷，

第 412 页。《佉卢文题铭》第一卷，第 147 页。

413[1]

〔大德、大王敕谕主簿柯罗那耶（*cozbo* Kranaya）、税监黎贝耶（*ṣothaṃga* Lýipeya）如下：〕[……] 禀报我等道，他们 [……] 依照 [……] 之法令将装载物打包。其中，吉牟耶（Jimoya）与柯嫩陀（Koñeta）[……] 诸大夫曾如是说。柯嫩陀与吉牟耶 [……]。现下应将装载物打包。柯嫩陀与吉牟耶 [……

〔[...]ya[...]。〕

【注】

[1] 楔形底牍，关于赋税之谕令。遗物编号 N. VII. xix. 1。《古代和田》第一卷，第 412 页；第二卷，图版 C。《佉卢文题铭》第一卷，第 147—148 页。

414[1]

〔人皆爱慕之爱子 [……] 启。〕

……] 送交。若是你仍然呆在 *ṣatre*①，且使之成为我等之 *niṭe*（=？）。你当然须按此种方式行事 [……]。户主之人已罹病 [……] 须得清查。（彼）应来此地。你亦曾收到一件书札 [……] 此等应服役之男子，在他手中 [……]。又，你曾为 *kotareya* 送来两条袋子及两根绳索 [……]。他们曾带来一根绳索。他们并未全数给付 ……]。（男子之）名字在此写下。

【注】

[1] 矩形盖牍，信函。遗物编号 N. X. xxi. 1。《古代和田》第一卷，第 413 页。《佉卢文题铭》第一卷，第 148 页。

415[1]

事涉脂那（Tsina）之子，一名新手及养子；由悉迈摩（Śimema）妥加

① 由于 *satre* 仅见于此，还不能说它是一处地名，抑或一个不确知其意思的名词。——原注

保存。

于天子、侍中摩醯利（ciṭughi Mahiriya）陛下之第七年三月五日，于此日子。当于阗人（Khotani）掳掠精绝国（Caḍ'ota raja）之时，彼时曾有三
84 名年青于阗男子将妇人脂那带去。他们将其当作礼物，送与在吉查依查陆都（*kitsayitsa* Luṭhu）家屋中之主簿索阇伽（*cozbo* Soṃjaka）之母。他们将该妇人连同其众儿女一道给予。该妇人将其子给予男子伽左那（Kacana）领养，此子系一名新手，身高 5 *diṣṭi*。其奶费给付一匹 *vito* 马。此（交易之达成）当诸主簿索阇伽之面。其他知悉此事之证人即：沙门帕伐帝（Parvati），司书佛陀罗支陀（Budharachida），司土柯利沙（*vasu* Kolýisa），良家子莱帕特迦（Lpatǵa），沙门维耶离伐腊（Vyarivala），波离耶伐陀（Priyavada），左史格耶（Caṣǵeya）。此文书系应该妇人脂那之请求而写。此由我，司书黎帕特迦（Lýipatǵa），受大夫之命而写下。其效力长达百年。

【注】

[1] 矩形双牍，关于领养之书面契约。遗物编号 N. X. xxi. 2 + 3。《古代和田》第一卷，第 413 页。《佉卢文题铭》第一卷，第 148—149 页。

416[1]

（无法释译，因为缺少足够确切性而无法读出。它主要是一份换物之清单。）

【注】

[1] 矩形底牍，籍账类之账目。遗物编号 N. X. xxi. 5。《古代和田》第一卷，第 414 页。《佉卢文题铭》第一卷，第 149 页。

417[1]

我，主簿柯罗那耶（*cozbo* Kranaya），已由 [……] 放还沙门佛陀帕拉（Budhapala）。于田庄，一 [……

【注】

[1] 长椭圆形牍，不明。遗物编号 N. X. xxi. 6。《古代和田》第一卷，第 414 页。《佉卢文题铭》第一卷，第 149 页。

418[1]

于天子、侍中安归伽（jiṭuṃgha Aṃgoka）陛下之第三十六年三月二十一日，在此日子，据沙门佛陀伐摩（*śramaṃna* Budhavama）说，沙门沙离布特罗（Śariputra）曾领养德奴迦安多（Denuǵa Aṃto）之女室利沙特耶（Śirsateyae）做养女。沙门沙离布特罗曾将此女给予沙门佛陀伐摩做妻子，以合法成婚。该妇人室利沙特耶之女，叫作般囊伐帝耶（Puṃñavatiyae），曾被给予沙门吉伐老阿陀摩（Jivalo Aṭhama）为妻。此位阿陀摩已死。其后，此位沙门佛陀伐摩，该女般囊帝耶之 [……[2]

【注】

[1] 长方形底牍，判决书（？）。遗物编号 N. X. xxi. 6a。《佉卢文题铭》第一卷，第 149 页。

[2] 如果释读无误的话，这件文书涉及沙门间的领养、婚姻诸事。

419[1]

此文书事涉一座（购）自菩提腊（Budhila）与佛陀耶（Budhaya）之葡萄园，由 [……] 与僧伽室利（Saṃǵaśri）妥加保存。

此系沙门僧左（Śaṃca）、苏阇陀（Sujata）与达弥腊（Dhamila）之印。[2]

兹于大王、天子、侍中安归伽（jiṭugha Aṃkvaǵe）陛下治下第二十八
年十一月十三日，在此日子，沙门阿它牟（Aṭhamo）之（两）子菩提 85
腊、其次佛陀耶出庭。他们曾将一座 4 *apcira* 之葡萄园及在 *miṣi*（地）中之 *letǵa kuthala* 地块出卖，其全数为五（块地）。阿难陀（Anaṃda）曾买下此地，并支付其价钱 1 金斯塔尔（*stater*）及另外之 2 目厘，及后来之数目 12 目厘。彼等平等协议，好买好卖。此系当诸精绝（Caḍ'ota）之比丘僧

伽（*bhikṣu saṅgha*）之面写下，应菩提腊及佛陀耶之请求。证人为：沙门佛陀罗支（Budharachi），僧伽之长老，沙门夷毗耶（Yipiya）[……] 沙门及 *daśavida* 僧左，沙门达摩密特罗（Dhamamitra）[……] 沙门达摩（伽摩）(Dhama[kama])，尊者黎陀舍那（Ridhasena）之随从，支耆陀（Ciǵita），沙门查耆史陀（Tsaǵirsta）与沙门沙那迦（Śanaǵa）。此系受比丘僧伽之命由我，司书阿伯各耶（*divira* Apǵeya），并受菩提腊与佛陀耶之请求书写，其效力长达一千年，犹如生命。无论何人将来引致争议（企图）翻案，其于比丘僧伽之前将毫无效力。(此等企图之）罚款为五匹布，及处罚以五十下笞打。(其）效力如是详加（规定）。并无止息。

沙门佛陀伐摩（Budhavama）与沙门跋特罗（Bhatra）为证人。[3]

〔九十五。〕[4]

【注】

[1] 矩形牍，土地（葡萄园）买卖之书面契约。遗物编号 N. X. xxi. 7 + 4。《古代和田》第一卷，第 414 页。《佉卢文题铭》第一卷，第 149 页。

[2]“此系……之印”句，书于封印之下方。

[3] 这是一件僧人出卖土地（葡萄园）的书面契约，其出卖方、众多证人都是沙门，并且书明是受“比丘僧伽”（精绝当地的僧团）之命书写的契约，很可能这个僧团是交易的主持方（而不是通常的官员）；在盖牍上加盖的也有沙门僧左的印章。这里提及的当事人的沙门阿它牟的两子菩提腊、佛陀耶，其名字也带有佛教色彩，他们有可能是阿它牟的养子。

[4]“九十五”，书于底牍之背面。

420[1]

兹于大王、天子、侍中摩醯利（jiṭugha Mayiri）陛下之第二十七年一月十四日，在其治下，柯罗罗康阇伽（*korara* Kaṃjaka）欠下贵人沙罗施帕（*ari* Śaraspa）一峰 *vyala* 驼。其时，贵人沙罗施帕将死，彼留给其姊妹沙离耶（Śariyae）一道训令，要其向康阇伽讨要此驼。现下康阇伽出面，将一峰四岁口之橐驼移交与沙离耶与室利梵摩（Śrivaṃma）。就此缘故，康阇伽取回 1 件 *putǵetsa* 及 6 *arohaǵa* 目厘。该事之证人为阿离沙（Ariśa）、妇人色伐室利耶（Sevaśrṛyae）；第二次场合之证人为卡拉周迦贝（*kala* Cuǵape）、萨摩衍那（Ṣamayaṃna）、拉尔苏（Larsu）及司土鸠宁陀（*vasu* Kuñita）。已断绳。自现时起沙离耶与苏梵摩（Suvaṃma）[……

【注】

[1] 矩形底牍，关于债务之书面契约。遗物编号 N. X. xxi. 8。《佉卢文题铭》第一卷，第 150 页。

421[1]

此文书事涉妇人苏韦莎（Suvisae）之一匹马，由 [……] 妥加保存。

此系主簿夷陀伽（*cozbo* Yitaka）与主簿伏陀（Vukto）之印。[2]

【注】

[1] 矩形盖牍，关于债务（？）之书面契约。遗物编号 N. IX. xxiii. 1。《古代和田》第一卷，第 414 页；第二卷，图版 LXXII。《佉卢文题铭》第一卷，第 151 页。

[2] “此系……之印”句，书于封印之下方。

422[1] 86

兹于大王、王中之王 [……]、天子陀阇伽（Tajaka）王陛下之第三年七月八日，此时即其治下。有一男子叫作鸠伐耶（Kuύaya），系祭司奥耆耶（*tasuca* Oǵiya）之子，另有叫作阿耆迟耶（Argiceya）之男子及其兄弟灭多老摩（Metroma）、支毗特迦（Cipitǵa）与穆陀玉查（Mudhaütsa），彼等皆居于阿迟耶摩阿瓦纳（Ajiyama aύana）。彼等出面，阿耆迟耶及其兄弟将土地卖与鸠伐耶。土地之种子量计 2 弥里码 *cuṭhiye*[2]，2 弥里码。由鸠伐耶处所得之价钱为一峰 *agiltsa* 驼。彼等公平达致协议。该处（下述）证人知悉此事：诸大夫（*mahatvana*）祭司左腊耶（*tasuca* Calaya）、曹长伏耆那（*apsu* Vuǵina）、司土阿左伽（Arcaka）、税监鸠施陀曩迦（*soṭhaga*

Kustañaǵa）、司书陀摩施帕（*divira* Tamasṕa）与司书悉达那耶（Siḍnaya）、税吏陀古（*aǵeta* Tagu）、税吏室利札陀（Śirzata）、税吏帕夷那（Payina?）。已断绳。*uyoǵa* 系名叫毗耆陀（Piǵita）之人。此手书文件系由我，税监牟特迦（Moteǵa）之子司书牟格耶（Moǵeya）写下，其效力长如生命。①

【注】

[1] 矩形底牍，关于土地买卖之书面契约。遗物编号 Niya 22. i. 1901. a。《古代和田》第一卷，第 385 页。《佉卢文题铭》第一卷，第 151 页。

[2]“土地之种子量计 2 弥里码 *cuṭhiye*”，似表示此土地之地积。

423[1]

……] 当此楔牍及封印传至你处，即刻亲自详加审理此事，依照王国先前之法令做出裁决。如你不能澄清此事，俟路途安靖后将他们押至本处，将由王廷做出裁决。

【注】

[1] 楔形盖牍，谕令。遗物编号 Niya 22. i. 1901. b。《古代和田》第一卷，第 385 页。《佉卢文题铭》第一卷，第 151 页。

87 425[1]

此文书事涉与沙门吉伐蜜多罗（Jivamitra）之交易，由周迦帕（Cuǵapa）妥加保存。

---

① 此为仅有之陀阇伽王纪年之文书。由于在纪年上与其他文书不同，自然的，它应显示出某些语言学特性的痕迹。其中，我们可注意到的是：第 1 行，*raja*，王，此处替代通常的 *raya*。有关 *-j-* 的处理，参见《语法》第 17 节。通常的处理是 *y*。第 2 行，*uṭha* 代替通常的 *uṭa*“橐驼”。此 *ṭh* 未再出现，尽管在其他词语中它以规则的表述 *-ṭṭh-* 出现，如 *vaṭhayaǵa*“扈从”及 *kuṭhachira*。第 3 行，在本地语 *agiltsa* 中，我们见到一个通常以 *aṃklatsa* 形式出现的词语的变体，该词系一术语，指某种骆驼。第 4 行，属格几乎是不变地用来替代主格。由此，*sarvaṣu* 可能被认作是 *sarveṣām*。其形态某种程度的不规则，不过一个 *e-* 可能因意外而被漏掉了。在第 4 行读作 *aʋanaṃmi*，代替 *aʋanaṃnci*，后者系一个误写。—— 原注

此系沙门室利蜜多罗（Śirmitra）与沙门吉伐蜜多罗之印。[2]

兹于大王、天子、侍中摩醯利（jiṭugha Mayiri）陛下之第二十八年四月二日，在其治下，有一位名叫吉伐蜜多罗之沙门，彼曾与卡拉周迦帕做一笔生意[……]解除（债务）。此二者沙门吉伐蜜多罗连同周迦帕，彼此间将不再有赊欠，或是占有。无论何人将来意欲否认此事并（搅起）纷争[……]其诉讼将会无效，其处罚将是 *piṃġatsa* [……]诸沙门室利蜜多罗、佛陀罗支（Budharachi）、施老那舍那（Śronasena）与施老那波热那（Śronaprena），[……]波离耶、僧伽菩提（Saṃghabudhi），就妇人臧特老雅（Caṃtroae），即前主簿沙（Ṣa[...]）[……]曾做出裁决。第二次[……]曾写下一份书信[……]事涉妇人臧特老雅。此饮食彼此[……]其后，吉伐蜜多罗之儿女不再对周迦帕申诉。[3]

【注】

[1] 长方形牍，关于债务之书面契约。遗物编号 Niya 1. iii. 1901。《佉卢文题铭》第一卷，第 152 页。

[2]"此系……之印"句，书于封印之下方。由此推测，所加盖的封印也是此二位沙门的印章。沙门室利蜜多罗并非当事人，他可能是作为僧团里的长老而加盖其印章。

[3] 与第 419 号文书类似，本件也是涉及沙门的契约。

430[1]

〔主簿柯罗那耶（*cozbo* Kranaya）、黎贝耶（Lýipeya）启。

大德、大王敕谕主簿柯罗那耶、黎贝耶如下：〕毗摩色那（Biṃmasena）禀报我等道，彼已接受诸多职务。你曾就该事呈上一份报告。彼乃是 *kvaύana* 谷物之司税。应将彼之该职务解除并使其离去。凡是先前做过 *kvaύana* 谷物之司税者，（使其充任司税。）当此楔牍与封印传至你等处，即刻解除毗摩色那并由其他人担任司税，该人乃是 *puke*[2]。

〔毗摩色那。〕

【注】

[1] 楔形双牍，谕令，关于服役之申诉。遗物编号 N. XIII. i. 1。《佉卢文题铭》第二卷，第 155 页。

[2] *puke*，意义不明。

431 及 432[1]

此文书事涉叶吠阿瓦纳（Yave aύana）之葡萄酒。

叶吠阿瓦纳人三年之苏吉酒（*śuki*）应予分别算出。属 *apsu* 沙左（Śāca）者及属全体叶吠阿瓦纳人者，其原本之苏吉酒（各）计 19 硒。已
88 征缴到两年。第三年，曾由司土、*suveṣta* 摩列迦（Mareǵa）处下达一道信函，（指示）将此葡萄酒全数出售以购置衣服与寝具。就此葡萄酒，帕苏（Parsu）曾将其价钱带来，系一匹五岁口马，另随该马其收到 5 硒葡萄酒及 2 件 *aǵiṣḍha*。另外之第二匹马由税吏史帕迦（Sṕaga）由此处带往该处，由 *suveṣta* 摩列迦收讫。随马匹曾有一张氍毹（kojava）[2] 并一件 *aǵiṣḍha*。第三匹马来自督军沙雅（Śāja），由我送呈，*suveṣta* 摩列迦收讫，（该马）四岁口。随该马曾有一件 *avale*、两张氍毹及一件 *aǵiṣḍha*，一并送交该处。其总数为 44，（另加）1 张白氍毹。此等货物由督军沙雅在扜泥（Kuhani）全数包装，此外有 2 件毡制之 *kavaji* 及 1 件 *raji*。另一次，王后曾来本处，彼要求一枚金斯塔尔（*stater*）。然并无金子，我等给付 13 掌长之地毯（*tavastaǵa*）以替代之，由色罗伽（Ṣeraka）领受。本处有诸多之人作为证人知悉此事。（另有）1 件 *artaύaśa*。

【注】

[1] 矩形双牍，关于赋税之收据。遗物编号 N. XIII. ii. 1、N. XIII. Ii. 2。《西域考古图记》第一卷，第 248 页。《佉卢文题铭》第二卷，第 156—157 页。

[2] 关于氍毹，参见马雍之考证（《西域史地文物丛考》，第 112—115 页）。

433[1]

〔主簿车摩耶（*cozbo* Tsmaya）与税监黎贝耶（*ṣoṭhaṃgha* Lýipeya）启。

大德、大王敕谕主簿车摩耶与税监黎贝耶如下：〕毗摩色那（Bimasena）申诉道，彼与伐难多（Vanaṃto）曾自鸠莱（Kuule）处接受 *arnavaji*（？）。跋腊舍那（Balasena）与詹格耶（Caṅǵeya）不愿支付其价钱。当此楔牍传至你等处，〔即刻对此事连同誓言与证人详加审理，依据法令做出裁决。如你等不能澄清此事，则将他们押至本处王廷，做出判决。

〔毗摩色那。〕

【注】

[1] 楔形双牍，谕令。遗物编号 N. XIII. ii. 4。《西域考古图记》第一卷，第 248 页。《佉卢文题铭》第二卷，第 157 页。

434[1]

……] 主簿索阇伽（*cozbo* Soṃjaka）曾审理此争讼。鸠特雷耶（Kutreya）与佛陀舍那（Budhasena）之人中亦同样有一纠纷。很早前，鸠特雷耶曾领养佛陀舍那之女。其后，彼等申诉说鸠特雷耶正欠付一笔奶（费）。于第一年头，一 [……] 马，于第二年由鸠特雷耶一匹 *tirṣa* 马[2]，并由佛陀舍那取得。

【注】

[1] 矩形双牍，关于领养纠纷之判决书（？）。遗物编号 N. XIII. ii. 5。《西域考古图记》第一卷，第 249 页。《佉卢文题铭》第二卷，第 157 页。

[2] *tirṣa* 马，似是一种表述马匹岁口或牝牡的用语。

435[1]

〔主簿柯罗那耶（*cozbo* Kranaya）、黎贝（Lýipe）启。

大德、大王敕谕主簿柯罗那耶、黎贝如下：〕毗摩色那（Bhimasena）禀报我等道，彼等曾雇用一峰属彼所有之橐驼驮载 *kuv́ana*（谷）。该驼死于途中，并未将谷物带来本处。当此楔牍与封印传至你等处，即刻详加审理。
89 依国土之习惯法[2]，凡有何人或牲畜于受雇国事期间死亡，应由行政中予以测算。故你等须得考虑此国土之习惯法。

〔毗摩色那。〕

【注】

[1] 楔形双牍，关于财产损害之谕令。遗物编号 N. XIII. ii. 6。《西域考古图记》第一卷，第 249 页；第四卷，图版 XXIV。《佉卢文题铭》第二卷，第 158 页。

[2]“依国土之习惯法”，指财产损害赔偿的民事法令。

436[1]

此文书事涉与莎阇（Saca）之萨摩舍那（Ṣamasena）之争讼，由摩施帝迦（Maṣḍhiǵa）妥加保存。

此系主簿萨摩舍那（*cozbo* Ṣamasena）之印。[2]

兹于大王、天子摩醯利（Mahiri）陛下之第十九年一月二十五日，在其治下，在此日子，有一位男子百户长摩施帝迦。莎阇之萨摩舍那与伽尔支伽（Karcika）就一位男子卢达罗耶（Rutraya）申诉。他们声称，当其正行路时为摩施帝迦所捆缚。摩施帝迦就此曾宣下誓言，并离去。他们再申诉道，其被卖与尼壤（Nina）。摩施帝迦再次宣誓。第三次，卢达罗耶再次于莎阇当吉查依查沙衍摩（*kitsayitsa* Ṣayaṃma）面前申诉并恸哭。就其理由，他们再次起诉绑架。主簿萨摩舍那裁决此一纠纷。自现下起，萨摩舍那与伽尔支伽不得对摩施帝迦申诉卢达罗耶，他们未取得所有权。既未给付亦未获得。证人有贵人、督军伏陀（*toṃgha* Vukto）、负责边界之大夫般支那（Paṃcina）、罗格（Rage）、左归腊（Cakvala）、卢达罗耶、萨迦贝耶（Saǵapeya）、祭司支迦（Cigha）、伽左那（Kacana）及司书苏难陀（Sunaṃta）与司书索左罗（Socara）。此由我，司书伏格耶（Vuǵeya）受主簿萨摩舍那之命写下。[3]

【注】

[1] 矩形双牍，关于人身所有权之判决书。遗物编号 N. XIII. ii. 7。《西

域考古图记》第一卷，第 249 页。《佉卢文题铭》第二卷，第 158 页。

[2]“此系……之印”句，书于封印之下方。

[3] 本件涉及绑架、转卖及所有权获得的司法问题。值得注意的是，被声称遭绑架的男子卢达罗耶可能是莎阇人，故由当地人萨摩舍那与伽尔支伽申诉（对该男子的所有权）；被起诉绑架、转卖的当事人摩施帝迦拥有百户长身份，最后他在多次宣誓后胜诉了。可以看出，卢达罗耶的身份应是奴隶，通过绑架并转卖（掠卖）是奴隶的来源之一。

437[1]

此牍（*paṭi*）事涉购自苏耆（Sugi）之女孩萨迦那帕雅（Saǵanāpaae），由摩施帝格（Maṣḍhiǵe）妥加保存。

此系主簿迦波格耶（*cozbo* Kapǵeya）与吉查依查陆都（*kitsayitsa* Luṭhu）之印。[2]

于天子、侍中安归伽（jiṭugha Aṃgoka）陛下之第三十四年二月十二日，在此治下，有一位精绝（Caḍ'ota）男子宫帕腊（Koṃpala），彼属于 *caṃkura*
迦波格耶及其子苏耆（Suǵi）之封地。彼等将 5 *diṣṭi* 身高之女孩售与沙门佛 90
陀舍那（Budhasena）及摩施帝格，该女之价值经计算为 45 目厘，彼等达致合意。故宫帕腊与苏耆收讫一峰价值 42 目厘之 *viyala* 橐驼。余下之 3 目厘被扣留。就此数目一事，此等人——苏耆与摩施帝格，现下业已当我等之面申诉。*caṃkura* 迦波格耶与吉查依查陆都审理此争讼并做出裁决。是故，*caṃkura* 已授权将该女完全出售；故现下该女萨迦那帕雅业已为此位摩施帝格之财产。至于最初价钱之余额，现下该价钱应以一笔附加部分支付，其数额现下为 5。任何别种支付应予制止，由摩施帝格支付之总额（*muli piṃḍa*）为 5 目厘，并由苏耆收讫。自现时起，摩施帝格对该女有权为所欲为[3]，彼应为该女之全部事情做主。将来无论何人——无论其为 *caṃkura* 迦波格耶之兄弟，抑或其兄弟之子、孙，抑或其亲属或封地之人（*kilmeci*），再次于诸司土（*v́asu*）及诸税吏（*aǵeta*）前对该女提出异议，意欲翻案，彼之申诉于王廷将是无效，彼并须受罚一匹四岁口之骟马及五十下笞打。此处罚应全数支付，此应如上文所书予以保留。此由我，司书般没左（Bhaṃmeca），受*caṃkura*之命书写。[4]

【注】

[1] 矩形双牍，关于奴婢买卖的书面契约。遗物编号 N. XIII. ii. 7。《西域考古图记》第一卷，第 249 页。《佉卢文题铭》第二卷，第 159 页。

[2]“此系……之印”句，书于封印之下方。

[3]“有权为所欲为”，表示拥有所有权。

[4] 这是一件完整的人口买卖书面契约，具有完整的格式。

438[1]

〔主簿柯罗那耶（*cozbo* Kranaya）与主簿黎贝（Lýipe）启。

大德、大王敕谕主簿柯罗那耶与主簿黎贝如下：〕毗摩色那（Bhimasena）禀报我等道，彼非世袭之向导（*arivaǵa*），彼并不知悉于阗（Khotaṃna）*mata*①。你等使之做向导，而彼并不应去做向导。

〔毗摩色那。〕

【注】

[1] 楔形双牍，谕令，关于服役之申诉。遗物编号 N. XIII. ii. 9。《西域考古图记》第一卷，第 249 页。《佉卢文题铭》第二卷，第 159 页。

439[1]

〔主簿柯罗那耶（*cozbo* Kranaya）与税监黎贝耶（*ṣoṭhaṃgha* Lýipeya）启。

大德、大王敕谕主簿柯罗那耶与税监黎贝耶如下：〕毗摩色那（Bhimasena）禀报我等道，彼已收讫王后之诸牝牛；彼为叶吠阿瓦纳（Yaύe-avana）之绵羊保管人，亦是*kuύana*谷之司税（*yatma*）；而现下你等则将国王之牝牛群移交于他。一人担任五或六个职务，殊不合法。[2] 当此楔牍与封

① *mata* 的意思不明。——原注

印传至你等处，须详查彼是否真是担任如此多之职务。（如是）国王之牝牛
群则不应再交与其负责。应将国王之牝牛群移交与一位尚未担任（其他）职 91
务之人。

〔毗摩色那。〕

【注】

[1] 楔形双牍，谕令，关于服役之申诉。遗物编号 N. XIII. ii. 10。《西域考古图记》第一卷，第 249 页；第四卷，图版 XX、XXVII。《佉卢文题铭》第二卷，第 160 页。

[2] “一人担任五或六个职务，殊不合法”，指对王国的服役，很可能是没有报偿的，所以受到申诉。

448[1]

由昆格耶（Kunǵeya）带来一张氍毹（*kojava*）连同王家之谷物[2]。若是你不热心于此事，你将随后被解职。Daśavida 奥迦左（Oǵaca）与昆格耶：一张氍毹。须得热心。

【注】

[1] 长方形标签式牍，信函。遗物编号 N. XV. i. 2。《西域考古图记》第一卷，第 252 页。《佉卢文题铭》第二卷，第 162 页。

[2] “王家之谷物”，指王土（rajade）所产谷物。

450[1]

黎帕那（Lýipana）写下，谨祝柯娄雅（Kroae）与陆迦耶（Luǵaya）安康、万寿无疆。你们须知我所写者，春季你们不得寻机去耕种田地。现下乃第四年头你们终止我的赋税。我已准许出售你们的屋舍及田地。你们——连同你们的母亲、妻子、众儿女，须得前来本处。须得在本处犁地。我的赋税仅是茜草与 *curama*，将之带来本处，并无其他赋税归于我。

〔人皆爱慕。

应支付。〕

【注】

[1] 矩形底牍，信函。遗物编号 N. XV. i. 4。《西域考古图记》第一卷，第 252 页。《佉卢文题铭》第二卷，第 163 页。

462[1]

（正面，名册）

（背面）于五月十日，凡不来本处之人，将扣其 10 硒给养，及 15 下笞打。[2]

【注】

[1] 板条式牍，籍账类之服役（？）名册。遗物编号 N. XXII. i. 2b。《西域考古图记》第一卷，第 253 页；第四卷，图版 XXVI。《佉卢文题铭》第二卷，第 167 页。

[2] 关于本件之完整释译，参见《沙海古卷》，第 223—224 页。

468[1]

〔主簿夷陀伽（*cozbo* Yitaka）与督军伏陀（*toṃga* Vukto）启。

大德、大王敕谕主簿夷陀伽与督军伏陀如下：〕正如先前所计量之叶吠阿瓦纳（Yaύe aύana）封户（*kilmecis*）[2] 之年赋，计一驮谷物全数 15 弥里码，（此次）他们并未如是交纳。由诸封户所租赁之橐驼，业已被出售。已交来本处者计 100 弥里码谷物。该驼之价钱应由诸封户给付，应由彼等处获得。这些封户正相交恶，有势力之封户对某一封户作恶 [……]。无论驮载——或小或大——究有多少，按该方式或小或大 [……]。此等人不得要求过分之价钱 [……

〔耶波估（Yapgu）。〕

【注】

[1] 楔形双牍，关于赋税之谕令。遗物编号 N. XXII. iii. 1a, b。《西域考

古图记》第一卷，第 254 页。《佉卢文题铭》第二卷，第 169 页。

[2] 封户，从语意上看，可能指在阿瓦纳（聚落）里的贵族封邑的民户，他们是自由人。

470[1]　92

〔大德、大王敕谕主簿夷陀伽（*cozbo* Yitaka）与督军伏陀（*toṃga* Vukto）如下：〕耶波怙（Yapǵu）禀报我等道，去年，其曾交出一峰橐驼。你们业已算计今年，已书写一份文书，此文书业已带来本处。

〔耶波怙橐驼之事宜。〕

【注】

[1] 楔形底牍，关于赋税之谕令。遗物编号 N. XXII. iii. 3。《西域考古图记》第一卷，第 254 页。《佉卢文题铭》第二卷，第 170 页。

471[1]

〔主簿索阇伽（*cozbo* Soṃjaka）[……]〕

……］须得即刻亲自详加审理。他们所带回之人，应将此等人安置于该处康古左（Kaṃguca）屋下。凡是戍卒曾由此等难民中所取得者，应归还于该等相同之于阗人（Khotaṃni）做其财产。在无合法之裁决下拿取难民之财物，殊非正当之事。诸戍卒不得拿取。就此事，须详细书写一份文书呈上王廷。应将此等有争讼之人押至王廷。[2]

【注】

[1] 楔形盖牍，关于难民处置之谕令。遗物编号 N. XXII. iii. 4。《西域考古图记》第一卷，第 254 页。《佉卢文题铭》第二卷，第 170 页。

[2] 本件显示出于阗人逃亡到精绝等地的情形，他们及其财物被戍卒攫取作为私产，这是不合王法的。

473[1]

〔主簿 [……] 启。

大德、大王敕谕主簿索阇伽（*cozbo* Soṃjaka）如下：〕耶波怙（Yapǵu）禀报我等道，沙门僧伽室罗（Saṃgaśira）曾将一座属彼所有之葡萄园及犁耕地抵押。须得亲自详加审理，查明其是否确已被抵押。此犁耕地与葡萄园乃其本人之财产，不得为耶波怙所放弃。应由抵押之人归还于耶波怙做彼之财产。如非属实，〔应依照法令做出裁决。如你不能澄清此事，应将彼等押至王廷，于此处裁决。〕

【注】

[1] 楔形双牍，关于财产权利之谕令。遗物编号 N. XXII. iii. 7 + 20。《西域考古图记》第一卷，第 254 页。《佉卢文题铭》第二卷，第 171 页。

474[1]

〔税监黎贝耶（*ṣoṭhaṃgha* Lýipeya）启。

大德、大王敕谕税监黎贝耶如下：〕*suv́eṭha* 毗摩色那（Bhimasena）禀报道，叶吠阿瓦纳（Yav́e avana）之封户耶波怙（*kilmeci* Yapǵu），其姊妹为皙蒂女神阿瓦纳（Catisa devi avana）之封户沙门僧伽帕腊（Saṃgapala）娶作妻子，既未支付奶费（*mukeṣi*），亦未支付 *lote*。当此楔牍与封印传至你处，须得详加审理，查明她是否为合法婚配，将遗产均分与她之诸儿女。若是他尚未支付奶费及 *lote*，本处将做出裁决。

〔耶波怙。〕

【注】

[1] 楔形双牍。遗物编号 N. XXII. iii. 8 + 11。《西域考古图记》第一卷，第 254 页。《佉卢文题铭》第二卷，第 171 页。

475[1]

93

〔令人爱慕之爱子优婆色那（Upasena）与支那沙（Cinaśa）启。

令人愉悦、〕人神亲爱、〔享有芳名之爱子优婆色那与沙伐室利（Sarvaśrie），耶波怙（Yapǵu）、金迦耶（Cimǵaya）与帕尔苏格耶（Parsuǵeya）谨问安，祝身体安康、万寿无疆。欣闻你们安康，我亦安好，你们知悉亦觉欣慰。〕我且如是知会你们：我户中之人务必由你们予以关照。至于 *patseṃne* 跋古舍那（Bhagusena）带来本处之橐驼，理应指示支那沙，此驼应予以专门之照管。

【注】

[1] 矩形盖牍，信函。遗物编号N. XXII. iii. 9。《西域考古图记》第一卷，第254页；第四卷，图版XXIII。《佉卢文题铭》第二卷，第171—172页。

476[1]

〔令人爱慕、人神亲爱之〕慈父耶波怙（Yapǵu）、〔慈母金迦耶（Cimǵaya）与帕尔苏格（Parsuǵe）、毗多雅（Pitoae），支那沙（Cinaśa）与支那波离耶（Cinapriyae）谨问安，祝身体安康、万寿无疆，〕并如是写下：我等已平安抵达此地。*aṣa* 尚未收到其薪酬。其为1弥里码10硒。（亦）应将毡与布匹送上。将绵羊送上。

【注】

[1] 两件楔形牍，信函。遗物编号N. XXII. iii. 10a, b。《西域考古图记》第一卷，第254页。《佉卢文题铭》第二卷，第172页。

477[1]

于九年十一月三日，当主簿黎贝（*cozbo* Lýipe）之面。此谷物须由长老耶波怙（jeṭha Yapǵu）征集，并给予沙门牟查舍那（Mochasena）。

诸 *daśavita* 吉伐德耶（Jivadeya）与伽离衍那达摩（Kalyanadhama），2

弥里码 12 硒谷物。

诸 *daśavita* 优奴（Yonu）与优伐色那（Uvasena），2 弥里码 2 硒谷物。

诸 *daśavita* 卢达罗帕腊（Rutrapala）与卢达罗舍那（Rutrasena），3 弥里码谷物。

长老耶波怙。

【注】

[1] 长方形牍，籍账类之账目。遗物编号 N. XXII. iii. 12。《西域考古图记》第一卷，第 254 页。《佉卢文题铭》第二卷，第 172 页。

478[1]

兹于大王、天子、侍中伐色摩那（jiṭugha Vaṣmana）陛下第十年六月十日，于其治下，军人曾由扜泥（Khvani）前来，古速罗贵霜舍那（*guśura* Kuṣanasena）、左卢吠陀（Caruveta）、*śpeṭha* 韦都罗（Vidhura）、监察般曩梵陀（*cvalayiṃna* Puṃñavaṃta）、主簿难提帕腊（Naṃtipala）及帕卢格耶（Paluǵeya）。作为给养之谷物曾支付与此等人中：给古速罗贵霜舍那 4 弥里码 10 硒谷物，用度为一个月，并 3 只绵羊；给主簿难提帕腊 4 弥里码 10 硒谷物及 3 只绵羊，用度一个月。

【注】

[1] 大型长方形牍，籍账类之供廪账目。遗物编号 N. XXII. iii. 13。《西域考古图记》第一卷，第 254 页；第四卷，图版 XXV。《佉卢文题铭》第二卷，第 172—173 页。

479[1]

〔主簿索阇伽（*cozbo* Soṃjaka）启。

大德、大王敕谕主簿索阇伽如下：〕耶波怙（Yapǵu）禀报我等道，史卢德（Śruṭhe）曾由彼处收到 *tarvardha*。当此楔牍与封印传至你处，须得
94 亲自审查诸证人，即其诸友朋，以查明是否属实。若是史卢德已由他们之

处收讫 *tarvardha*，而他们业已接受史卢德之家屋，应由他们自彼处获得 *tarvardha*[2]。若是有任何之争议，应依照法令做出裁决。如你不能澄清此事，则将他们押至王廷。

〔耶波怙 [……]。〕

【注】

[1] 楔形双牍，谕令。遗物编号 N. XXII. iii. 16 + 6。《西域考古图记》第一卷，第 254 页。《佉卢文题铭》第二卷，第 173 页。

[2] *tarvardha*，意义不明。

480[1]

〔[……] 启。

大德、大王敕谕主簿索阇伽（*cozbo* Soṃjaka）如下：〕耶波怙（Yapǵu）禀报我等道，彼于王家生意 [……]。彼向其提出诉讼。此一争讼应予详加审理。当此楔牍与封印传至你处，即刻亲自详加审理此争讼。就如先前所调查之情况，现下即如是做出裁决。若是先前对争讼尚未给予调查，应依照法律裁决。〔如你不能澄清此事，则将此等人押至王廷，在本处做出裁决。

耶波怙。〕

【注】

[1] 楔形双牍，谕令。遗物编号 N. XXII. iii. 18。《西域考古图记》第一卷，第 254 页。《佉卢文题铭》第二卷，第 173 页。

481[1]

〔主簿夷陀伽（*cozbo* Yitaka）与督军伏陀（*toṃga* Vukto）启。

大德、大王敕谕主簿夷陀伽与督军伏陀如下：〕耶波怙（Yapǵu）禀报我等道，其姊妹苏格奴摩耶（Suǵnumae）乃是达摩波离（Dhamapri）与苏摩达陀（Sumadata）之母亲。尚未给付 *loti* 及奶费（*mukeṣi*）。[2] 当此楔牍与封印传至你等处，即刻对此事详加审理。毋论苏格奴摩耶有何韦伽封地（*veǵa kilme*）义务，此税应由苏格奴摩耶之诸子交与叶吠阿瓦纳（Yaúe avana）。如有任何之争议，〔应依法做出裁决。如你等不能澄清此事，则将此等人押至王廷，于本处裁决。

耶波怙。〕

【注】

[1] 楔形双牍，关于赋税之谕令。遗物编号 N. XXII. iii. 19a, b。《西域考古图记》第一卷，第 254 页。《佉卢文题铭》第二卷，第 174 页。

[2] “尚未给付 *loti* 及奶费”，在后文表述中，巴罗释作由当事人诸子代交的“税”，交与其所属的阿瓦纳。看上去像是某种人头税。

482[1]

〔主簿萨摩舍那（*cozbo* Ṣa[masena]）与布瞿（Puǵo）启。

大德、大王敕谕主簿萨摩舍那与布瞿如下：〕萨迦（Śakā）申诉道，牟离那（Molýina）已在其封地（*kilmeyaṃmi*）里收讫土地。诸百户长（*śadavida*）及诸甲长（*karsenaúa*）侵占土地，不许他耕种。他们砍伐树木且出售。砍伐别人之财产殊为不当。当此楔牍与封印传至你等处，须即刻详加审理此案连同其誓言与证人，查明是否属实。应阻止诸百户长与诸甲长，以使他们不侵害萨迦。先前之法律规定[2]，凡是连根砍伐树木者应予阻止，至于树木依然存活，处罚是一匹马。若是砍下树木之枝，其应被处罚以一头牝牛。应依照法律做出裁决。如非属实，如你等不能澄清此案，应将他们押至王廷。

〔萨迦。〕

【注】

[1] 楔形双牍，谕令，关于财产侵犯之申诉。遗物编号 N. XXII. iii. 21a, b。《西域考古图记》第一卷，第 254 页。《佉卢文题铭》第二卷，第 174 页。

[2] “先前之法律规定”，从下文看，指鄯善的树木砍伐法令。

484[1]

〔税监黎贝耶（*ṣoṭhaṃgha* Lýipeya）启。

大德、大王敕谕税监黎贝耶如下：〕耶波怙（Yapǵu）禀报我等道，彼有一峰军用驼。一名信差曾骑乘该驼前来本处。当此楔牍与封印传至你处，须得即刻亲自详加审理，查明彼是否有一峰军用驼。今年 [……] 不得受骚 95
扰。若是彼有诸多之军用驼 [……]。若是你不能澄清此事，则将俟他们在王廷之时做出裁决。该处 [……] 并无耶波怙之名字。

〔耶波怙。〕

【注】

[1] 楔形双牍，谕令，关于服役之申诉。遗物编号 N. XXII. iii. 23a, b。《西域考古图记》第一卷，第 255 页。《佉卢文题铭》第二卷，第 175 页。

489[1]

精绝（Caḍ'ota）比丘僧伽（bhichusaṃga）之规约 [……] 妥加保存。

此印 [……[2]

兹于大王、天子、侍中摩醯利（jiṭugha Mahagiri）陛下之第十年十二月十日 [……] 在扜泥（Khuúane）之僧团曾为精绝之僧团定下规章。据闻新人不尊重长老，他们不服从老僧。为此事，天子应众僧之请求谨定下此等规章。由长老悉腊波罗跋（Śilaprabha）与长老般曩舍那（Puṃñasena）来主持寺院（*viharavala*）。他们须得管理僧团之诸般事务。应依照法律审理（诸争讼）。僧团之全部事务由他们管理 [……] 以使众僧心中满意。凡有不分担僧团事务之沙门，将受罚一匹丝绸（*paṭa*）。凡是不参加布萨（*posatha*）[3] 法之沙门，其应受罚一匹丝绸。凡是受邀参加布萨法之沙门着户主衣装而入，其应受罚一匹丝绸。[4] 凡是沙门殴打其他沙门者，其轻度殴打之情形者受罚五匹丝绸，其中度殴打之情形者十匹丝绸，其极度殴打之情形者十五匹丝绸。凡是户主对一位沙门 [……[5]

【注】

[1] 矩形盖牍，僧约。遗物编号 N. XXIII. i. 11。《西域考古图记》第一卷，第 255 页。《佉卢文题铭》第二卷，第 176 页。

[2]“此印 [……”句，书于封印之下方。可能是某僧团长老之印。

[3] *posatha*，梵语 poṣadha、upavasatha 等，巴利语 uposayja、posatha，音译优波婆素陀、优婆娑、布萨陀婆、布萨他等，意译长净、长养、共住、说戒等，指同住比丘每半月集会一处，或齐集布萨堂，请精熟律法之比丘说波罗提木叉戒本，以反省过去半月内之行为是否合乎戒本。若有犯戒者，则于众前忏悔，使比丘均能长住于净戒中，长养善法，增长功德。在家信徒于六斋日受持八斋戒，亦称布萨。（《佛光大辞典》2，第 1910 页）

[4]“凡是受邀……丝绸”句，暗示精绝的佛僧还是户主。这是当时佛教的真实写照。

[5] 这是一件重要的佛教文献，涉及鄯善及精绝僧团的内部规约，以封检式矩形双牍形式书写。在盖牍的正面（封面）写明系“精绝比丘僧团之规约”（Caḍ’oti bhichusaṃgasya kriyakara）。这种僧约似乎最初是由扜泥（王城）的僧团为精绝僧团制定（“在扜泥之僧团曾为精绝之僧团定下规章”），后来再由鄯善王应僧团的请求重定。

491[1]

〔主簿索阇伽（*cozbo* Soṃjaka）启。

大德、大王敕谕主簿索阇伽如下：〕僧伽罗陀（Saṃgaratha）申诉道，苏毗人（Supi）曾掠去其奴隶佛陀尸罗（Budhaśra）。他由该处逃离并返回。就该同一位僧伽罗陀 [……]。自现下起，他人无权支配该奴隶，彼属于僧伽罗陀。

〔僧伽罗陀。〕

【注】

[1] 楔形双牍，谕令，关于奴隶所有权纠纷之申诉。遗物编号 N. XXIII. i. 14 + 15。《西域考古图记》第一卷，第 255 页。《佉卢文题铭》第二卷，第 177 页。

492[1]

96

〔主簿帕特罗耶（[*cozbo* Patra]ya）与主簿腊帕耶（Lapaya）启。

大德、大王敕谕主簿帕特罗耶与主簿腊帕耶如下：〕沙门牟查舍那（Mochasena）禀报我等道，萨摩甲（Samājhā）曾将为他们所有之一名妇人左摩伐蒂（Camavati）抵押与雍格（Yonǵe）。萨摩甲死亡[……]他们书写有一份文书。未经许可而出卖一位主人之财产，殊非合法。须依照国王之法令[2]审理此案及誓言与证人。如你等不能澄清此案，且将证词与誓言写下，呈交本处有司之手中。

〔牟查舍那。〕

【注】

[1] 楔形双牍，谕令，关于财产（奴隶）纠纷之申诉。遗物编号 N. XXIII. i. 16。《西域考古图记》第一卷，第 255 页。《佉卢文题铭》第二卷，第 177 页。

[2]“依照国王之法令”，指鄯善的财产法令（或物权法）。

494[1]

〔祭司腊帕耶（*tasuca* Lapaya）、主簿柯罗那耶（*cozbo* Kranaya）、主簿帕特罗耶（Patraya）、税监黎贝（*ṣoṭhaṃgha* Lýipe）启。

大德、大王敕谕祭司腊帕耶、主簿柯罗那耶、主簿帕特罗耶、税监黎贝如下：〕他们现下已由你等处将报告带至本处，其言道：帕耆那（Paǵina）正向牟查波离耶（Mochapriya）追讨金债，此系其于王国遭劫掠之前所借贷。本处所立之法律[2]为：凡是在于阗人（Khotaṃni）劫掠前所给付或接受之债务，均不得作为法律之争端。当此楔牍与封印传至你等处，须得即刻亲自详加审理。帕耆那正试图向牟查波离耶追讨于王国遭劫掠前所产生之债，有关此事，帕耆那无权由牟查波离耶处接受任何东西，彼不得占有。凡有其他争讼者，将会于王廷当我等之面做出裁决。

八年五月十六日，于德韦耶毗陀阿瓦纳（Deviae Peta aύana）应诸奥古

之命［……］

〔牟查波离耶。〕

【注】

[1] 楔形双牍，关于债务的谕令。遗物编号 N. XXIII. ii. 5 + i. 13。《西域考古图记》第一卷，第 255—256 页。《佉卢文题铭》第二卷，第 178 页。

[2]“本处所立之法律”，指有关债务的法令。

495[1]

兹于大王、天子［……］贝毗耶（Pepiya）陛下之八年二月二十四日，在其治下，有一男子叫作阿波周腊（Apcula）居于叶吠阿瓦纳（Yaύe aύana）。彼曾出面将土地出售。伽黎格耶（Kalýiǵeya）买下该地。该地播种量为 1 弥里码 10 硒。价钱已支付，计一匹（价值）30 目厘之三岁口马，并已收妥。彼等当诸大夫祭司左忒耶（*tasuca* Cateya）及吉查依查毗忒耶（*kitsaitsa* Piteya）之面达致合意。该处知悉此事之证人为吉查依查安多（*kitsaitsa* Aṃto）［……］伽蓝查（Karaṃtsa）、卡拉［……

【注】

[1] 矩形底牍，关于土地买卖之书面契约。遗物编号 N. XXIII. ii. 6。《西域考古图记》第一卷，第 256 页。《佉卢文题铭》第二卷，第 178—179 页。

97

496[1]

〔［……］精绝［……］黎贝耶（Lýipeya）［……］。

此系奥古毗忒耶（*ogu* Piteya）［……］之印。〕[2]

兹于大王、天子、侍中伐色摩那（jiṭugha Vaṣmana）陛下之第四年十二月三十日，在其治下：因黎贝耶业已在精绝（Caḍ'ota）收讫在哲蒂女神阿瓦纳（Catisa devi aύana）之播种量为 4 弥里码之 *kurora* 地，附带以梵图阿瓦纳（Vaṃtu aύana）之土地，司土与奥古［……］曾达致合意。当黎贝耶耕种该地之时，彼时应缴纳本处 2 硒酥油作为地租。精绝之诸司土与诸税吏不得阻拦。

【注】

[1] 矩形双牍，判决书。遗物编号 N. XXIII. ii. 7。《西域考古图记》第一卷，第 256 页。《佉卢文题铭》第二卷，第 179 页。

[2] “此系……之印”句，书于封印之下方。

498[1]

〔大人、人神亲爱、美名流芳、修通上天之路之〕主簿柯罗那耶（*cozbo* Kranaya）足下，跋腊输罗（Balaśura）谨致敬意，〔谨祝贵体安康、万寿无疆,〕我且如是知会于你：我之耕地确未交与别人耕种。然我现下已由本处之黎贝耶（Lẏipeya）处收到地租。故该耕地应由黎贝耶（处置去）耕种，应由其耕种。至于其他任何人该地 [……

【注】

[1] 长方形牍，信函。遗物编号 N. XXIII. ii. 9。《西域考古图记》第一卷，第 256 页。《佉卢文题铭》第二卷，第 180 页。

499[1]

〔[……] 人皆爱慕、人神亲爱、美名流芳、貌若天神之〕爱兄伽离衍那伽离蜜多罗（Kalyanakarimitra）〔、佛陀蜜多罗（Budhamitra）〕足下，色伐舍那（Sevasena）[2]〔谨祝贵体安康、万寿无疆,〕如是我写下：有关我自本处交与罗摩伽（Ramaka）之子布那舍那（Purnasena）手中之信札与礼物一事，尚不知悉彼是否已带上抑或尚未带上。然若是彼业已带上，你理应知悉其事实情况。就该情况言，你须得使我知悉 [……

【注】

[1] 长方形牍，信函。遗物编号 N. XXIII. ii. 10。《西域考古图记》第一卷，第 256 页。《佉卢文题铭》第二卷，第 180 页。

[2] Kalyanakarimitra、Budhamitra、Sevasena，《沙海古卷》意译作“妙业友”、“觉友”、“亲军”（第 305—306 页）。

500[1]

兹于大王、天子、侍中摩醯利（jiṭugha Mahiri）陛下之第十七年，在其治下，彼时有一位尼壤（Nina）男子叫作那罗沙伽（Narasaka），彼出现并由沙门牟查波离耶（Mochapriya）处收讫 2800 摩沙（*māṣa*）。彼等已确定下时日。于九月 [……

【注】

[1] 长方形牍，籍账类之收据（？）。遗物编号 N. XXIII. ii. 11。《西域考古图记》第一卷，第 256 页。《佉卢文题铭》第二卷，第 180 页。

501[1]

（本件系一篇文学作品。但是太过漫漶，看上去似是在其最初地方变得十分腐烂。）

【注】

[1] 长方形牍，文学作品。遗物编号 N. XXIII. ii. 12。《西域考古图记》第一卷，第 256 页。《佉卢文题铭》第二卷，第 181 页。

98 ## 502[1]

〔大德、大王敕谕主簿柯罗那耶（*cozbo* Kranaya）与税监黎贝耶（*ṣoṭhaṃgha* Lýipeya）如下：〕沙门牟查波离耶（Mochapriya）禀报我等道，阿波宁耶（Apñiya）曾予借水，彼将此水给予他人。当此楔牍与封印传至你等处，须详加审理，以查明阿波宁耶是否租借此水，并将此水给予他人。若是不曾提供另一出口，则不得申诉阿波宁耶。如否 [……

〔牟查波离耶事涉用水 [……]。〕

【注】

[1] 楔形底牍，谕令，关于租借纠纷之申诉。遗物编号 N. XXIII. ii. 13。《西域考古图记》第一卷，第 256 页。《佉卢文题铭》第二卷，第 181 页。

503[1]

〔主簿柯罗那耶（*cozbo* Kranaya）与税监黎贝（*ṣoṭhaṃgha* Lýipe）启。〕

……] 不可剥夺瞿伐达罗（Govadara）之所有权。若是有适宜或可信赖之关乎此土地之证人，应依法对此事连同证人与誓言做出裁决。〔若是不能澄清此事，应将彼等押至王廷，于本处裁决。〕

【注】

[1] 楔形盖牍，谕令，关于土地（？）纠纷之申诉。遗物编号 N. XXIII. ii. 14。《西域考古图记》第一卷，第 256 页。《佉卢文题铭》第二卷，第 181—182 页。

504[1]

大德、大王敕谕主簿柯罗那耶（*cozbo* Kranaya）与税监黎贝（*ṣoṭhaṃgha* Lýipe）如下：为先前彼等人之事，曾制定一道楔牍。在城中所做之审理上，诸沙门帕鸠舍那（Pakusena）、牟查舍那（Mochasena）及尸罗那那波列摩（Śrananaprema）曾遭诉讼。该印封之楔牍乃是其权威。然即是如此，此等人现下应予起诉。

〔牟查舍那。〕

【注】

[1] 楔形底牍，谕令。遗物编号 N. XXIII. ii. 15。《西域考古图记》第一卷，第 256 页。《佉卢文题铭》第二卷，第 182 页。

505[1]

于九年四月十日，在此治下，诸 *tseǵe* 正在打泥（Khvani）。诸 *tsaǵe* 系埃卡罗牟耆耶（*ekhara* Moǵiya）与竺格尸罗（Tsuǵeṣla）。彼曾雇用一峰总数 13 之橐驼。竺格难摩（Tsuǵenaṃma）收到给养包括 2 弥里码 15 硒食物、5 硒 *maḱa* 及 1 件马甲。给养之总数计 3，布匹中为（*chataǵa*）1，另有 1 把刀子——此系竺格难摩所接受者。现下，竺格难摩不得对埃卡罗牟耆耶再提起所有权问题。竺格尸罗收讫 1 件 *karoma*。第二件 *karoma* 由竺格难摩于扜泥收纳。

【注】

[1] 楔形底牍，籍账类之收据。遗物编号 N. XXIII. iii. 1。《西域考古图记》第一卷，第 256 页。《佉卢文题铭》第二卷，第 182 页。

506[1]

兹于大王、天子、侍中安归伽（jiṭugha Aṃgoka）陛下之三十一年一月十日，在其治下，奥古伐卢那萨摩（*ogu* Varunaśama）、*suveṭha* 史帕黎耶（Sṗalẏaya）、*jenavida*① 及 *caṃkura* 鸠韦嫩耶（Kuviñeya）、祭司婆尼迦那（Poniǵana）及主簿吉伐萨摩（Jivaśama）曾予审理此一争讼。沙门陀帝迦（Tatiǵa）由沙门僧左（Śāṃca）处取得沙门跋特罗（Bhatra），并将其带来本处扜泥（Kuhani）。就沙门跋特罗，陀帝迦提供一名奴隶名叫尸
99 罗施陀（Śraṣdha），以为僧左做活。彼等如是达致协议。该奴隶尸罗施陀不曾留在屋内，彼为僧左做活直至陀帝迦与跋特罗回返为止。然现下此等沙门尚未由扜泥返回。尸罗施陀则将属陀帝迦所有之另一名奴隶沙难摩（Śanaṃma），交与僧左为其做活。此位尸罗施陀与僧左之一名奴隶一道逃往扜弥（Khema）。沙门僧左就此事做出声明：陀帝迦屋中之人曾将食物及衣服给予该尸罗施陀，彼偷取我之奴隶并逃离。沙门苏阇陀（Sujata）亦做出声明。精绝之僧团（Caḍ'oti bhichusaṃga）审理此争讼并做出裁决。陀帝迦须得宣誓做证。陀帝迦与其户内五人宣下誓言。此位尸罗施陀由僧左去寻找，彼等将其带来并移交与陀帝迦。关乎此事诸沙门与 [……[2]

【注】

[1] 矩形底牍，关于违约等纠纷之判决书。遗物编号 N. XXIII. iii. 2。《西域考古图记》第一卷，第 256 页。《佉卢文题铭》第二卷，第 182—183 页。

① 第 2 行之 *jenavida* 更似一种头衔，而非一名字。——原注

[2] 这件争讼因为涉及沙门，曾由官吏做出审理，因为不能息讼，再由精绝比丘僧团审理。参见第 419 号文书的案例。

507[1]

主簿索阁伽（*cozbo* Soṃjaka）与探长乌波格耶（*carapuruṣa* Opǵeya）曾做出裁决。该处之证人为贵人主簿夷陀伽（Yitaka）、那摩罗支摩（Namarazma）、林苏（Lýimsu）、司土伽克耶（*vasu* Kakeya）、向导卢达罗耶（*arivaǵa* Rutraya）、戌卒及祭司金迦（*tasuca* Ciṃgha）与色克罗（Ṣekra）。此由我，税监陆都（Luṭhu）之子司书伏迦左（*divira* Vuǵaca）应官府之命写下，应波耆沙（Pgisa）与苏怙陀（Suǵuta）之请求。其于各地有效。

【注】

[1] 矩形盖牍，判决书。遗物编号 N. XXIV. ii. 2。《西域考古图记》第一卷，第 257 页。《佉卢文题铭》第二卷，第 183 页。

509[1]

〔主簿毗摩耶（*cozbo* Bhimaya）与税监黎贝耶（*ṣoṭhaṃgha* Lýipeya）启。

大德、大王敕谕主簿毗摩耶与税监黎贝耶如下：〕左史格（Caṣǵe）禀报我等道，彼系王家之 *sruva* 督军（*toṃga*）。① 彼曾将此等牝马交与苏伐耶（Suύaya）照料，彼付给其生活费及薪酬。苏伐耶曾将一匹牝马给人去猎鹿，结果该牝马死亡。当此印封之楔牍传至你等处，即刻亲自详加审理，查明是否属实。彼将别人之财产给人骑乘，殊非妥当。此一争讼，〔你等须与誓言、证人一道亲予审理，依照法令做出裁决。如不能澄清此案，应将彼等押至王廷，由朕亲自裁决。

① 作为一个词读作 *gavasa*。*gavasa*，意即 *gavasna*，是一个伊朗语词，意思是“鹿”。阿维斯陀语作 *gavasna-*，于阗语作 *gguysna-*。术语 *sruva toṃga* 在第 524 号文书里以 *surva toṃga* 形式出现。在此两种情况下，它都是指一种负责马匹的人。*toṃga* 常以一种职衔出现。*sruva*（*surva*）的确切意思仍然不明。—— 原注

左史格耶。〕

【注】

[1] 楔形双牍，关于财产损害之谕令。遗物编号 N. XXIV. iv. 2。《西域考古图记》第一卷，第 257 页。《佉卢文题铭》第二卷，第 184 页。

100

511[1]

无论何人为 Gaṇottama 浴身，便会变为目洁眼明，手足肌肤洁白细嫩，容貌美观。

无论何人为 Gaṇottama 浴身，便会不生脓肿、疙瘩、疥癞（？）或疥癣。彼之身体洁白芬芳。

无论何人为 Gaṇottama 浴身，便会变为目大眼明，手足肌肤色呈金黄，容光焕发，并解脱（？）。

在浴佛中，奉供系最好最美之献礼。在关乎浴佛之各等行事中，奉供系实际行动之范例。荣誉属于乐于为人类行善之诸耆那（Jina），诸如来（Tathagata）及至高无上之真理之启示。

荣誉属于彼等独居苦修之诸佛，及觅地独自修禅寂止、乐于独居山洞中之诸辟支佛，彼等献身于彼等自己之行愿，乐于自制，乐于行善。

彼等于耆那降临之时刻为彼所喜爱之诸弟子亦应受人尊敬，其中来自憍陈如（Koḍ'inya）家族者为最早之弟子，来自须跋陀罗（Subhadra）家族者为最后之弟子。

当诸商团（Gaṇas）之最高王、长老及中小沙门尚未到达之时，且使彼等作为奉供之人享受其应得之酬报；当彼等到达之时，且使彼等永生达致教化。

伏愿彼等云集于佛会，于 *jaṃdāka* 浴佛中沐浴，尊敬并热爱彼等教师之比丘忠于现下之职责，心地纯洁，解脱憎恨或恶念。

在此次浴佛中，且使其以供物消除污秽，以供油敷抹佛身及为佛干洗之人，皆能解脱恶念与罪孽。

余献身于伽蓝（Vihāra），献身于如来之佛法及其最好之善行；由于污秽之消除，让彼等心地宁静，让彼等受到人类法律之保护。

一切从地狱底下超生于人间天堂之人，由于进入如来佛国之界土而解脱生死轮回。

伏愿世间时刻丰衣足食；伏愿奉献之主帝释天增多雨水；伏愿五谷丰 101
登，王道昌盛。伏愿彼在诸神之佛法下永生。[2]①

【注】

[1] 长方形牍，佛教文献。遗物编号 N. XXIV. vi. 1。《西域考古图记》第一卷，第 257 页；第四卷，图版 XXV。《佉卢文题铭》第二卷，第 185—187 页。

[2] 此件文献可拟题作《浴佛节斋祷文》（刘文锁《尼雅浴佛会及浴佛斋祷文》，《敦煌研究》2001 年第 3 期）。

514[1]

千百瓶酥油与精油，在我心中不值肉食之十六分之一。

若他为女人所爱，那其中毫无愉悦可言。女人犹如剃刀之刃，谁还会说出赞美之言？

（背面）此大地对我毫无负担，无论是须弥山抑或是群山。忘恩负义之人则是我之负担，彼乃是不知感激之人。

我欲探究语法知识、音乐、大地与天空之始、天文、诗赋、舞蹈（？）②与绘画，世界所联结之诸般。[2]

【注】

[1]“塔赫特”形牍，文学作品。遗物编号 N. XXIV. vi. 4。《西域考古图记》第一卷，第 257 页。《佉卢文题铭》第二卷，第 188 页。

[2] 这可能是一首诗篇，带有浓厚的佛教意味。

① 第二部分由于残破而未予译出。—— 原注

② *tālave* 或许等同于梵语 *tāṇḍava*“舞蹈”。*-l-* 或是由于与 *tāla* 混淆，该词意思是音乐和舞蹈的节奏或次数。—— 原注

515[1]

致人神敬爱、令人亲近之爱兄主簿柯罗那耶（*cozbo* Kranaya）与主簿黎贝耶（Lýipeya），主簿柯罗那耶再三致意，祝圣体安康。如是我禀告：现下，他们称有理由担心且有来自苏毗（Supi）之警报。速将其他之戍卒遣来本处。

【注】

[1] 矩形双牍，信函。遗物编号 N. XXIV. vii. 1。《西域考古图记》第一卷，第 257 页。《佉卢文题铭》第二卷，第 188 页。

516[1]

〔大德、大王敕谕主簿夷陀伽（*cozbo* Yitaka）与督军伏陀（*toṃga* Vuǵto）如下：〕苏难陀（Sunaṃda）申诉道，当精绝（Caḋ'ota）遭受于阗人（Khotaṃni）劫掠时，彼时苏难陀之母哲蒂（Catisae）曾由康阇伽（Kaṃjaka）处收纳一峰租用橐驼。沙门帕特罗耶（Patraya）曾由此处取去此驼，以送与康阇伽。彼并未曾送出该驼。此驼由苏难陀移交与康阇伽。迄至今日 [……

〔苏难陀。〕

【注】

[1] 楔形底牍，谕令，关于财产纠纷之申诉。遗物编号 N. XXIV. viii. 2。《西域考古图记》第一卷，第 258 页。《佉卢文题铭》第二卷，第 188—189 页。

102 ## 517[1]

监察般曩梵陀（*cvalayiṃna* Puṃñavaṃta）与主簿黎贝耶（*cozbo* Lýipeya）指示祭司左史格耶（Caṣǵeya）如下：你所须知悉者，即是你（？）所 [……] 不在本处之人 [……[2]

【注】

[1] "塔赫特"形牍，公文。遗物编号 N. XXIV. viii. 3。《西域考古图记》

第一卷，第258页；第四卷，图版XXV。《佉卢文题铭》第二卷，第189页。

[2] 本段之下未释译，其中，在第1行前半段之下方书有3栏人名，有“于阗人摩萨那（Khotaṃni Moṣana）”、“沙门、于阗人达摩输罗（*śramaṃna* Khotaṃni Dharmaśura）”等；第1行后半段书有2行，应是上述第1行的接续部分，其中有“曹长乌波格（*apsu* Opǵe）”等字迹（《佉卢文题铭》第二卷，第189页），此人似是曹长乌波格耶（*apsu* Opǵeya），参见第525号等文书。

518[1]

〔主簿萨摩舍那（*cozbo* Ṣamasena）与布瞿（Puǵo）启。

大德、大王敕谕主簿萨摩舍那与布瞿如下：〕奥古支那伐罗（Cinaphara）禀报道，彼等正使一位尼壤（Nina）人乌宾陀（Opiṃta）替代其他人担任戍卒。当此印封之楔牍传至你等处，即刻亲自详加审理。此位乌宾陀不应担任戍卒。无论何人争议此事，将于王廷做出裁决。

〔热弥那（Remena）[2] 乌宾陀。〕

【注】

[1] 楔形双牍，关于服役之谕令。遗物编号N. XXIV. viii. 4 + 39。《西域考古图记》第一卷，第258—259页。《佉卢文题铭》第二卷，第189页。

[2] 热弥那，地名，另见于第214、251、376号等文书。此处指乌宾陀的籍贯。

519[1]

〔令人爱慕之〕爱兄沙门娑达耶（Sodaya）〔与左史格耶（Caṣǵeya）〕，支那色那（Cinasena）〔与难摩鸠伐帝（Naṃmakurvati）谨祝圣体安康、万寿无疆。〕如是我写下：我已为绵羊之事发出五至六封信函，然由该处未闻任何回音。自我来至该地并将八只绵羊与灯及六只公羊送来此处移交于你——左史格耶与波古（Pǵu）以来，此为第三年头。其后，*vulutsukla* 曾将十只幼畜带来此处。彼等皆为山羊。尚留下四只。其余之可怜牲畜为你所扣留。此等牲畜连同属于封邑之所有者，由苏遮摩（Sucama）照料带至本处且末（Calmadana）。我谨致信于你，我能为你做事。诸山羊勿再送来。令尊苏怙陀（Suǵuta）亦曾允诺，你亦在场，一峰橐驼及一匹马。且勿忘怀。该处亦有诸多人[……

【注】

[1] 长方形牍，信函。遗物编号 N. XXIV. viii. 5。《西域考古图记》第一卷，第 258 页；第四卷，图版 XXVI。《佉卢文题铭》第二卷，第 190 页。

520[1]

〔主簿索阇伽（*cozbo* Soṃjaka）启。

大德、大王敕谕主簿索阇伽如下：〕苏耆陀（Sugīta）申诉道，彼系一名税监（*ṣoṭhaṃgha*），又是一名官府司书（*divira*），而又与沙了吠（Salve）一道正担任戍卒（sṕascvaṃna）一职。沙了吠未担任其他任何职务。当此印
103 封之楔牍传至你处，须得即刻亲自详加审理，查明彼是否在担任两种职务之外又正担任戍卒之职。依照国土之法做出裁决。

〔苏耆陀戍卒服役。〕

【注】

[1] 楔形双牍，谕令，关于服役之申诉。遗物编号 N. XXIV. viii. 6 + 58。《西域考古图记》第一卷，第 258、260 页；第四卷，图版 XX。《佉卢文题铭》第二卷，第 190 页。

523[1]

（背面）犹如一位旅人憩息于此处与彼地以克服疲惫，是故人之财产不时地静息一下、再次回还。

人先是兴盛，然后凋零；其先受称赞，然后蒙羞；其先是悲伤，然后欣喜；其先是施与，然后乞讨。

当人既不靠吝啬挥霍其财富，亦不沉湎于享用，如此丧失之愉悦苦恼其心，犹如贪婪者之谷垛深藏于仓储，一俟短缺之时意外烧焦。

咦，穷苦人之生活；噫，彼等无意享乐或是贡献其财富之富人之生活。[2]

【注】

[1] 楔形底牍，籍账类之账目（正面）及文学作品（背面）。遗物编号 N. XXIV. viii. 9。《西域考古图记》第一卷，第 258 页；第四卷，图版 XXIV。《佉卢文题铭》第二卷，第 191 页。

[2] 正面所书之账目，首句有纪年“八年一月”，以下分 2 栏共 17 行（参见《沙海古卷》，第 229 页）。背面为一首哲理诗，纵向书于木牍左部第 5—7 行区间。

524[1]

〔主簿夷陀伽（*cozbo* Yitaka）与督军伏陀（*toṃga* Vukto）启。

大德、大王敕谕主簿夷陀伽与督军伏陀如下：〕税监苏遮摩（*ṣoṭhaṃgha* Sucaṃma）与苏难陀（Sunaṃta）业已提起申诉。税监苏遮摩禀报道：“我曾听得室利施德（Śriste）说：‘事实是，我的诸位主人曾做王家之 *surva* 督军。然而他们定期自王家牝马中获利。他们曾于此地及该地出售牝马。苏难陀之父出面以王家之饲料喂养马匹。饲料系（？）。由此造成牝马死亡。’他如是说。”卡拉伽蓝查（*kala* Karaṃtsa）出面并将三匹牝马奖与苏估陀（Suǵuta）。“有一封手书”，他说道。当此印封之楔牍传至你等处，即刻予以审理。若是有一封手书，即以如此方式裁决。就室利施德所说者，牝马死亡及王家 *surva* 督军到处出售它们，如此事有证人，应将他们宣誓审查，依照法律做 104
出裁决。如无其他证人，则将报告送交本处，于此做出裁决。

【注】

[1] 楔形双牍，关于王室财产之谕令。遗物编号 N. XXIV. viii. 10 + 17。《西域考古图记》第一卷，第 258 页。《佉卢文题铭》第二卷，第 191 页。

525[1]

你，娑陀耶（Sotaya）须从速来本处。柯莱陀（Koleta）之手书[2]由*aṣǵara*林苏（Lýimsu）去讨要，贵人阿波陀耆（*ari* Aptatǵi）之手书由祭司左史格耶（*tasuca* Caṣǵeya）讨要，并带至本处。将曹长乌波格耶（*apsu* Opǵeya）、伏尔提耶（Vurḍhiya）、优左提那（Ucaḍina）及贝柯（Peco）带至本处。

沙门毗特左（Piteca）、*trepe*吉伐蜜多罗（Jivamitra）、*pulaya*苏难陀（Sunaṃta）及贵人沙勒吠陀（Salveta）——此等人由你，左史格耶，于鸡鸣时带至本处。

【注】

[1] 矩形牍，公文。《佉卢文题铭》第二卷，第192页。

[2] 手书（hand-letter），似指可以免除服役的批件。

526[1]

〔主簿索阇伽（*cozbo* Soṃjaka）启。

大德、大王敕谕主簿索阇伽如下：〕苏怙陀（Suǵuta）禀报道，卡拉鸠伐耶（*kala* Kuúaya）曾于扜泥（Khvani）收到一峰*putǵetsa*驼之谷物。此驼[……]由你交纳。苏怙陀曾来至本处。达帕耶（Ḍhapaya）并未过来。当此印封之楔牍传至你处，即刻亲自详加审理此争讼及誓言、证人，依照法律做出裁决。如你不能澄清此事，则将彼等押至王廷。

【注】

[1] 楔形牍，关于赋税之谕令。《佉卢文题铭》第二卷，第192页。

527[1]

于十六年十二月二十日，彼时苏怙陀（Suǵuta）与史伐伽（Svaka）曾就12掌长之地毯及6弥里码谷物起诉。[2]为此事，史伐伽曾宣誓做证。苏怙陀曾出面当诸主簿檀阇伽（*cozbo* Taṃjaka）面阻止史伐伽宣誓。为此缘故，史伐伽放弃 12 掌长之地毯，然 6 弥里码谷则应由苏怙陀偿付与史伐伽。现下应予给付 3 弥里码谷，而余下 3 弥里码谷于秋季。有关 12 掌长之地毯，苏怙陀与史伐伽两方均无赊欠。

【注】

[1] 椭圆形牍，书面契约。遗物编号 N. XXIV. viii. 14。《西域考古图记》第一卷，第 258 页。《佉卢文题铭》第二卷，第 193 页。

[2] 从标的（12 掌长之地毯及 6 弥里码谷物）看，本件似是关于债务的书面契约。

528[1]

〔主簿萨摩舍那（*cozbo* Ṣamasena）与布瞿（Puǵo）启。

大德、大王敕谕主簿萨摩舍那与布瞿如下：〕苏难陀（Sunaṃta）禀报道，其祖母（？）名叫罗孟蒂耶（Romoṃtiae），曾领养一位叫作罗摩室利（Ramaśri）之妇人。沙了吠（Salve）户下之人正带走罗摩室利之诸儿女、奴隶及亲属，他正雇佣他们。母亲曾规定均分罗摩室利之儿女及亲属，然现下 105
此等其他人毫无所得。你等须即刻亲自对此一争讼〔及誓言、证人详加审理，依照法律做出裁决。如你等不能澄清此事，则将他们押至王廷，于本处裁决。[2]

苏难陀、沙了吠之事宜。〕①

【注】

[1] 楔形双牍，谕令，关于人身权利纠纷之申诉。遗物编号 N. XXIV. viii. 15 + 23。《西域考古图记》第一卷，第 258 页。《佉卢文题铭》第二卷，第 193 页。

---

① 此一相同诉讼构成第 538、542 号文书之主题。此处之词语 *mahuli* 趋向于意指“祖母”，因为罗孟蒂耶被指为苏怙陀（Suǵnuta）之母亲（第 538、542 号），而苏怙陀则以苏难陀之父出现（第 524 号）。一种可取舍的意见是，该词等于梵语之 *mātulī*，但是这意味着存在两位苏难陀。——原注

[2] 这里涉及的是被领养人及其子女等人身权利的问题。据下文，被领养人罗摩室利本人拥有子女、奴隶和亲属，因此她是一位户主，她的子女等又可以被其领养人（或子女）所雇佣。这种领养身份不同于奴隶。

530[1]

〔主簿索阇伽（*cozbo* Soṃjaka）启。

大德、大王敕谕主簿索阇伽如下：〕苏格奴陀（Suǵnuta）禀报道，鸠伐耶（Kuύaya）曾由身处打泥（Kuhani）之彼处，接受计量为 3 弥里码之谷物，彼等议定价格为 1 峰 *putǵetsa* 驼。自该时起已过去多年，而彼尚未收到橐驼。当此印封之楔牍传至你处，即刻亲自详加审理。若是属实，须在体谅已过去多年之情况下将橐驼给付①，或是将谷物连带利息一并归还[2]。裁决须〔依照法律做出。如你不能澄清此事，则将彼等押至王廷。

苏格奴陀。〕

【注】

[1] 楔形双牍，谕令，关于买卖纠纷之申诉。遗物编号 N. XXIV. viii. 19 + 16。《西域考古图记》第一卷，第 258 页。《佉卢文题铭》第二卷，第 194 页。

[2] "将谷物连带利息一并归还"，指违约赔偿。

532[1]

〔*caṃkura* 僧格支（Śaṃgtsi）及主簿左勒摩沙（*cozbo* Calmasa）、主簿娑陀罗沙（Soṃdarasa）启。

大德、大王敕谕 *caṃkura* 僧格支及主簿左勒摩沙、主簿娑陀罗沙如下：〕司土、*suveṭha* 毗摩色那（Bhimasena）禀报道，一名叫作伏氏没伽（Vusmeka）之男子，系叶吠阿瓦纳（Yaύe aύana）封地之人，他由于其母曾为本地人之故已移居叶吠阿瓦纳。他的父亲一方（？）则出自精绝（Caḍ'ota）。他逃离精

---

① 在 *ciṃtidadavo* 中，*dadavo* 被当作一个单独的词。句子 *varṣaǵana*（或 -°*grana*）*ciṃti* 不是很清楚，但其总体意思可以如上述翻译。—— 原注

绝，而他们使之在该处做活。仅其父方属于叶吠阿瓦纳之人方可在叶吠阿瓦纳受雇。[2] 鉴于他们正于该处雇佣此男子，为此他们应支付 *sikhi* 谷物作为佣金。当此印封之楔牍传至你等处，即刻予以详加审理。无论该男子伏氏没伽受雇于何处，其应被移交与左史格耶（Caṣǵeya），连带佣金，连带诸沙门。凡有何人争讼此事，应送交本处。

【注】

[1] 楔形双牍，谕令，关于雇佣之申诉。遗物编号 N. XXIV. viii. 22 + 20。《西域考古图记》第一卷，第 258 页；第四卷，图版 XXVII。《佉卢文题铭》第二卷，第 194—195 页。

[2]“仅其父方属于叶吠阿瓦纳之人方可在叶吠阿瓦纳受雇”，这条法令可能与鄯善的户籍制度有关，即以男子为户主登记。

534[1]

由我所存放之物：3 件 *gumoca*，1 件 *puchama*，4 件布制之 *pasaṃvaṃta*，1 件 *kayavatra*，1 件 [...]*vaca*，1 张弓及箭，4 件 *vaṣe*，2 件 *krataǵa*，婆提（*pothi*），有一次 8 件，1 张毛毯（*kojava*），1 张地毯，1 袭毡衣，5 根绳，4 106
件 *kaśpiya*。①

【注】

[1] 长方形牍，籍账类之物品清单。遗物编号 N. XXIV. viii. 25。《西域考古图记》第一卷，第 258 页。《佉卢文题铭》第二卷，第 195 页。

536[1]

来自僧古帝（Saṃghuti），1 弥里码谷物，等等。

① 这份清单里提及的大部分物品都不清楚。*pasaṃnaṃmo* 读作 *pasaṃvaṃta*，比较第 316 号文书的 *paṃzavaṃta*，显然是同一个词。Pothi 也见于第 17 号文书中，作 *cama pothi*。它可能与印地语（Hindi）等为同一个词语，*pothi* < Pr. *potthiā*, Pa. *potthakam*, lw. < Phl. *postak*，不过我们应指望 *-st-* 保存在此方言中，给出一种形式 **posti*。——原注

（背面）康支格耶（Kaṃcǵeya）、昆格耶（Kunǵeya）与 *aṣǵara ni* 牟格支伽（Moǵecika）①，此等十二人播种属于此地夷龙提那（Yiruṃḍhina）阿瓦纳之 *kuthala*。[2]

【注】

[1] 长方形牍，籍账类之账目（正面）和名册。遗物编号 N. XXIV. viii. 28。《西域考古图记》第一卷，第259页。《佉卢文题铭》第二卷，第196页。

[2] 正面账目包括2栏共9行及在旁边用小号字体书写的3行，登记了可能是纳税（谷物）的人名和数目。背面是一份名册，从播种 *kuthala*（一种田地）来看，可能是服役的名册（参见《沙海古卷》，第231—232页）。

537[1]

〔主簿萨摩舍那（*cozbo* Ṣamasena）与瞿沙左（Ǵosaca）启。〕

……] 传至你等处，将诸证人之宣誓证词书写于信中，将报告上呈本处。将此等争讼之人押至本处，由我等亲自做出裁决。

【注】

[1] 楔形盖牍，谕令。遗物编号 N. XXIV. viii. 29。《西域考古图记》第一卷，第259页。《佉卢文题铭》第二卷，第196—197页。

538[1]

〔主簿索阇伽（*cozbo* Soṃjaka）启。

大德、大王敕谕主簿索阇伽如下：〕苏怙陀（Suǵuta）禀报道，其母罗孟蒂耶（Ramotiyae）[2] 曾领养一名妇人罗摩室利（Ramaśriae）。沙了吠（Salve）户下之人带走罗摩室利之所有儿女、奴隶与亲属，正雇佣他们。母亲曾规定他们平均接受罗摩室利之诸儿女、奴隶及亲属。然则现下其他人毫无所得。须即刻对此事及誓言、证人详加审理，依照法律做出裁决。如你不

① 术语 *aṣǵara* 亦见于一种姓氏而无后缀 *ni*。或许它是一个某种类型的地名，其 *aṣǵara ni moǵecika*，意思或是阿施迦罗（Aṣǵara）之牟格支伽。—— 原注

能澄清此事，则将他们押至王廷，于本处裁决。①

【注】

[1] 楔形双牍，谕令，关于人身权利纠纷之申诉。遗物编号 N. XXIV. viii. 30 + 55。《西域考古图记》第一卷，第 259—260 页。《佉卢文题铭》第二卷，第 197 页。

[2] Ramotiyae，即第 528 号文书的 Romoṃtiae，这里她是苏怙陀的母亲。

539[1]

……] 波格耶（pǵeya）与阿贝那（Ap[e]na）收讫 8 硒葡萄酒，3 弥里码谷，1 只绵羊。[……] 于秋季收讫 4 硒葡萄酒，第二笔之 4 硒系葡萄酒之利息。谷物之利息为 [……]2 硒又 3 弥里码谷。[……] 价钱之总数计 19。于秋季，于十月 [……

〔[……] 目厘 10 硒收讫。〕[2]

【注】

[1] 以裂开木棍制作的木牍，籍账类之纳税账目。遗物编号 N. XXIV. viii. 32。《西域考古图记》第一卷，第 259 页。《佉卢文题铭》第二卷，第 197 页。

[2] 最后 1 行书于木牍背面。

540[1] 107

〔主簿夷陀伽（*cozbo* Yitaka）与督军伏陀（*toṃga* Vukro）启。

大德、大王敕谕主簿夷陀伽与督军伏陀如下：〕苏难陀（Sunaṃta）禀报道，伽左那（Kacana）曾无故殴打苏难陀，抓住其睾丸，剃去其头发。而此时，伽左那业已从王廷诉讼中逃离，前去了你等处。当此印封之楔牍传至你等处，〔即刻对此案连同其誓言、证人详加审理。如属实，则依照国法做出判决。若他们对此不服，则将所关涉之人押至王廷，于此处做出判决。

① 参照第 528、542 号文书。本文书之最后 1 行我无法释读。——原注

苏难陀。〕

【注】

[1] 楔形双牍，谕令，关于人身伤害之申诉。遗物编号 N. XXIV. viii. 33 + 12。《西域考古图记》第一卷，第 258、259 页。《佉卢文题铭》第二卷，第 197—198 页。

541[1]

〔大人、人神亲爱、长命百岁、享有芳名、面貌如神之〕大主簿檀阇伽（*mahaṃta cozbo* Taṃjaka）足下启，税监黎贝耶（*ṣoṭhaṃgha* Lýipeya）谨问安，〔祝贵体安康、万寿无疆。〕我叩首禀报如下：我已由本处派遣一名斥候警戒苏毗（Supi）。该处无论有何消息，皆须禀报于我。[2]①

【注】

[1] 舌形牍，信函。遗物编号 N. XXIV. viii. 34。《西域考古图记》第一卷，第 259 页。《佉卢文题铭》第二卷，第 198 页。

[2] 背面书写相同之信函，未释译。

542[1]

〔主簿索阇伽（*cozbo* Soṃjaka）启。

大德、大王敕谕主簿索阇伽如下：〕苏怙陀（Suǵnuta）禀报道，其母亲名罗孟蒂耶（Ramatiae），曾领养一女孩名叫罗摩室利（Ramaśriae）。沙鲁韦耶（Saluʋiya）独自带走该妇人之所有儿女，丝毫未给予他们。当此印封之楔牍传至你处，即刻对此事及誓言、证人详加审理，依照法律做出裁决。如你不能澄清此事，则将他们押至本处。他另禀报道，就妇人伽支耶（Kaciyae），事涉 *haṣǵa* 之给付，彼等正申诉他们，并已将此妇人掌控。他来本处已是第二次，迄至今日其他人仍未来此。须对此案连同其誓言、证人

① 本件两面所书写的文字皆相同。——原注

一道〔亲自详加审理。如你不能澄清此案，则将他们押至王廷。①

[……] 苏怙陀 [……]。〕

【注】

[1] 楔形双牍，谕令，关于人身权利纠纷之申诉。遗物编号 N. XXIV. viii. 35。《西域考古图记》第一卷，第 259 页。《佉卢文题铭》第二卷，第 198—199 页。

545[1]

〔主簿索阇伽（*cozbo* Soṃjaka）启。

大德、大王敕谕主簿索阇伽如下：〕苏耆耶（Sugīya）禀报道，主簿康支（Kaṃci）曾拿走其一匹马，夷陀伽（Yitaka）曾插手此事。未曾给付其价款。当此印封之楔牍传至你处，即刻亲自详加审理。如系属实，主簿康支取走其马匹而未给付价款 [……] 马匹须得由夷陀伽交还与苏耆陀以作为其财产。无论有何争讼，依法做出裁决。如你不能澄清此事，则将彼等押至王廷，于本处做出裁决。

他又禀报道，伏氏没耶（Vusmeya）曾取去其弓箭，直至今日仍在持有。须亲自详加审理，若属实，其所取去之弓箭，应由苏耆陀收回该弓箭连带租金以作为其财产。无论有何争议，依法做出裁决。 108

〔苏耆耶、夷陀伽之事宜。〕

【注】

[1] 楔形双牍，谕令，关于财产纠纷之申诉。遗物编号 N. XXIV. viii. 40 + 48。《西域考古图记》第一卷，第 259 页。《佉卢文题铭》第二卷，第 200 页。

546[1]

致令人愉悦之爱友左史格耶（Caṣǵeya），沙门达摩波离耶（Dhamapriya）

---

① 参照第 528、538 号文书。术语 *haṣǵa* 意义不明。—— 原注

再三问安，并如是我写下：我有两峰橐驼，一峰 *vyalẏi* 驼得自伏格耶（Vuǵeya）户下之人。我于且末（Calmadana）曾收到一峰来自伏格耶之子之牝驼，你曾是此事之担保人，我将此牝驼留在你处。现下我由本处派一男子夷腊迦（Yilaǵa），就此牝驼事前去你处。你理当由波莱耶（Pleya）处讨要牝驼，当诸大夫面将该驼交与夷腊迦。该驼由司税柯了格耶（Kolǵeya）带至该处，不得阻挠，不得松懈。就波莱耶之争讼，当我等于奥古、司土毗摩色那（Bhiṃmasena）面前申诉时，将会做出裁决。又，我已将此驼与柯了格耶交换。一封包含裁决之手书[2]业已书就。我已由柯了格耶处取得一峰三岁口之橐驼，并交与奥古毗摩色那。绝不可使之被扣留于柯了格耶处。

【注】

[1] 矩形底牍，信函。遗物编号 N. XXIV. viii. 41a, b。《西域考古图记》第一卷，第 259 页。《佉卢文题铭》第二卷，第 200 页。

[2]“一封包含裁决之手书”，似指橐驼交易时订立的书面契约或判决书。

547[1]

（清单）

御牧卢达罗耶（*kori* Rutraya）指示沙门娑陀耶（Sotaya），彼须得知晓我所写者，即：有关且末（Calmadana）之包裹事[2]，我将于第四日前往该地。我已送上（？）连同阿舍那（Aṣena）。我尚不知你是否已将谷物带来，据悉该谷系在一处征收。人们已将谷物带回各自之家中。阿舍那将于本处城中征缴该谷物。该处由你娑陀耶与苏怙陀（Suǵuta）征收。[3]

【注】

[1] 棍式牍，信函（正面）及二份账目（正面 + 背面）。遗物编号 N. XXIV. viii. 42。《西域考古图记》第一卷，第 259 页；第四卷，图版 XXV。《佉卢文题铭》第二卷，第 201 页。

[2]“有关且末之包裹事”，据下文，指交纳的打包的谷物。

[3] 正面书一份账目及信函，账目分 3 栏共 10 行，似涉及征税数目，各 1 nadha。背面账目分 3 栏共 9 行，各若干弥里码（milima）。

548[1]

〔税监黎贝耶（*ṣoṭhaṃgha* Lýipeya）启。〕

……] 做出裁决。如你不能澄清此事，则俟路途安宁后将彼等押至本处。

【注】

[1] 楔形盖牍，谕令。遗物编号 N. XXIV. viii. 43。《西域考古图记》第一卷，第 259 页。《佉卢文题铭》第二卷，第 201 页。

549[1] 109

此契（订立于）四月七日。牟迦陀（Moǵata）与摩宁格耶（Mañiǵeya）于童格罗伽（Toṃgraka）大王之阿瓦纳（*aǘana*）[2][……]，此等诸兄弟曾出面将播种量计 1 弥里码 10 硒之田地[3]售与沙门僧伽菩提（Saṃghabudhi）。摩宁格耶与牟迦陀收到价款计 1 张于阗（Khotaṃna）*alena* 毯[4]及 5 弥里码谷，价钱计 15。彼等平等达致合意。今后凡有争议此事者，彼之诉讼于王廷无效。就此土地，僧伽菩提有权播种、耕种并给予他人。此事之证人为吉查依查（*kitsaitsa*）[……]、诸曹长（*apsu*）[……] 及伽蓝查（Karaṃtsa）。

【注】

[1] 矩形底牍，关于土地买卖之书面契约。遗物编号 N. XXIV. viii. 44b。《西域考古图记》第一卷，第 259 页。《佉卢文题铭》第二卷，第 201—202 页。

[2] 童格罗伽大王是佉卢文书中记录的第六位鄯善王，这里提及他的阿瓦纳，表明鄯善王除王土（rajade）外还拥有这种土地（和民户）。该王之文书除此件外，1991 年中—日共同尼雅遗址学术考察队新发现了 1 件（《中—日共同尼雅遗迹学术调查报告书》第二卷“本文编”，京都，1999 年，第 227—228 页）。

[3] “播种量计 1 弥里码 10 硒之田地”，证明田地的地积曾用播种量计算。

[4] “于阗 *alena* 毯”，有多件文书都提及于阗出产的毛毯或毛布，看来是很出名的。

550[1]

〔大德、大王敕谕主簿萨摩舍那（*cozbo* Samasena）与布瞿（Puǵo）如下：〕主簿毗摩色那（Bhimasena）禀报道，彼有一名奴隶叫作乌布格（Opuǵe）者，受雇于康左迦（Kaṃcaǵa）之村落，此为第十年头。就此人，其已发布两至三次指令，然彼并未前来。

【注】

[1] 楔形底牍，谕令。遗物编号 N. XXIV. viii. 45。《西域考古图记》第一卷，第 259 页。《佉卢文题铭》第二卷，第 202 页。

551[1]

〔主簿索阇伽（*cozbo* Soṃjaka）启。〕

……] 曾将此女孩掠去作为其财产[2]。此女孩波耆沙（Pǵisa）被换于跋施陀（Bhasḍha）。跋施陀将此女售与苏格奴陀。波耆沙与跋施陀曾达致合意。跋施陀言“我并未出售此女”。[……] 即刻亲自对此事及誓言、证人详加审理，依法做出裁决。如你不能澄清此事，则将彼等押至王廷。

【注】

[1] 楔形盖牍，谕令，关于奴婢纠纷之申诉。遗物编号 N. XXIV. viii. 49。《西域考古图记》第一卷，第 259 页。《佉卢文题铭》第二卷，第 202 页。

[2] “曾将此女孩掠去作为其财产”，说明掳掠是奴隶的来源之一，后文该女被出售即证明这一点。

552[1]

〔致大人、令人愉悦之爱父〕税监黎贝耶（*ṣoṭhaṃgha* Lýipeya）〔及司书娑达耶（*divira* Sodaya）、林苏（Lýimsu）〕足下，特迦左（Tǵaca）叩首问安，〔谨祝贵体安康、万寿无疆，〕并如是（写下）：你等大人已将人移交与我（以派送）至城中（？）。诸妇人不愿随祭司车摩耶（*tasuca* Tsmaya）前往城中。祭司车摩耶不得胁迫她们。然则诸妇人不愿前往。[2]

【注】

[1] 长方形牍，信函。遗物编号 N. XXIV. viii. 50。《西域考古图记》第一卷，第 259 页。《佉卢文题铭》第二卷，第 202—203 页。

[2] 背面为一份名册，未释译。分 2 栏，共 7 行，似是“诸妇人”之名册。

553[1] 110

〔大德、大王敕谕主簿索阇伽（*cozbo* Soṃjaka）如下：〕苏耆耶（Sugīya）禀报道，彼由沙门佛陀蜜多罗（Budhamitra）处领养一名男孩叫作帕特罗耶（Patraya），奶费已全数给付[2]。然则现下你正将此养子移交与佛陀蜜多罗，作为其个人之养子。当此印封之楔牍传至你处，〔应即刻对此案详加审理。

苏耆耶、帕特罗耶之事宜。〕

【注】

[1] 楔形底牍，谕令，关于领养纠纷之申诉。遗物编号 N. XXIV. viii. 52。《西域考古图记》第一卷，第 259 页。《佉卢文题铭》第二卷，第 203 页。

[2] “奶费已全数给付”，指领养的偿付。

554[1]

主簿柯罗那耶（*cozbo* Kranaya）与主簿黎贝耶（Lýipeya）致令曹长乌波格耶（*apsu* Opǵeya）、祭司左史格耶（*tasuca* Caṣǵeya）及沙门跋萨伐帝（Bharsavaḍhi）：由该处，由般尼（Puṃni），全体之官吏、户主、沙门、婆罗门（Brahman）及 *vurcuǵa*[2]，你等速将此等人于今日带至本处。如你等不能于今日将此等人带至本处，惩处是五十下笞打。

【注】

[1] 标签式牍，信函。遗物编号 N. XXIV. viii. 53。《西域考古图记》第一卷，第 259 页。《佉卢文题铭》第二卷，第 203 页。

[2] “官吏、户主、沙门、婆罗门及 *vurcuǵa*”，指出了精绝（及鄯善全

国）的阶层。婆罗门，可能指印度教徒。

555[1]

〔税监黎贝耶（*ṣoṭhaṃgha* Lýipeya）启。〕

……］与柯般那（Kopeṃna）有一位妇人叫作柯帕沙尼耶（Koparṣaniae）。若是此等妇人之奶费尚未给付，若是他们尚未与此等妇人之个人意愿达致合意，按该种方式依法做出裁决。然则若她们已合法婚配，则按该种方式依法裁决。如你不能澄清此案，俟路途安靖后将他们押至本处。将诸证人之宣誓证词书于信札中，将报告呈交本处。我等于此将做出判决。

【注】

[1] 楔形盖牍，关于婚姻之谕令。遗物编号 N. XXIV. viii. 54。《西域考古图记》第一卷，第 259 页。《佉卢文题铭》第二卷，第 203—204 页。

556[1]

〔主簿萨摩舍那（*cozbo* Ṣamas[e]na）与瞿沙左（Ǵosaca）启。

主簿萨摩舍那与布伽（Pǵo）启。〕

……］即刻详加审理。因依照合约应给予 *tsaǵeci* 食物与饮料，林苏（Lýimsu）须得从速裁定。若是彼等方面有任何争议，速将他们送至王廷，我等将在此裁决。

〔此系大德、大王。〕

【注】

[1] 楔形盖牍，谕令。遗物编号 N. XXIV. viii. 56。《西域考古图记》第一卷，第 260 页。《佉卢文题铭》第二卷，第 204 页。

561[1]

〔主簿夷陀伽（*cozbo* Yitaka）与督军伏陀（*toṃga* Vukto）启。

大德、大王敕谕主簿夷陀伽与督军伏陀如下：〕苏难陀（Sunaṃda）禀报道，吉查依查陆都（*kitsayitsa* Luṭhu）与主簿康支（Kaṃci）曾审理一起偷窃之争讼。吉牟耶（Jimoya）之奴隶之一峰 *aṃklatsa*（驼）、一峰 *putǵetsa*（驼）及一峰 *odara*（驼），曾被人拿去。曾书有一件文书。*putǵetsa* 与 *odara*（驼）被扣留于彼处。当此印封之楔牍传至你等处，即刻予详加审理。参照
吉查依查陆都及主簿康支所做之审理，按该种方式依法做出裁决。如有任何 111
之异议，将彼等送至王廷。

〔苏难陀。〕

【注】

[1] 楔形双牍，谕令，关于财产侵犯之申诉。遗物编号 N. XXIV. viii. 63 + 44a。《西域考古图记》第一卷，第 259、260 页；第四卷，图版 XXVII。《佉卢文题铭》第二卷，第 206 页。

562[1]

〔主簿索阇伽（*cozbo* Soṃjaka）启。

大德、大王敕谕主簿索阇伽如下：〕鸠恩格（Kuunǵe）与乌迦那（Oǵana）乃四支军队之 *klaseṃci*[2]，然你更支使他们充任王家驼群之保管。他们时下正担负之国役累加以兵役已达致五项。[3] 如此行事，你所为殊非正当，你之所行有违大王我之谕令。当此印封之楔牍传至你处，无论有何等合宜之人，即刻将驼群由鸠恩格处移交于他们。鸠恩格与乌迦那须得担任其原本之 *klaseṃci* 职务 [……] 不得担任除此之外之国役。

【注】

[1] 楔形双牍，谕令，关于服役之申诉。遗物编号 N. XXIV. viii. 64 + 51。《西域考古图记》第一卷，第 259 页；第四卷，图版 XXVII。《佉卢文题铭》第二卷，第 206 页。

[2] *klaseṃci*，《沙海古卷》释作骑都（第 138 页）。

[3]“他们时下正担负之国役累加以兵役已达致五项”，说明所谓国役及兵役可能都是无报偿的。抱怨服役过度的申诉见于多件谕令等文书中。

565[1]

星宿之首谓之鼠，此日诸事皆宜，可达成功。

于星宿牛日，宜沐首（？），宜饮食歌乐以悦己。

于星宿虎日，宜战伐。

于星宿兔日，宜逃亡，不易寻获。

于星宿龙日，宜忍耐，诸事须忍。

于星宿蛇日，诸事不可为。

于星宿马日，宜往东西方旅行。

于星宿羊日，宜沐首（？）。

于星宿鸡日，利以裁缝衣被。

于星宿猴日，诸事皆易。

于星宿犬日，宜须臾来去。

于星宿豕日，宜耕耘、播种葡萄园，其稼穑顺遂且致增产。①[2]

【注】

[1] 长方形牍，十二属星占文。遗物编号 N. XXIV. viii. 68。《西域考古图记》第一卷，第 260 页；第四卷，图版 XXVI。《佉卢文题铭》第二卷，第 207—208 页。

[2] 自木牍背面始，分 2 栏各书 5 行，正面书 2 行。关于本件文书之考释，参见《沙海古卷释稿》，第 336—367 页。

112

566[1]

〔大德、大王敕谕主簿檀阇伽（*cozbo* Taṃjaka）如下：〕鸠波苏陀（Kupṣuta）与帝卢陀摩耶（Tilutamaae）禀报我等道，他们曾遗失七串珍珠

① 此文书曾由吕德斯在其论文《东亚之十二生肖史》（H. Lüders, “Zur Geschichte des Ostasiatischen Tier kreises”）中予以翻译和讨论，可以参考。本译文大体上即其译文，除了第 4 项，该处他误读了 *palayidavya*（= *palāyitavya*，而非 *pālayitavya*）。关于 *tricha*，参见《新疆出土佉卢文书之语言》（*L. Kh. D.*, 索引 s. v.）。*lohidavya* 的意思和语源均不清楚。吕德斯的意见是该词等于普拉克利特语的 *luhai*（意思是 *majjai*），但并不见得合适。—— 原注

(*mutilata*)、一面镜子、一件以多彩丝绸制作之 *lastuǵa*[2] 及一枚 *suḍi* 耳饰。*tsaṃghina* 牟施陀耶（Moṣḍhaya）其时当诸大夫面如是言：我确曾窃去鸠波苏陀与帝卢陀摩耶之此等物品，我将它们卖与柯奴摩（Konumae），我毫未收到付款。当此印封之楔牍传至你处，〔即刻详加审理此项争讼。

帝卢陀摩耶、鸠波苏陀之事宜。〕

【注】

[1] 楔形底牍，谕令，关于财产之申诉。遗物编号 N. XXIV. viii. 69。《西域考古图记》第一卷，第 260 页。《佉卢文题铭》第二卷，第 208 页。

[2] "多彩丝绸制作之 *lastuǵa*"，似指用织锦缝制的某种囊或包。

567[1]

〔主簿索阇伽（*cozbo* Soṃjaka）启。

大德、大王敕谕主簿索阇伽如下：〕苏耆耶（Suḡiya）禀报我等道，彼任税监（*ṣoṭhaṃgha*）已达四年。其家屋已有诸多浪费。本处之酒署[2]业已算计清楚，税监苏耆耶与波耆沙（Pǵisa）欠下葡萄酒计 150 弥里码。当此印封之楔牍传至你处，须得即刻详加审理。若是此位苏耆耶于其家中浪费葡萄酒，须将其调离开其税监署，另择他人充任税监。彼等所欠酒署之葡萄酒系王家之葡萄酒，此酒须由苏耆耶及波耆沙赔偿，且彼等应予征收陈酒。至于新酒，苏耆耶不得染指，其由其他之税监予以征收。

〔税监苏耆耶。〕

【注】

[1] 楔形双牍，关于欠税之谕令。遗物编号 N. XXIV. viii. 70 + 31。《西域考古图记》第一卷，第 259、260 页。《佉卢文题铭》第二卷，第 208 页。

[2] 酒署（wine-office），似是专门管理葡萄酒的衙署。

568[1]

事关迦波格耶（Kapǵeya）之绵羊，由苏怙陀（Suḡuta）保存。

此系主簿索阇伽（*cozbo* Soṃjaka）之印。[2]

兹于大王、天子、侍中摩醯利（jiṭuga Mairi）陛下之十一年二月九日，在其治下，苏怙陀与迦波格耶曾于王廷外达致一项协约，我，迦波格耶，给予苏怙陀十只绵羊作为其财产，苏怙陀拥有该羊只，彼可对此等羊只为所欲为。凡有人将来对此等羊只再提起争议者，其将毫无效力，且将遭受处罚。此事之证人为督军伏迦多（*toṃga* Vuǵato）、司土乌波格耶（*vasu* Opǵeya）。应迦波格耶之请求而写下，其效力长如生命。

【注】

[1] 矩形双牍，关于财产转让之书面契约。遗物编号 N. XXIV. viii. 71。《西域考古图记》第一卷，第 260 页；第四卷，图版 XXIII。《佉卢文题铭》第二卷，第 209 页。

[2]“此系……之印”句，书于封印之下方。封印和文字是为说明这类通常由地方官做主的契约的合法性。

113

569[1]

此文书事关由妇人支那耶（Tsinaae）处领养之萨满奈罗（Ṣamaṃnera），由鸠宁陀（Kuñita）妥为保存。

此系主簿索阇伽（*cozbo* Soṃjaka）之印。[2]

兹于大王、天子、侍中摩醯利（jiṭuṃgha Mahiriya）陛下之十三年二月十日，在其治下，有一妇人叫作支那耶，其幼子叫作萨满奈罗，曾为鸠宁陀所领养。妇人支那耶将萨满奈罗带离鸠宁陀。现下彼等已起诉。主簿索阇伽与探长黎波陀（*carapuruṣa* Lýipta）曾审理此一争讼。萨满奈罗乃属于鸠宁陀之养子，全数奶费业已给付。彼等业已做出裁决。作为奶费之一峰 *aṃklatsa* 驼业已给付。此事之证人为诸司土乌波格耶（Opǵeya）、伽克耶（Kaḱeya）与沙鲁韦耶（Saluύeya），及向导左摩迦（Camaǵa）、百户长迦波格耶（Kapǵeya）、帕伐陀（Parvata）之康支格耶（Kaṃcǵeya）、*vuryaǵa* 伏卢（Vuru）、女孩左怙（Caǵu）、百户长左尼耶（Caneya）。此受领养之萨满奈罗不得被当作奴隶，亦不得出卖或抵押，其应被当作领养之人。此文书由我，税监陆都（*ṣoṭhaṃgha* Luṭhu）之子司书特迦左（Tǵaca），受诸大夫之命，并应鸠宁耶、妇人支那耶及沙门菩提腊（Budhila）之请求所写，其效力长达百年。[3]

【注】

[1] 矩形双牍，关于领养之书面契约。遗物编号 N. XXIV. viii. 72。《西域考古图记》第一卷，第 260 页；第四卷，图版 XX。《佉卢文题铭》第二卷，第 209 页。

[2]“此系……之印”句，书于封印之下方。

[3] 这是一件保存完整的领养书面契约，具有一般的书面契约格式，反映了鄯善的领养法（《沙海古卷释稿》，第 200—203 页）。

570[1]

此文书事关沙罗色那（Śarasena）之一峰牝驼，由苏怙陀（Sugūta）与苏耆（Sugi）保存。

此系奥古达帕耶（*ogu* Ḍhapaya）与奥古萨摩舍那（Śamasena）之印。[2]

兹于大王、天子、侍中摩醯利（jiṭugha Mairi）陛下之十一年二月一日，在其治下，奥古达帕耶与萨摩舍那、御牧多迦阇（*kori* Toǵaja）、主簿毗摩色那（Bhiṃmasena）曾审理此一争讼。苏怙陀与苏耆就一峰橐驼申诉如下：事发于鸠波苏陀（Kupṣuta）之强行将沙罗色那（Śarasena）之一峰橐驼掠去，彼将此驼交与苏怙陀与苏耆以抵债。该驼在苏怙陀与苏耆处两年。其后，沙罗色那出面由苏怙陀与苏耆处取走该驼，彼导致该驼死于沙碛中。我等业已裁决，由沙罗色那交付一峰相同岁口之 *kirsosa* 牝驼与苏怙陀及苏耆，以替代此一孕驼。沙罗色那有任何之诉讼，须向鸠波苏陀主张。应将该三岁牝驼给付。

〔[……]

[……] 主簿 [……]

毗摩色那之事宜。〕

【注】

[1] 矩形双牍，关于财产赔偿之判决书。遗物编号 N. XXIV. viii. 73。《西域考古图记》第一卷，第 260 页；第四卷，图版 XXIII。《佉卢文题铭》第二卷，第 210 页。

[2]“此系……之印”句，书于封印之下方。

114

571[1]

此字据（*pravaṃnaǵa*）事关柯曩耶（Koñaya）所接受之 *miṣi*，由司书罗没索磋（*divira* Ramṣotsa）妥加保存。

兹于大王、天子、侍中安归伽（jiṭugha Aṃguvaka）陛下治下之十五年十二月八日，有一男子名曰柯曩耶（Koñaya），彼曾将其 *miṣiya* 地连带树木卖与司书罗没索磋，价钱为一峰价值 50 之两岁驼。柯曩耶收讫此价款，其余之附带款计 10 硒酒亦已收讫。柯曩耶由罗没索磋处所收之全数价款计 60。该土地之播种量为 3 弥里码 *juṭhi*。彼等乃平等达致协议。罗没索磋有权在该土地耕种、作为礼物赠送别人、交换、为所欲为。[2] 今后凡有人就该地于诸司土及诸税吏面前争议，其诉讼于王廷无效。彼等如是当诸大夫面达致协议。此事之证人为吉查依查伐尔帕（*kitsaitsa* Varpa）、卡拉伽蓝查（*kala* Karaṃtsa）、*kuhaneci* 主簿鸠韦嫩耶（*cozbo* Kuviñeya）、司土阿周宁耶（*vasu* Acuñiya）、司土左提耶（Caḍhiya）、司土伐毗伽（Vapika）、曹长僧左（*apsu* Śaṃcā）、曹长毗特迦（Pitǵa）、督军伽蓝查（*toṃga* Karaṃtsa）、檀支瞿（Taṃcǵo）、税吏黎帕特迦（*aǵeta* Lýipatǵa）、税吏鸠那（Kuuna）、税吏鸠韦嫩耶及司税（*yatma*）鸠韦嫩耶。凡何人再提议此事，将受到一匹骟马及七十下笞打之处罚。此字据系由我，司书陀摩施帕（Tamasṕa）之子司书牟迦陀（Moǵata）[3]，受诸大夫之命所写，其效力长达百年，长如生命。此系应柯曩耶之请求而写下。名曰僧左之督军断绳。[4]

【注】

[1] 矩形双牍，关于土地买卖之书面契约。遗物编号 N. XXIV. viii. 74。《西域考古图记》第一卷，第 260 页；第四卷，图版 XX。《佉卢文题铭》第

二卷，第 210—211 页。

[2]“有权在该土地耕种、作为礼物赠送别人、交换、为所欲为”，是对拥有土地所有权的表述。

[3] 这里出现了一个司书世家司书陀摩施帕及其子司书牟迦陀，另见第 579—582、586—587、590 号文书。

[4] 罗没索磋文书之一。有多件文书都是关于他的土地交易和买卖奴隶的。

572[1]

此文书事关由悉格那耶（Siǵnaya）所收受之 *kuthala*，由鸠宁陀（Kuñita）妥加保存。

兹于大王、天子、侍中安归伽（jiṭugha Aṃǵoka）陛下治下之二十一年六月十三日，有一男子司书悉格那耶，彼曾出面将 10 *kuthala* 给予其邻居鸠宁陀，于 *miṣi* 地上种植大麦（？）。其交易系当诸大夫吉查依查伐尔帕（*kitsaitsa* Varpa）与卡拉伽蓝查（*kala* Karaṃtsa）面前，证人系督军鸠伐耶（*toṃga* Kuv́aya）、康吉耶（Kaṃjiya）、税监柯蓝吉耶（*ṣoṭhaṃgha* Kleṃjiya）、苏格奴陀（Suǵnuta）及曹长僧左（*apsu* Śāṃcā）。自现时起，鸠宁陀有权于该 *kuthala* 播种、犁耕、为所欲为。今后凡有何人就此再起争议，其诉讼将于王廷无效。此由我，司书牟迦陀（Moǵata），受诸大夫之命所 115
写，其效力长如生命。

该 *kuthala* 位于耶沙腊（Yaṣala），直对苏耶陀（Suryada?）。作为给付，其已妥当给付。鸠宁陀业已收讫并妥善收讫。[2]

【注】

[1] 矩形双牍，关于土地赠与（？）之书面契约及签收。遗物编号 N. XXIV. viii. 75。《西域考古图记》第一卷，第 260 页。《佉卢文题铭》第二卷，第 211 页。

[2] 末尾一句书于盖牍背面，显然是对交易土地的签收。

573[1]

〔穆德离查（Mutritsae）、左史格耶（Caṣǵeya）妥为保存。〕

兹于大王、天子、侍中摩醯利（ciṭuṃghi Mahiriya）陛下治下之七年十一月二十日，有一名莎阁（Saca）男子名曰色宁摩（Señiṃma），其与阿罗黎（Aralýi）曾将阿罗黎之女儿给予左史格耶。此位阿罗黎之母亲系娶自阿迟耶摩阿瓦纳（Ajiyama aύana），故彼等将该女穆德离查带往该处，以交换（? muṣḍhaṣi）其母亲。[2]再者，左忒耶（Cateya）与左陀罗伽（Cataraka）代表该女穆德离查，曾获得价款一峰橐驼及一匹马。橐驼为三岁口，而马匹为 *tirṣa*①[3]。为此，我等业已送出该女穆德离查，其曾属于我等所有。现下，我，色宁摩、阿罗黎与奥迦左（Oǵaca），业已将穆德离查给予乌迦左做其妻子。我等不再讨要 *yimila* 礼物，甚或一丝头发。故自现下起，无论我等有何亲戚或儿子，彼等不得占有该女。此一交易之达成系当诸主簿索阇伽（*cozbo* Soṃjaka）之面。诸证人为卡拉、监察、司土柯利沙（Kolýisa）与苏遮摩（Sucaṃma）。此牍（paṭi）系由我，司书黎帕特迦（Lýipatǵa），书写，其效力为一百年。

【注】

[1] 矩形双牍，关于交换婚姻的书面契约。遗物编号 N. XXIV. viii. 76。《西域考古图记》第一卷，第 261 页。《佉卢文题铭》第二卷，第 211—212 页。

[2]“此位……其母亲”句，是对于交换婚的表述。

[3] *tirṣa*，巴罗释译为“三岁口（马）”。

574[1]

事关御牧穆尔德耶（*kori* Muldeya）之耕地及一座葡萄园（所产之）食物与饮料，由罗没索磋（Ramṣtsa）妥加保存。

此系奥古达摩帕腊（*ogu* Dhamapala）、御牧穆尔德耶与吉查依查卢施屠

① 三岁口？——原注

（*kitsatsa* Lustu）之印。[2]

兹于大王、天子、侍中安归伽（jiṭuṃgha Aṃgoka）陛下治下之三十四年二月二十四日，御牧穆尔德耶与罗没索磋曾达致一项合约，罗没索磋自穆尔德耶之诸奴隶处曾买得土地，此土地由罗没索磋归还，价款亦被送回，计1弥里码 *potǵoñena* 葡萄酒及1匹 *vito* 马。此由穆尔德耶移交并由罗没索磋收讫。就此事，御牧穆尔德耶现下已允诺罗没索磋，于今年开垦葡萄园并犁耕土地。无论秋季（？）由该土地产下多少食物及饮料，其应归罗没索磋。116
价款1弥里码 *potǵoñena* 葡萄酒及1匹 *vito* 马，对此罗没索磋应予偿付。就该土地，御牧穆尔德耶不得向罗没索磋讨要谷物作为地租，罗没索磋亦不得向御牧穆尔德耶讨要价款1弥里码 *potǵoñena* 葡萄酒及1匹 *vito* 马。彼等将于秋季彼此达致合约，并做出裁定。若是彼等不认可价款，由罗没索磋自葡萄园中拿取 *raṭhi* 树及 *paṃni* 作为其财产，其本人之土地则由御牧穆尔德耶取得，正如此前其曾为 *kurora*。[3] 此事之证人为奥古达摩帕腊、御牧穆尔德耶与吉查依查卢施屠。

【注】

[1] 矩形双牍，关于土地买卖之书面契约。遗物编号 N. XXIV. viii. 77。《西域考古图记》第一卷，第261页。《佉卢文题铭》第二卷，第212页。

[2]“此系……之印”句，书于封印之下方。

[3] 值得注意的是，买主罗没索磋最初是从另一位当事人穆尔德耶的奴隶那里购买了土地；这个交易之所以被追回，可能是因为奴隶无权处置土地，也可能该土地是其主人的，所以才改由穆尔德耶直接与罗没索磋交易了。

575[1]

此文书事关黎贝耶（Lýipeya）之偿付款，由苏怙陀（Sug̱uta）妥为保存。

此系主簿檀阇伽（*cozbo* Taṃjaka）之印。[2]

兹于大王、天子摩醯利（Mayiri）陛下治下之十七年一月二十二日，事发为主簿左归腊（Cakvala）曾于精绝（Caḍ'ota）买下一名男子叫作支摩迦（Cmaǵa），此男子支摩迦曾为主簿柯利沙（Kolýisa）得去，彼将其售与黎贝耶。黎贝耶将此男子支摩迦售与精绝之苏怙陀，价钱1峰三岁口橐驼、5弥里码谷物、1张氍氀（*kośava*）、1件*namata*及1件*avalika*。其后，该男子支摩迦之主人帕伐陀（Parvata）之鸠伐夷支（Kuύayici）前来，彼等于王廷申诉，该男子支摩迦乃是鸠伐夷支之财产，由主簿左归腊所支付于彼之价款，为黎贝耶所收回，由黎贝耶所支付之价款为苏怙陀所得。由黎贝耶所收回价款之数目为1峰三岁驼、5弥里码谷物、1张毯子（*kośava*）、1件*namata*及1件*avalika*。至于其他之附加偿付，此位黎贝（Lýipe）给予苏怙陀1峰七岁口橐驼。彼等做出决定，自现下起，不得对苏怙陀及苏难陀（Sunaṃda）或是黎贝及黎帕特迦再次申诉此偿付。此事之证人为王土之主事官主簿檀阇伽、奥古阿离耶（*ogu* Alýaya）及其子阿尔达罗沙（Ardharasa）、税监优格罗（*ṣoṭhaṃgha* Ūgra）。此由我，王家司书（*raja divira*）沙门达摩波离耶（Dhamapriya），书写，其于各地有效。

【注】

[1] 矩形双牍，关于奴隶权利纠纷之判决书。遗物编号N. XXIV. viii. 78。《西域考古图记》第一卷，第261页。《佉卢文题铭》第二卷，第212—213页。

[2]“此系……之印”句，书于封印之下方。

117

576[1]

此文书事关由*caru*支尼迦（Ciniǵa）与波腊特迦（Platǵa）处（所收受）之20目厘与9只绵羊，由司书苏难陀（*divira* Sunaṃta）与左史格耶（Caṣǵeya）妥加保存。

此系主簿夷陀伽（*cozbo* Yitaka）与主簿伏陀（Vukto）之印。[2]

兹于大王、天子、侍中摩醯利（jiṭugha Mayiri）陛下治下之二十一年十二月二十三日，*caru*支尼迦与波腊特迦对司书苏难陀与左史格耶提出诉讼。苏怙陀（Suḡuta）、司书苏难陀、鸠宁陀（Kuñita）及左史格耶曾宣誓做证。支尼迦与波腊特迦阻止他们宣誓，彼等自愿承认其债务，彼等交付数目为20于*caru*昆格耶（Kunǵeya）与乌迦腊（Oǵala）之手。附加之9只绵羊由支尼迦与波腊特迦支付，由左史格耶收讫。此事之证人为诸贵人主簿那摩罗支摩（Namarasma）、税监凯尼迦（*ṣoṭhaṃgha* Keniǵa）、国王侍卫、林苏（Lẏimsu）及税监黎贝耶（Lẏipeya）。此由我，司书索左罗（Socara），受主簿夷陀伽与主簿伏陀之命书写，其于各地有效。

【注】

[1] 矩形双牍，关于债务纠纷之判决书。遗物编号 N. XXIV. viii. 79。《西域考古图记》第一卷，第 261 页；第四卷，图版 XX。《佉卢文题铭》第二卷，第 213 页。

[2]“此系……之印”句，书于封印之下方。

577[1]

此文书事关罗什帕罗（Raśpara）之两峰橐驼，并涉一匹马及一次殴打及其他相互损害之事，由司书苏怗陀（Suĝuta）与苏罡陀（Suĝaṃta）妥加保存。

此系主簿萨摩舍那（*cozbo* Ṣamasena）之印。[2]

兹于大王、天子、侍中摩醯利（jiṭugha Mayiri）陛下治下之二十年十月三日，主簿萨摩舍那曾审理一项争讼。罗什帕罗与司书苏怗陀及苏难陀（Sunaṃta）曾就一项偿付诉讼，我等曾裁决苏怗陀、苏难陀、妇人莎夷娄耶（Sahiroae）及鸠宁陀（Kuñita）应宣誓做证。罗什帕罗出而阻止此事，其曾做一声明而并未答应彼等宣誓做证。自现下起，就两峰驼与马匹及任何其他相互损害及殴打之事，任何人均无权向其他方要求任何偿付。此事之证人为曹长伏陀（*apsu* Vuǵto）、司土牟耆耶（*vasu* Moǵiya）、税监左柯腊（*ṣoṭhaṃgha* Cakola）、柯罗罗苏耆陀（*korara* Suĝita）、埃卡罗牟特格耶（*ekhara* Motǵeya）、税吏苏耆耶（*aǵeta* Suĝiya）、贵人沙罗施帕（*ari* Śaraspa）。此由我，司书索左罗（*divira* Socara），应主簿萨摩舍那之命书写，其效力长如生命。

【注】

[1] 矩形双牍，关于财产纠纷及伤害之判决书。遗物编号 N. XXIV. viii. 80。《西域考古图记》第一卷，第 261 页；第四卷，图版 XX、XXII。《佉卢

文题铭》第二卷，第214页。

[2]“此系……之印”句，书于封印之下方。

118

578[1]

〔波离耶伐迦（Priyavaǵa）[……]苏怙陀（Sugūta）妥为保存。

此系奥古达帕耶（*ogu* Dhapaya）、奥古萨摩舍那（Śamasena）之印。〕[2]

兹于大王、天子、侍中摩醯利（jiṭugha Mayiri）陛下治下之十一年二月二日，奥古达阇帕腊（*ogu* Dajapala）、奥古达帕耶、奥古萨摩舍那、勒达沙（Ldasa）、主簿亚耶特罗陀（*cozbo* Jayatrada）、主簿宾跋色那（Bimbhasena）并主簿索阇伽（Soṃjaka）曾审理此一争讼。苏怙陀与波离耶伐迦就一名女孩及一峰橐驼诉讼，据讼苏怙陀曾将一峰橐驼给予波离耶伐迦以训练，而期间橐驼死亡。为此，波离耶伐迦给付苏怙陀一名叫作柯娄耶（Koloae）之妇人。作为该妇人之回报，苏怙陀回赠波离耶伐迦一张8掌长之地毯。考虑及此，我等业已裁定，今后波离耶伐迦不得向苏怙陀讨要该妇人之偿付，苏怙陀亦不得向波离耶伐迦讨要橐驼。

有各种理由警惕苏毗人（Supi）之威胁。你等不得松懈。应于莎阇（Saca）保持持续之警戒。凡有任何来自于阗（Khotaṃna）之消息，须得令我知悉。凡有来自王廷或苏毗之任何消息，你等会被告知。又，你等已审理帕伐陀（Parvata）之人之诸金匠。

1件*kaṭari karnana*。

彼正无正当理由占用。彼正多方占用。此系世袭产业。

【注】

[1]矩形双牍，底牍正面为奴隶与财产纠纷之判决书，底牍背面为谕令，最后两行为补记的文字。遗物编号N. XXIV. viii. 81。《西域考古图记》第一卷，第261页；第四卷，图版XX。《佉卢文题铭》第二卷，第214—215页。

[2]盖牍正面的题记和封印已不甚清晰。“此系……之印”句，书于封

印之下方。

579[1]

此字据事关牟迦陀（Moǵata）之土地，由司书罗没索磋（*divira* Ramṣotsa）妥加保存。

兹于大王、王中之王、伟大、胜利、公正、遵奉真法之大王安归伽（Aṃkvaǵa）陛下治下之第九年六月十五日，有一男子探长牟迦陀（*carapuruṣa* Moǵata），彼曾出面将 *akri* 地[2] 卖与司书罗没索磋，该地之播种量为 1 弥里码 10 硒 *aḍiṃni*，所受之价钱为价值 12 之地毯 13 掌长。是故司书罗没索磋对该地有使用权，可以播种、犁耕、赠送别人、为所欲为。彼等当诸大夫面达致此买卖。此事之证人为王家官吏吉查依查毗忒耶（*kitsaitsa* Piteya）、卡拉伽蓝查（*kāla* Karaṃtsa）、曹长阿波什耶（*apsu* Apṣiya）与曹长僧左（Śāṃcā），其他另有 *togha* 鸠伐耶（Kuúaya）、司土左 119
提（*vasu* Caḍhi）、曹长伽蓝查、主簿卢施屠（*cozbo* Lustu）、*vuryaǵa* 波格陀（Pǵeta）、*tsaghinaúa* 伽婆陀（Kapota）与御牧史帕黎耶（*kori* Ṣṗalýaya）之扈从室罗沙（Śirāsa）。凡有何人将来就此事禀报或争讼，其申诉于王廷无效。此字据系由我，司书陀摩施帕（Tamasṗa）之子司书牟迦陀（Moǵata），受诸大夫之命书写，其效力为一千年，长如生命。

吉查依查之扈从史龙迦（Śronǵa）与甲长娑廷迦（Śodinǵa）断绳。

【注】

[1] 矩形双牍，关于土地买卖之书面契约。遗物编号 N. XXIV. viii. 82。《西域考古图记》第一卷，第 261 页；第四卷，图版 XXIII。《佉卢文题铭》第二卷，第 215 页。

[2] *akri* 地，一种土地（耕地）的名称，与 *miṣi* 地有别。

580[1]

此文书事关沙耆摩（Saǵima）之 *miṣiya* 地，由税监罗没索磋（*ṣoṭhaṃgha*

Ramṣotsa）妥加保存。

兹于大王、天子、侍中安归伽（jiṭugha Aṃgoka）陛下治下之十九年十月六日，有一男子名曰沙耆摩，彼出而将 *miṣiya* 地卖与税监罗没索磋，该地之播种量为 1 弥里码（？）又 1 硒。另有连带之若干 *akri* 地，其播种量为 1 弥里码。彼将二者均出售。是故，沙耆摩由税监罗没索磋处所受之地价计 1 匹价值 40 之四岁马，此由沙耆摩所收讫。此外，其所受之 *atǵa suḍa* 价款为 1 弥里码 10 硒谷物。彼等当诸大夫吉查依查伐尔帕（*kitsaitsa* Varpa）与卡拉伽蓝查（*kāla* Karaṃtsa）面达致合意。证人为税监吠军吉耶（Vekuṃjiya）、税监鸠罗格耶（Kuraǵeya）、百户长帕鸠伐耶（*śadavida* Pakuύaya）、百户长鸠卢左（Kuluca）、百户长伐毗伽（Vapika）、百户长布尔遮伐罗（Purzavara）、司书阿伯各耶（*divira* Apǵeya）、*sotira* 及祭司左陀陀（*tasuca* Catata）、卡拉伽蓝查之子康吉耶（Kaṃjiya）。为此就该 *miṣiya* 地及 *akriya* 地，自现下起税监罗没索磋有权犁耕、播种、作为礼物赠送别人、交换、为所欲为。凡何人将来对此有禀报、争议或否认者，其申诉将于王廷无效。

我等诸大夫业已查看该两种土地。该地系在色尼（Seni）之北。为该缘故，我等诸大夫已下达一道指令，我等已写下一道指令及字据。凡何人再次申诉土地之事，彼等应处罚于他，即处罚以一匹马及七十下笞打。此文书系由我，司书陀摩施帕（Tamaspa）之子司书牟迦陀（Moǵata），受诸大夫之
120 命书写，其效力为一百年，长如生命。其应沙耆摩之请求书写。

税吏柯囊耶（*aǵeta* Koñaya）断绳。[2]

【注】

[1] 矩形双牍，关于土地买卖之书面契约。遗物编号 N. XXIV. viii. 83。《西域考古图记》第一卷，第 261 页；第四卷，图版 XX。《佉卢文题铭》第二卷，第 216 页。

[2] 除了书于盖牍正面封印下方的关于用印的说明外，本件系一保存完整的书面契约。另参见第 582 号文书。

581[1]

此文书事关达摩阇（Ḍhamaja）之一座葡萄园，由司书罗没索磋（*divira* Ramṣotsa）妥加保存。

兹于大王、王中之王、伟大、胜利、公正、遵奉真法之大王安归伽（Aṃkvaǵa）陛下治下之第六年四月十四日，有一男子名曰达摩沙（Ḍhamaśa），与第二人司书罗没索磋，彼等当干旱与饥馑之时达致一项买卖。此二者均系叶吠阿瓦纳（Yaύe avana）之封户（*kilmeci*）。此位达摩阇曾出面将一座葡萄园售与司书罗没索磋，该园计有7 *avacira*。所给付之价款计6掌长之地毯（*tavastaǵa*）、1件*kavaji*、2只绵羊及1弥里码谷物。彼等当诸大夫吉查依查毗忒耶（*kitsaitsa* Piteya）与卡拉伽蓝查（*kala* Karaṃtsa）之面达致合意。证人为主簿伐尔帕（*cozbo* Varpa）、甲长沙鲁韦耶（*karsenaύa* Saluύeya）、司税左多（*yatma* Cato）及扈从阿离什帕（Ariṣṕa）。司书罗没索磋有权将该葡萄园赠送别人、交换、为所欲为。凡何人将来（就此事）禀报、争讼或否认，其诉讼于王廷无效。此文书系由我，司书陀摩施帕（Tamasṕa）之子司书牟迦陀（Moǵata）书写，其效力为一千年，长如生命。

司税牟离那（Molýina）断绳。

【注】

[1] 矩形双牍，关于土地买卖之书面契约。遗物编号N. XXIV. viii. 84。《西域考古图记》第一卷，第261页。《佉卢文题铭》第二卷，第216—217页。

582[1]

此字据事关沙门夷毗耶（Yipiya）之土地，由税监罗没索磋（*ṣoṭhaṃgha* Ramṣotsa）妥加保存。

此系奥古杰耶跋多罗（*ogu* Jeyabhatra）、*caṃkura* [……] 及主簿索阇伽（*cozbo* Soṃjaka）之印。[2]

兹于大王、天子、侍中安归伽（jitugha Aṃǵoka）陛下治下之第二十年四月二十二日，有一居于精绝（Caḍ'ota）之沙门名曰夷毗耶，彼曾出面将土地售与税监罗没索磋，该地包括于 *miṣi* 地上之 25 *kuthala*。先前此地曾为 *miṣi* 地，但其后此地降为 *akri* 地。沙门夷毗耶由税监罗没索磋处收受价款，
121 计价值 15 之 3 匹马（？）。彼等平等达致合意。自现下起，罗没索磋有权在该地播种、犁耕、作为礼物赠送别人、交换、为所欲为。此事之证人为精绝之僧团（Bhichu saṃgha），主管王国事务之诸大夫吉查依查伐尔帕（*kitsaitsa* Varpa）、卡拉伽蓝查（*kāla* Karaṃtsa）、司土阿周宁耶（*vasu* Acuñiya）、司土左提（Caḍhi）、且末（Calmadana）主簿苏耶蜜多罗（Suryamitra）、鸠罗格耶（Kuraǵeya）及伏金那（Vukiṃna）。凡有何人将来就此土地禀报、争讼或予否认，其诉讼将于王廷无效。此文书系由我，司书陀摩施帕（Tamaspa）之子司书牟迦陀（Moǵata），受诸大夫之命书写，其效力长如生命。其应沙门夷毗耶之请求书写。

司土左提断绳。[3]

（后记）兹于大王、天子、侍中摩醯利（jiṭugha Mahiriya）陛下治下之第四年二月二十八日，奥古杰耶跋多罗、*caṃkura* 左陀罗迦（Cataraǵa）、监察帝罗法罗（*cuv́alaina* Tiraphara）、主簿索阇伽及主簿伐难陀（Vanaṃta）曾于精绝就此事之争讼予以审理。此田地乃被强行播种。现下司土伏耆左（Vuǵica）与司书罗没索磋业已诉讼。此书牍（*ṣulǵa lihidaǵa*）系其效力。四分之一种子归伏耆左所得，以作为其本人之种子。其余之谷物及土地归罗没索磋所得。①[4]

【注】

[1] 矩形双牍，两件文书，关于土地买卖之书面契约（盖牍正面 + 底牍正面 + 盖牍背面）及判决书（盖牍背面）。遗物编号 N. XXIV. viii. 85。《西域考古图记》第一卷，第 261 页；第四卷，图版 XX、XXI。《佉卢文题铭》第二卷，第 217—218 页。

[2]“此系……之印”句，书于封印之下方。

[3] 以上为土地买卖书面契约，保存了书面契约的完整格式。纪年为安

---

① 底牍正面第 3 行，托马斯教授将 *akri patida* 之意释为“放弃耕种”。但是，无充分的证据来确定术语 *akri* 和 *miṣi* 的确切含义。底牍正面第 4 行的 *re ka so* 很不清楚。盖牍背面第 6 行，*ṣulǵa* 像是常见的词语 *ṣilýoǵa* 的另一种形式。——原注

归伽王第二十年，按鄯善王统与年代学研究，此年当公元 273/274 年（参见《楼兰鄯善简牍年代学研究》，第 383 页）。

[4] 书于盖牍背面的摩醯利王四年之判决书，用更深的墨笔书写。按鄯善王统年代学研究，摩醯利王四年当公元 293/294 年（参见《楼兰鄯善简牍年代学研究》，第 383 页）。

583[1]

事关王家驼群，由罗没索磋（Ramṣotsa）与黎帕特迦（Lýipatǵa）保存。

兹于大王、天子、侍中安归伽（jiṭuga Aṃǵoka）陛下治下之第三十三年七月二十五日，主簿康吉耶（Kaṃjiya）曾审理一项争讼。罗没索磋、税吏鸠那（*aǵeta* Kuuna）与左多（Cato）为王家驼群而争讼。现下彼等已由罗没索磋及黎帕特迦处给付 2 掌长之 *kajaha vaṃnaǵa*，及 4 掌长之地毯（*tāvastaǵa*）。再者，黎帕特迦给付 1 块于阗（Khotaṃna）氍毹（*kojava*）并 6 掌长之地毯。罗没索磋与黎帕特迦所给付者已得处置，而鸠黎特迦（Kuritǵa）已收讫。凡有何人于将来争议此事，将不再有任何之赊欠。 122

【注】

[1] 矩形双牍，关于财产赔偿之判决书。遗物编号 N. XXIV. viii. 86。《西域考古图记》第一卷，第 261 页；第四卷，图版 XX。《佉卢文题铭》第二卷，第 218 页。

584[1]

此文书由鸠特雷耶（Kutreya）与罗没索磋（Ramṣotsa）妥为保存。

此系古速罗杰跋多罗（*guśura* Jebhatra）、*caṃkura* 左罗迦（Caraǵa）与主簿索阇伽（*cozbo* Soṃjaka）之印。[2]

兹于大王、天子、侍中摩醯利（jiṭugha Mahiriya）陛下治下之第四年二月二十八日，古速罗杰跋多罗、*camkura* 左陀罗迦（Cataraǵa）、监察帝帕罗（*cuv́alayina* Dirpara）与主簿索阇伽曾审理一项争讼。罗没索磋、鸠特雷耶与支尼伽（Cinika）曾为绵羊而诉讼，时当鸠特雷耶任 *aṣǵa*，彼时彼等曾赠与罗没索磋一件荣誉礼物①，彼等给予他 4 只绵羊，由伏钦迦（Vuǵinǵa）付给，由苏怙陀（Sug̱uta）取得。其后，鸠特雷耶、伏钦迦与支尼伽夺去罗没索磋 20 只羊。此案被拖延下去。伏钦迦已死，苏怙陀在于阗（Khotaṃna）。俟苏怙陀由于阗返回后，彼时应着手处理此案，连同誓言与证人一道详加审理。

【注】

[1] 矩形双牍，关于财产纠纷之判决书。遗物编号 N. XXIV. viii. 87。《西域考古图记》第一卷，第 262 页。《佉卢文题铭》第二卷，第 218—219 页。

[2]“此系……之印”句，书于封印之下方。

585[1]

令人愉悦之大主簿索阇伽（*mahācozbo* Soṃjaka）亲启。

一只鹿角及一枚玛瑙贝，以兵器切割，以 *taravaca* 切割。[2]

令人愉悦之主簿索阇伽足下，鸠腊伐达那（Kulavardhana）谨致敬
123 意，等等，此系其通信。请你务必关照我等封邑（*kilmeci*）之人，将他们视若你本人之人。该处亦有一名属我等封邑所有之奴隶，名叫安德耆耶（Aṃtǵiya），他曾出面为其本人之生命交付一名叫作金格耶（Cimǵeya）之男子及 6 只绵羊，以作为其赎金。[3] 此等系 12 只羊。此事令我不悦。该男子现仍活着。现下我已命令将此位安德耆耶带来本处。尚未支付专门赎金。若是彼给付专门赎金及奶费（*mukeṣi*），伽黎奥查（Kalýotsa）将在此做一书面裁决。鉴于该处所曾欠我等之葡萄酒，我等业已支付 2 弥里码 10 硒葡萄酒于王家账户。该处理应给出指令。不得于送酒途上设置任何障碍。确然，应指令彼等交纳此酒。业已送上一件 *lastuǵa* 以表思念。你理应关照他们，将其视为你本人之人。现下于此地精绝（Caḍ'ota），替代他之一名男子 [……

① 底牍正面第 4 行，术语 *aṣǵa* 仅见于此处，其意思全然不明。底牍正面第 5 行，*samana* 可假定是梵语 *sammāna-*，译为“荣誉礼物”。——原注

……] 为此事，彼谨问安于大人 [……] 足下，该事理应为你明察 [……] 予以安置。达摩波离耶（Dhamapriya）[……] 致大人、人神亲近之大主簿 [……

【注】

[1] 矩形双牍，信函。遗物编号 N. XXIV. viii. 88。《西域考古图记》第一卷，第 262 页。《佉卢文题铭》第二卷，第 219—220 页。

[2]“一只鹿角……切割”句，书于封印之下方。可能是随信函赠礼的题记。

[3]“他曾出面为其本人之生命交付一名叫作金格耶之男子及 6 只绵羊，以作为其赎金”，意即支付相当价值的赎金以赎买他的自由人身份。这意味着奴隶身份可以通过赎买而解除。

586[1]

此字据事涉属达摩沙（Ḍhamaśa）之一座葡萄园，由司书罗没索磋（*divira* Ramṣotsa）妥为保存。

兹于大王、天子安归伽（Aṃkvaǵa）陛下治下之第十六年六月一日，有一男子名曰达摩沙，彼曾出面将一座葡萄园连带树木售与司书罗没索磋，该园包括有 15 *sujada*。所给付之价款计一匹马。彼等合意并做出决定，自现下起，司书罗没索磋有权于该葡萄园中搭架、拆除、剪葡萄、饮葡萄酒、交换、出售、为所欲为。彼等当诸大夫吉查依查伐尔帕（*kitsaitsa* Varpa）与卡拉伽蓝查（*kala* Karaṃtsa）面做出决定。证人为阿周宁耶（Acuñiya）、司土左提耶（*vasu* Caḍhiya）、税监鸠罗格耶（*ṣoṭhaṃgha* Kuraǵeya）、百户长帕归耶（*śadavita* Pakvaya）、甲长查娄伽（*karsenav́a* Tsaroka）、百户长牟迦陀（Moǵata）、税吏檀吉伽（*aǵeta* Taṃjika）、司税史龙迦（*yatma* Śronǵa）、百户长布尔沙伐罗（Pursavara），及 *vuryaǵa* 罗德格耶（Ratǵeya）。凡有何人将来对此事禀报、争讼或予否认，其申诉将于王廷无效。此字据系由我，司 124
书陀摩施帕（Tamasṕa）之子司书牟迦陀（Moǵata），受诸大夫之命书写，其效力为一百年，长如生命。彼等曾于此处精绝（Caḍ'ota）之 *paraṃpula* 做出裁决。此系应达摩阇（Ḍhamaja）之请求书写。①

司土左提耶断绳。

【注】

[1] 矩形双牍，关于土地买卖之书面契约。遗物编号 N. XXIV. viii. 89。《西域考古图记》第一卷，第 262 页。《佉卢文题铭》第二卷，第 220 页。

587[1]

此契据事涉黎波陀（Lẏipta）出售之土地，由司书罗没索磋（*divira* Ramṣotsa）妥为保存。

兹于大王、天子、侍中安归伽（jiṭugha Aṃkvaǵa）陛下治下之第二十一年，有一属忙格耶（Mañgeya）及僧左（Śāṃcā）所有之男子，名叫黎波陀，他们曾出面将播种量为 7 硒 *sahini* 之 *ciraiṃta* 地售与司书罗没索磋。他们当诸大夫面达致合意。自现下起，税监罗没索磋有权在该地上播种、犁耕、交换、出售、抵押、为所欲为。他们当诸大夫吉查依查伐尔帕（*kitsaitsa* Varpa）、卡拉伽蓝查（*kāla* Karaṃtsa）之面达致合意。证人为司土阿周宁耶（*vasu* Acuñiya）、督军僧左（*toṃgha* Śāṃcā）、税吏鸠那（*aǵeta* Kuuna）、百户长牟迦陀（*śadavida* Moǵata）、税监阿耆耶（*ṣoṭhaṃgha* Argiya）、阿离什帕（Ariṣṕa）及司税左多（*yatma* Cato）。凡有人将来再于诸司土与诸税吏前就此事申诉，彼等之申诉将于王廷无效。此契据系由我，司书陀摩施帕（Tamasṕa）之子司书牟迦陀（Moǵata），受诸大夫之命书写，其效力为一百年，长如生命。黎波陀业已售出，其妥善售出；税监罗没索磋业已买下，其妥善买下。此系应黎波陀与僧左之请求书写。

该地之价款当诸证人之面已给付，计 6 硒葡萄酒与 10 硒谷物。所给付之该地价款计 10 目厘。[2]

① 盖牍正面第 2 行，*thavidavo* 读作 *tharidavo*。盖牍正面第 2 行，*sujada* 在此像为某种技术术语，它在第 655 号文书里再次出现。盖牍正面第 4 行，*vrachi* 读法之一，可如编者们所建议的 *trachi* = 梵语 *drākṣā*。—— 原注

【注】

[1] 矩形双牍，关于土地买卖之书面契约。遗物编号 N. XXIV. viii. 90。《西域考古图记》第一卷，第 262 页；第四卷，图版 XXIII。《佉卢文题铭》第二卷，第 221 页。

[2] 最末一句是价款的签收，有可能是不同的人书写的。

588[1]

此文书事涉毗特迦（Pitǵa）所收纳之财产，由司书苏难陀（*divira* Sunaṃta）妥为保存。

此系司土牟者（*vasu* Moǵi）与毗特迦之印。[2]

兹于大王、天子、侍中摩醯利（jiṭugha Mayiri）陛下治下之第二十年十
月十七日，有一男子毗特迦，其申诉苏难陀。现下毗特迦与司书苏难陀业 125
已做出处置，彼等已达合意。司书苏难陀已偿付全数债务，毗特迦业已收讫。自现下起，毗特迦不再向苏难陀申索偿付，且不得占有。该处之证人为贵人司土牟者耶、司土伽克耶（Kaḱeya）、杰耶伽（Jeyaka）、祭司左屠格耶（*tasuca* Catuǵeya）、沙门僧伽罗支（Saṃgharachi）、波莱耶（Pleya）及达迈左（Dhameca）。[3]

【注】

[1] 矩形双牍，关于债务纠纷之判决书。遗物编号 N. XXIV. viii. 91。《西域考古图记》第一卷，第 262 页；第四卷，图版 XX。《佉卢文题铭》第二卷，第 221—222 页。

[2]“此系……之印”句，书于封印之下方。

[3] 底牍背面另书有 2 栏共 12 行，为一份账目，书人名及数目（若干硒），可能与赋税有关（《佉卢文题铭》第二卷，第 222 页）。

589[1]

此契据事涉女孩史弥查（Smitsae），由司书罗没索磋（*divira* Ramṣotsa）

妥为保存。

兹于大王、天子安归伽（Aṃguvaka）陛下治下之第十一年二月十二日，有一妇人名曰黎丙查耶（Lẏipiṃtsaae），其子叫作波耆陀（Pǵita）。他们于饥馑时期将一名叫史弥查之女孩，卖与司书罗没索磋，价钱为一峰价值40之一岁驼。黎丙查耶与波耆陀收讫。所给付之头（？）价为4只绵羊。故，司书罗没索磋对该女孩史弥查有所有权，可对其为所欲为。彼等当诸大夫吉查依查毗忒耶（*kitsaitsa* Piteya）与卡拉伽蓝查（*kāla* Karaṃtsa）面达致合意。证人为司土左提耶（*vasu* Caḍhiya）、督军僧左（*toṃgha* Śāṃcā）、税监鸠罗格耶（*ṣoṭhaṃgha* Kuraǵeya）、阿伯各耶（Apǵeya）、左布迦（Capuǵa）、牟迦陀（Moǵata）、忙格耶（Mañǵeya）、黎波陀（Lẏipta）、沙门达摩陀罗（Dhamadara）及司税左多（yatma Cato）。此契据系由我，司书陀摩施帕（Tamasṕa）之子司书牟迦陀（Moǵata），受诸大夫之命书写，其效力为一百年，长如生命。督军僧左断绳。该女史弥查高4 *diṣṭis*。黎丙查耶收纳半数价款，而摩施那司税支耆多耶（Masina *yatma* Ciǵitoya）收纳另一半。

【注】

[1] 矩形双牍，关于买卖奴婢之书面契约。遗物编号N. XXIV. viii. 92。《西域考古图记》第一卷，第262页。《佉卢文题铭》第二卷，第222页。

590[1]

此契据事涉一名妇人黎帕耶（Lẏipaae），由司书罗没索磋（*divira* Ramṣotsa）保存。

兹于大王、天子、侍中安归伽（jiṭugha Aṃguvaka）陛下治下之第十七年四月二十八日，有一男子名曰僧左（Śāṃcā），其出面将一名叫黎帕耶之妇人卖与司书罗没索磋。僧左曾由司书罗没索磋处收纳该妇人黎帕耶之价钱，其曾收纳1峰价值40之 *viyala* 驼、1峰价值30之 *aṃkla<tsa>* 驼、1块12掌长地毯及1块11掌长地毯。另曾收纳8 *sutra* 目厘。总价计98。彼等如
126 是平等达致合意。自现下起，司书罗没索磋对该妇人有所有权，其可以将她

殴打、抵押、出卖、作为礼物赠与别人、交换、典当、为所欲为。[2]此事之证人为吉查依查伐尔帕（*kitsaitsa* Varpa）、卡拉伽蓝查（*kāla* Karaṃtsa）、督军鸠伐耶（*toṃgha* Kuύaya）、左布迦（Capuǵa）、曹长毗特迦（*apsu* Pitǵa）、司土伐毗伽（*ύasu* Vapika）、税吏鸠那（*aǵeta* Kuuna）、司税左多（*yatma* Cato）、沙布迦（Śapuǵa）、甲长伏金迦（*karsenaύa* Vuǵinǵa）、百户长布尔沙伐罗（*śadavida* Pursavara）及甲长黎支克迦（Riciḱga）。凡有人今后对此事禀报或予否认，其诉讼将于王廷无效。此契据系由我，司书陀摩施帕（Tamasṕa）之子司书牟迦陀（Moǵata），受诸大夫之命书写，其效力为一百年，长如生命。

此系应僧左之请求书写。

司税左多断绳。

【注】

[1] 矩形双牍，关于买卖奴婢之书面契约。遗物编号 N. XXIV. viii. 93。《西域考古图记》第一卷，第 262 页。《佉卢文题铭》第二卷，第 223 页。

[2] "司书罗没索磋……为所欲为"句，是对奴隶所有权的最完整表述。

591[1]

此文书事涉一男子波卢施达耶（Pruṣḍhaya），由黎贝耶（Lẏipeya）妥为保存。

此系卡拉娄克支（*kāla* Roktsi）之印。[2]

兹于大王、天子、侍中摩醯利（jeṭugha Mayiri）陛下治下之第十五年一月十一日，黎贝耶与婆沙尔萨（Bośarsa）曾由卡拉娄克支处买得一男子，名曰波卢施达耶。卡拉娄克支曾收下价款，计 1 峰五岁驼、1 匹五岁马及 25 *atǵa*。彼等平等达致合意。自现下起，黎贝耶拥有对该男子之权利，可以出卖、抵押、交换、作为礼物赠送他人、为所欲为。凡何人今后对此申诉或争议，其诉讼将于王廷无效。凡何人今后挑发争议并图谋翻案，将会受到处罚，其处罚为一匹骟马及五十下笞打。此事之证人为主簿之兄弟车摩耶（Tsmaya）及司土沙鲁韦耶（*vasu* Saluύeya）。此由我，司书罗没索磋

(*divira* Ramṣotsa) 之子苏罡陀 (Sugāmta) [3]，应卡拉娄克支之请求书写。

【注】

[1] 矩形双牍，关于买卖奴隶之书面契约。遗物编号 N. XXIV. viii. 94。《西域考古图记》第一卷，第262页。《佉卢文题铭》第二卷，第223—224页。

[2]“此系……之印”句，书于封印之下方。

[3]“司书罗没索磋之子苏罡陀”，这是第二个司书世家。

592[1]

事涉妇人黎弥娑耶 (Lyimisoae)，由司书罗没索磋 (*divira* Ramṣotsa) 保存。

此系主簿康支耶 (*cozbo* Kaṃciya) 之印。[2]

127 兹于大王、天子、侍中安归伽 (jiṭugha Aṃguvaka) 陛下治下之第三十二年十二月二十日，有一男子名曰帕了难多 (Palnaṃto)，其出面将一身高 4 *diṣṭis* 女孩黎弥娑耶卖与司书罗没索磋，所给付之价钱为一峰价值 30 之 *aṃklatsa* 驼。帕了难多收纳此价钱，及额外之 *atǵa* 目厘计一条于阗 (Khotaṃna) 氍氀 (kojava)。彼等如是达致合意。自现下起，罗没索磋对该妇人黎弥娑耶有所有权，可以对其殴打、捆绑、交换、抵押、为所欲为。此系当诸大夫面所写下，证人为主簿康支耶 (Kaṃciya)、司土阿周宁耶 (*vasu* Acuñiya)、税监鸠伐耶 (*ṣoṭhaṃgha* Kuúaya)、沙离伐罗 (Sarivara)、军舍那 (Ḱuṃtsena)、贵霜陀 (Kuṣaṃta)、黎牟 (Lýimo)、税吏左多 (*aǵeta* Cato)、司土伐毗伽 (Vapika)、沙门达弥腊 (Dhamila)、沙门悉腊波罗伐 (Śilaprava)、税吏乌波格耶 (Opǵeya)。凡何人今后对此事禀报、争讼或是否认，其申诉将于王廷无效。此由我，司书牟迦陀 (Moǵata)，受诸大夫之命书写，其效力长如生命。

曹长伏师陀耶 (*apsu* Vuṣḍhaya) 断绳。

【注】

[1] 矩形双牍，关于奴婢买卖之书面契约。遗物编号 N. XXIV. viii. 95。《西域考古图记》第一卷，第262页。《佉卢文题铭》第二卷，第224页。

[2]“此系……之印”句，书于封印之下方。

593[1]

此文书事涉跋腊身那（Balasemṇa）与鸠波苏陀（Kupṣuta）所有之一峰三岁牝驼，由苏怙陀（Sugūta）妥加保存。

此系主簿萨摩舍那（*cozbo* Ṣamasena）与主簿伯瞿（Pǵo）之印。[2]

兹于大王、天子、侍中摩醯利（jiṭugha Mahiriya）陛下治下之第十七年六月二十日，有一帕伐陀（Parvata）之男子名鸠波苏陀，其由萨尔色那（Śarsena）处收纳一峰三岁口孕驼，并给予苏怙陀。萨尔色那曾出面将该驼由苏怙陀处取走。现下于本处，苏怙陀、鸠波苏陀、萨尔色那之子跋腊身那及其奴隶史卢师丁迦（Śrustinǵa）已就此三岁牝驼申诉。此一争讼由诸大夫主簿萨摩舍那、主簿伯瞿与探长乌波格耶审理，曾给予判决。现下，鸠波苏陀、苏怙陀、跋腊身那及史卢师丁迦彼此对偿付无主张。此事之证人为贵人主簿达迈那（Dhamena）、苏耆、鸠莱耶（Kuleya）、司土伐贝耶（*vasu* Varpeya）、曹长伏雅（*apsu* Vua）、税监鸠陀迦（*ṣoṭhaṃgha* Kutaǵa）、向导卢达罗耶（*arivaǵa* Rutraya）、苏耆陀（? Sugīta）及苏耆耶（Sugīya）。

【注】

[1] 矩形双牍，关于财产纠纷之判决书。遗物编号 N. XXIV. viii. 96。《西域考古图记》第一卷，第 262 页；第四卷，图版 XX、XXIII。《佉卢文题铭》第一卷，第 224—225 页。

[2]“此系……之印”句，书于封印之下方。

594[1]

……] 送交此处诸侍从手中。又，春季彼曾告你有关驼群之事。现下确实 [……

【注】

[1] 长方形牍（残存一半），信函。遗物编号 N. XXIV. ix. 1。《西域考古

图记》第一卷，第 263 页。《佉卢文题铭》第二卷，第 225 页。

128

595[1]

……] 连带额外税款一道于秋季支付，10 弥里码 5 硒。

【注】

[1] 长方形牍，信函（？）。遗物编号 N. XXIV. x. 1。《西域考古图记》第一卷，第 263 页。《佉卢文题铭》第二卷，第 225 页。

598[1]

此手书系由我，司书牟德迦（*divira* Moteǵa）之子司书牟耆耶（Moǵiya），受诸大夫之命所写，其效力长如生命。诃罗（Khara）断绳。彼等已带来价款，彼等收讫价款，计 15。此位诃罗 [⋯？ ⋯] 曾前往。司书牟耆耶之子伽蓝查（Karaṃtsa）[2] 断绳，其效力长如生命。[3]

【注】

[1] 矩形盖牍，书面契约。遗物编号 N. XXVI. i. 4。《西域考古图记》第一卷，第 263 页；第四卷，图版 XX、XXIII。《佉卢文题铭》第二卷，第 226 页。

[2] “司书牟德迦之子司书牟耆耶”，这是另一个司书世家，表明这种职务通常是世袭的。

[3] 封印的上方残存若干字迹，其下方有 3 行漫漶字迹，当是关于契约主题语及用印的说明。

599[1]

〔主簿索阇伽（*cozbo* Soṃjaka）[……]。〕

……] 送交本处。于十二月十五日 [……] 新人之手，并犁耕 [……

【注】

[1] 楔形盖牍，谕令。遗物编号 N. XXVI. i. 5。《西域考古图记》第一卷，第 263 页。《佉卢文题铭》第二卷，第 227 页。

600[1]

兹于大王、天子、侍中摩醯利（jiṭugha Mayiri）陛下治下之第二十一年六月二十日，妇人腊娄耶（Laroae）曾自王家马厩中取去一匹牝马以做交换。现下已在王廷就牝马进行复核。腊娄耶取去一匹牝马并给付两匹牝马。该牝马之牝驹 [……] 两匹，及三匹牝马。已全数移交与王家马厩。业已做出裁决。[2]

【注】

[1] 矩形底牍，判决书。遗物编号 N. XXVI. i. 6。《西域考古图记》第一卷，第 263 页。《佉卢文题铭》第二卷，第 227 页。

[2] 有多件文书都提到了属于王家的财产（此处是马群）。

604[1]

兹于大王、天子、侍中伐色摩那（jiṭugha Vaṣmana）陛下治下之第七年六月二十五日，沙胡萨·沙诃（Śakhusa Śakha）启封，封印系在左牧·波列忒（Camu Prete），已供给水。该处之证人为 *aṣǵara* 林苏（Lýimsu）与沙门色伐舍那（Sevasena）。当左史格耶（Caṣǵeya）将 *soṃgha*（=？）带至罗摩伽（Ramaka）一方之时，彼时税监黎贝耶（*ṣoṭhaṃgha* Lýipeya）曾予启封。彼时色伐舍那曾借水，跋腊舍那（Balasena）强行截断水源 [……]。檀支瞿（Taṃcǵo）曾启封 [……] 林苏为证人。[2]

【注】

[1] 长方形牍，籍账类之登记簿。遗物编号 N. XXVI. vi. 1。《西域考古图记》第一卷，第 264 页；第四卷，图版 XXVI。《佉卢文题铭》第二卷，第 229 页。

[2] 本件难以归类，事涉所谓启封及供水，或许是关于用水的登记，简牍的类别也适于做此种文书。

606[1]

〔大德、大王敕谕吉查依查陆都（*kitsaitsa* Luṭhu）与卡拉伽蓝查（*kala* Karaṃtsa）如下：〕沙门阿夷腊（Ayila）禀报我等道，一名叫作左蒂莎耶（Cadisaae）之妇人曾焚烧其黄袍（*kaṣara*）。当此印封之楔牍传至你等处，
129 须详加审理并依照法令做出裁决。如非属实，或是你等处不能澄清此事，则将此等争讼者拘押并送至王廷，由本处做出裁决。

〔沙门阿夷腊。〕

【注】

[1] 楔形底牍，谕令，关于财产损害之申诉。遗物编号 N. XXVI. vi. 3。《西域考古图记》第一卷，第 264 页。《佉卢文题铭》第二卷，第 230 页。

612[1]

致令人愉悦之爱兄、良友佛陀蜜多罗（Budhamitra）足下，色伐舍那（Sevasena）谨祝圣体安康、万寿无疆，如是其言道：当此信札送达你处，你须从速归还于我。

【注】

[1] 长方形牍，信函。遗物编号 N. XXVI. vi. 9。《西域考古图记》第一卷，第 264 页。《佉卢文题铭》第二卷，第 231 页。

617[1]

兹于大王、天子、侍中伐色摩那（jiṭugha Vaṣmana）陛下治下之第五年一月二十六日，彼时将吉伐蜜多罗（Jivamitra）户下所欠之石榴款记下。

跋多罗（Batra）所欠之石榴款计 2 瓦查里。[2]

【注】

[1] 片形牍，籍账类之欠税账目。遗物编号 N. XXVI. vi. 15。《西域考古图记》第一卷，第 264 页。《佉卢文题铭》第二卷，第 233 页。

[2] 本件背面未释译，分 3 栏各 2 行，书人名及所欠交石榴款、单位（瓦查里），应是正面账目之后续部分。

621[1]

〔大德、大王敕谕主簿索阇伽（*cozbo* Soṃjaka）如下：〕萨迦牟云（Saǵamovi）就此申诉，彼乃叶吠阿瓦纳（Yaúe avana）之土著，有一陶工（*kulala*）名张左（Caṃca），而此位萨迦牟云乃是其子。奥古阿输伽（*ogu* Aśoka）封邑（*kilme*）之一人，彼年青时曾常居于左多（Cato）之邻舍。彼时左多曾娶沙门散达罗（Sundara）之女名曰苏波离耶（Supriya）为妻。其后，此位萨迦牟云与苏波离耶自左多屋中逃往龟兹（Kuci）国。他们曾长期居留于龟兹国，之后他们受大王我感化，返回其故国 [……]。无论此萨迦牟云曾拥有何等之妻子、诸儿女及奴隶，此萨迦牟云皆放弃索要赔偿。现下，沙门散达罗与黎帕那（Lẏipana）正为妇人苏波离耶在叶吠阿瓦纳滋事，彼等正索要赎金（*lode*）。当此印封之楔牍传至你处，即刻详加审理，查明是否沙门散达罗与黎帕那正为苏波离耶向此位萨迦牟云滋事、索要赎金。应阻止他们。他们不得向萨迦牟云申诉苏波离耶。

〔萨迦牟云。〕①[2]

【注】

[1] 楔形底牍，谕令。遗物编号 N. XXIX. i. 2。《西域考古图记》第一卷，第 265 页；第四卷，图版 XXVII。《佉卢文题铭》第二卷，第 234 页。

[2] 关于当事人萨迦牟云与苏波离耶私奔龟兹的事迹，除第 632 号文书外，和田博物馆收藏的一件佉卢文木牍也是关于此案的，已故段晴教授做了绘声绘色的释读（《萨迦牟云的家园 —— 以尼雅 29 号遗址出土佉卢文书观

① 此事所涉事宜另见于第 632 号文书。—— 原注

鄯善王国的家族与社会》)。

622[1]

大王之子卡拉般尼耶跋腊（*kala* Puṃnyabala）写下并问安司土沙耆牟耶（*ṽasu* Saǵimoya），（其）将知悉我所写者。该处租借之葡萄酒须从速征收，
130 将此酒带去山区并做出 *vaṣḍhiǵa*。又，四峰牝驼及所拥有之公驼，此等橐驼连同诸督军应带至本处，其扈从则由你关照。你亦应将赋税随同彼等一道带至本处。另将 3 条地毯连带谷物一道带至本处。另将全数之 *ciroma* 带至本处。另将于阗（Khotaṃna）诸难民 [……] 本处。将橐驼带来 [……

【注】

[1] 矩形底牍，信函。遗物编号 N. XXIX. i. 3。《西域考古图记》第一卷，第 265 页。《佉卢文题铭》第二卷，第 235 页。

624[1]

……] 送交帕特罗耶（Patraya）。至于信函与礼物，彼将会带来。帕特罗耶之处 [……] 将橐驼送至该处。又，我已听闻你将一峰橐驼给予左克腊（Cakla）以作地价。亦曾将橐驼带来及土地 [……] 若是欠左克腊一峰橐驼，左克腊须得占有土地。若是土地 [……] 将橐驼带来 [……

【注】

[1] 矩形底牍，信函。遗物编号 N. XXIX. i. 5。《西域考古图记》第一卷，第 265 页。《佉卢文题铭》第二卷，第 235 页。

625[1]

……] 主簿柯离那（*cozbo* Kolýina）曾执掌王土 [……]。一名男童左奈耶（Caneya）曾被送与莎阇（Saca）左摩伽（Camaka）。于阗人（Khotaṃni）曾自黎民那（Lýimiṃna）屋中将该男童掳去。时当你，主簿索阇伽，执掌王

土，彼时司土萨迦牟云（*vasu* Saǵamoya）与黎民那曾就该男童左奈耶诉讼，你曾予裁决。黎民那已送出，而萨迦牟云取得一峰八岁驼。彼等对诸事做出裁决。彼时之诸证人为[……

【注】

[1] 矩形底牍，关于人身权利纠纷之判决书。遗物编号N. XXIX. i. 6。《西域考古图记》第一卷，第265页。《佉卢文题铭》第二卷，第235—236页。

629[1]

〔主簿索阇伽（*cozbo* Soṃjaka）启。〕

……] 不得占有。至于债务，时当其流亡龟兹之时，曾与人订有契约，就此债此等人不得向其声索。

于四年六月二日，于王后奥古阿奴迦耶阿瓦纳（Deviyae Ogu Anuǵaya ni aύana）。

【注】

[1] 楔形盖牍，关于债务之谕令。遗物编号N. XXIX. i. 10。《西域考古图记》第一卷，第265页。《佉卢文题铭》第二卷，第237页。

630[1]

〔大德、大王敕谕主簿索阇伽（*cozbo* Soṃjaka）如下：〕卡拉般囊跋腊（*kala* Puṃñabala）业已于我，大王，足下申诉。彼索要*vachu*人。我，大王，考虑及此，将三*uryaǵa*处之十五人作为*vachu*赐予卡拉般囊跋腊。当此印封之楔牍传至你处，即刻将十五人由三*uryaǵa*处给予卡拉般囊跋腊，每年五人。

〔萨迦牟云（Jhaǵamoya）[……]。〕[2]

【注】

[1] 楔形底牍，谕令。遗物编号N. XXIX. i. 11。《西域考古图记》第一卷，第265页。《佉卢文题铭》第二卷，第237页。

[2] 背面所书主题语“萨迦牟云（Jhaǵamoya）”，即第621、632、633、634、635号等文书的“萨迦牟云（Saǵamovi/Zaǵimoya）”。这是一组关联文书。

131 632[1]

〔大德、大王敕谕主簿索阁伽（*cozbo* Soṃjaka）如下：〕萨迦牟云（Zaǵimoya）禀报我等道，事发于彼与其妻子逃亡龟兹国时，受我，大王，之眷爱，彼等返回本处。我，大王，虑及于此，曾将此夫妇安置于精绝（Ca[ḍota]）。彼等附属于叶吠阿瓦纳（Yaúe avana）之封地（*kilme*）。亦曾考虑过先前属于彼等之屋舍[……

〔萨迦牟云。〕

【注】

[1] 楔形底牍，谕令。遗物编号N. XXIX. i. 13。《西域考古图记》第一卷，第265页。《佉卢文题铭》第二卷，第238页。

633[1]

〔司土萨迦牟云（*vasu* Saǵamoya）足下启。〕

……] 你不得卖出。波离耶伐陀（Priyavata）与苏轲摩那（Sukmana）须得随鸠遮耶（Kyutseya）前去山里，将该处之氍毹（*kojava*）、地毯及酥油带来[2]。须当心关注此事。若是你再有怠慢，且得小心。又，理应将山羊带来，你所应做者即是逐一将人名记下，并送交本处。随波离耶伐陀亦有一瓶属前年之葡萄酒，彼谓此瓶破碎，此两只瓶子由波离耶伐陀赔偿。如你收到多只山羊，则将其随苏轲摩那带来本处。

〔萨迦牟云。〕

【注】

[1] 矩形盖牍，信函。遗物编号N. XXIX. i. 14。《西域考古图记》第一卷，第265页。《佉卢文题铭》第二卷，第238页。

[2]“前去山里，将该处之氍毹、地毯及酥油带来”，这些毛织物和乳制

品都是山里的牧场所出产。本件与第634、635号有关，收信人都是司土萨迦牟云，而写信人可能都是王子卡拉般尼耶跋腊（*kala* Puṃnyabala）。

634[1]

大王之子卡拉般尼耶跋腊（*kala* Puṃnyabala）着令司土萨迦牟云（*vasu* Saǵamoya），其须知悉我所写者：我已再三写信告知你，你须得来本处，而迄至今日你仍未前来。你乃一小德之人，一拖拉之人。[……]曾取得[……]。现下我已将支耆多（Cġito）及左鸠伐腊（Cakuv́ala）派往该处。你须得供给6弥里码酒。支耆多及左鸠伐腊须得随你前往山里制作 *vaṣḍhiǵa*[2]。你亦须供给该处所需之驮畜、*manaǵa*、衣物（? *chataǵa*）及 *vusmma*。若是你关心此事，且得当心。等你与支耆多由山里返回，你须得随其一道来此。此等支耆多、左鸠伐腊与麦耆摩（Meghima）之[……

【注】

[1] 矩形底牍，信函。遗物编号N. XXIX. i. 15。《西域考古图记》第一卷，第266页。《佉卢文题铭》第二卷，第238页。

[2] “前往山里制作 *vaṣḍhiǵa*”，参见第637号文书，此处可能指在山区举行的某种仪式。

635[1]

〔[……]司土萨迦牟云（*vasu* Saǵamoya）启。〕

……]带来并送交本处。若是你无法从该处多得些，则于山里多买一些。
确然，须得多派送本处酥油与肉。你萨迦牟云亦应随穆尔德耶（Multeya） 132
前去山里。就谷物之事做出裁决。若是你现下不认真办理此事，随后你须得由你本人谷物中偿付此谷。另，在山里理应购买 *yoǵa*[2]。

【注】

[1] 矩形盖牍，信函。遗物编号N. XXIX. i. 16。《西域考古图记》第一卷，第266页。《佉卢文题铭》第二卷，第239页。

[2] *yoǵa*，可能指某种动物制品。

636[1]

〔主簿柯罗那耶（*cozbo* Kranaya）与税监黎贝（*ṣoṭhaṃgha* Lýipe）启。

大德、大王敕谕主簿柯罗那耶与税监黎贝如下：〕苏耆陀（Sugīta）禀报我等道，彼曾非法做 [……]。当此印封之楔牍传至，〔应即刻对此案连同誓言、证人一道详加审理，依照原有王法做出裁决。如你等不能澄清此案，应将彼等押至王廷，由朕亲自裁决。

苏耆陀。〕

【注】

[1] 楔形双牍，谕令。遗物编号 N. XXIX. ii. 3a, b。《西域考古图记》第一卷，第 266 页。《佉卢文题铭》第二卷，第 239 页。

637[1]

兹于大王、天子、侍中摩醯利（jiṭuga Mayiri）陛下治下之第十一年六月一日，当王后前去于阗（Khotaṃna）时，卡拉劫德耶（*kāla* Kirteya）曾来到本处精绝（Caḍ'ota）[2]，并在山里做一 *vaṣḍhiǵa*[3]，时当主簿索阇伽（*cozbo* Soṃjaka）之时。彼时曾产生下述之花费：在山里，*potgoñena* 酒 1 弥里码 4 硒；另有 *dirpira* 谷 2 弥里码 10 硒，及面粉（*aṭa*）1 弥里码 5 硒；另有在山里之食品 1 弥里码 10 硒。此外，卡拉劫德耶病倒，彼时花费之 *acona* 谷物计 1 弥里码 10 硒，及 3 硒 *acomena* 葡萄酒。另有卡拉劫德耶自山里回返，彼时于精绝用去之葡萄酒，于 *vaṣḍhiǵa*，计 7 硒。另有其返回扜泥（Kuύani）之时途中所用去之葡萄酒 4 硒 *potǵoñena*，其侍从所用去之食物 1 弥里码 10 硒。另有卡拉劫德耶前去出使于阗之时所用去之谷物，总计 12 弥里码，彼等另取去 4 只绵羊及 4 弥里码谷。另有卡拉劫德耶自于阗返回时，伽提腊（Kātila）被从尼壤（Nina）派来取去 4 硒 *potǵoñena* 葡萄酒。另，自卡拉足下所下达之一道命令，指示送与祭司达波格耶（*tasuca* Ḍhapǵeya）一份酒礼。另，我等曾取用 3 硒 *potǵoñena* 葡萄酒作为礼物送与百户长竺格尸罗（*śadavida* Tsuǵeṣla）。另，卡拉赠送 1 弥里码谷物与夷陀耶（Yitaya）。另，由卡拉、督军足下每年所让与王土诸官吏之物。另，当卡拉般囊跋腊（Puṃñabala）出行山里时，彼时花费之 *potǵoñena* 葡萄酒计 1 弥里码 4 硒。另，萨迦牟云（Saǵamoya）、波离耶伐陀（Priyavata）与黎贝耶（Lẏipeya）曾取 12 硒 *potǵoñena* 葡萄酒于诸沙左（Sāca）。另，由卡拉足下曾赐予驼群诸看护人 2 弥里码谷物。驼群曾用作牺牲。另，支金多（Cikiṃto）、司土 133
萨迦牟云、瞰帕腊（Tuṃpala）与左柯腊（Cakola）取去 4 弥里码 *ṣamiyena* 葡萄酒给山里。另，来自一笔馈赠，5 硒用于帕特罗耶（Patraya），5 硒与探长毗忒耶（*carapuruṣa* Piteya），5 硒与祭司达波格耶，5 硒与牟格支（Moǵeci）。①

【注】

[1] 矩形底牍，籍账类之供廪账目。遗物编号 N. XXIX. iv. 2。《西域考古图记》第一卷，第 266 页。《佉卢文题铭》第二卷，第 239—240 页。

[2] “卡拉劫德耶曾来到本处精绝”，指示账目的书写地是精绝，其保存地也可能是精绝（尼雅遗址）。

[3] “在山里做一 *vaṣḍhiǵa*”，这种 *vaṣḍhiǵa* 要花费酒、谷、面粉、食品等。另外，卡拉劫德耶自山里返回精绝时也用葡萄酒做了 *vaṣḍhiǵa*。它似乎是某种仪式。

638[1]

〔大德、大王敕谕主簿柯罗那耶（*cozbo* Kranaya）与税监黎贝（*ṣoṭhaṃgha* Lẏipe）如下：〕苏遮摩（Sucaṃma）禀报我等道，先前彼曾有一 *urina*[2]，现下彼等向其索要二 *urina*。当此印封之楔牍传至你等处，须得审理，彼先前是否有一 *urina*，而现下又向其索要一 *urina*。应考虑将其列作一名新立户

① 第 2 行，此处之 *dirpira* 并非一专门名称。第 3 行，术语 *acona* 和 *acomena* 十分模糊，或许是地名。第 10 行，由支金多（Cikiṃto, Cǵito）、萨迦牟云及左柯腊（Cakola, Cakuύala）所取给予山里葡萄酒之事，在第 634 号文书里亦被提及。——原注

主。不得以非法形式行使国法。

〔苏遮摩 *urina*。〕

【注】

[1] 楔形底牍，谕令。遗物编号 N. XXX. i. 1。《西域考古图记》第一卷，第 266 页。《佉卢文题铭》第二卷，第 240 页。

[2] *urina*，《沙海古卷》释作“牡羊”（第 144 页）。

639[1]

〔祭司鸠那罗（*tasuca* Kunala）启。

大德、大王敕谕祭司鸠那罗如下：〕奥古阿祖罗伽（*ogu* Azuraka）禀报我等道，属奥古阿祖罗伽封地之精绝人（Caḍ'oti *kilme*）[2] 由本处前往该地，然你长期占据道路并使之返回。若是他们继续其自己之初始地，他们被索要一头牝牛作为过桥费。此并非先前所订之法令，即 *asmāti* 人之道路应被占据。当本处下达之谕令传至你处，令封闭道路并扼住桥梁，彼时应封闭道路并扼住桥梁。然则只要本处并无下达谕令，道路应向精绝人和平开放。不得索要牝牛作为过桥费。

〔奥古阿祖罗伽。〕

【注】

[1] 楔形双牍，谕令。遗物编号 N. XXXV. i. 1a, b。《西域考古图记》第一卷，第 266 页。《佉卢文题铭》第二卷，第 240—241 页。

[2] “奥古阿祖罗伽封地之精绝人”，表明在精绝有贵族的封邑。

640[1]

此文书事涉黎帕特迦（Lẏipatǵa）衙署之土地，系王家产业，由卢施屠（Lustuu）妥加保存。

……] 证人为吉查依查伐尔帕（*kitsaitsa* Varpa）、卡拉伽蓝查（*kāla* Karaṃtsa），等等。[2]

【注】

[1] 矩形盖牍，判决书。遗物编号 N. XXXVII. i. 2。《西域考古图记》第一卷，第 266 页。《佉卢文题铭》第二卷，第 241 页。

[2] “卡拉伽蓝查”后尚有若干人名和职衔等，未释译。

641[1]

〔主簿柯罗那耶（*cozbo* Kranaya）与税监黎贝（*ṣoṭhaṃgha* Lýipe）启。〕

于十一月六日，彼时苏耆陀（Sugita）曾取用监察般曩梵陀（*cvalayina* Puṃñavaṃta）之谷物作为供养，3 硒。

【注】

[1] 楔形盖牍，谕令。遗物编号 N. XXXVII. i. 3。《西域考古图记》第一卷，第 266 页。《佉卢文题铭》第二卷，第 241 页。

643[1] 134

〔大德、大王敕谕主簿 [……]〕阿般那（Apeṃna）禀报我等道，（？）曾于夜间将其由其家中拖出，并以手足殴打其脸面。此一争讼〔及誓言、证人务必由你亲自审理，依照法令做出裁决。〕

【注】

[1] 楔形底牍，谕令。遗物编号 N. XXXVII. i. 5。《西域考古图记》第一卷，第 267 页。《佉卢文题铭》第二卷，第 242 页。

644[1]

〔爱子主簿伏迦左（*cozbo* Vuǵaca）[……] 启。

该信函全数交吠摩色那（Vemaṣena）保存。〕[2]

（**背面**）……] 取自 [……] 我等之 [……] 将前去该处，他将询问何时（？）偿付。

〔人皆爱慕、人神亲近之〕芳邻吠摩色那，毗支耶（Pitseya）〔谨祝贵体安康、万寿无疆,〕我如是禀报于你：去年，一[……]曾由你照料一峰橐驼。去年，我等曾于此处买下此驼。该驼跑回你处并再受你照料。理应给予指令去寻找，同样应呈上一封回函。

【注】

[1] 楔形盖牍，信函。遗物编号 N. XXXVII. iii. 1。《西域考古图记》第一卷，第 267 页。《佉卢文题铭》第二卷，第 242—243 页。

[2]“该信函……保存”句，书于封印之下方。

646[1]

〔爱兄梵摩输罗（Vaṃmaśula）足下启。

人皆爱慕、人神亲近、长命百岁、美名流芳、貌似天神之〕爱兄梵摩输罗，沙门僧伽罗支耶（Saṃgarachiya）〔谨祝贵体安康、万寿无疆〕，致函如下：牟德伽（Moteka）之子牟陀格（Motaǵe）有一封手书，梵摩输罗试图查出为该信札应回应什么。我等能（？）取得。你理应将该手书送交本处夷忒瞿（Yitǵo）之手。理应再次寻找，以使我等能活着来至该处。你理应将你之建言送呈本处，以使无人会听闻它。其时我等前来该处[……

【注】

[1] 矩形双牍，信函。遗物编号 N. XLI. 1。《西域考古图记》第一卷，第 267 页；第四卷，图版 XXIII。《佉卢文题铭》第二卷，第 243 页。

647[1]

听闻及此，首领便离去：“哦，吉伐伽（Jivaka），功德无量。且以满足之心聆听，以奉行如是斋戒沐浴所达致之果位。”[2]

【注】

[1]“塔赫特”形牍，文学作品（？）。遗物编号 N. XLI. 2。《西域考古图记》第一卷，第 267 页；第四卷，图版 XXIII。《佉卢文题铭》第二卷，第

244 页。

[2] 内容与佛教有关，后句似与浴佛功德有关（参见第 511 号文书）。

648[1]

兹于大王、王中之王、伟大、胜利、公正之王、天子贝毗耶（Pepiya）陛下之第八年，正是在其治下业已改变王位世系[2]。有一男子名曰陀美耶（Tameya），及另一位名曰帕尔苏格（Parsuǵe），彼等及其父亲出面将土地卖与伏美耶（Vumeya）。价钱一匹马已取得，据云系一匹 *vito*[3]。该地 135
之播种量为 1 弥里码。彼等当诸大夫祭司左忒耶（*tasuca* Cateya）与吉查依查毗忒耶（*kitsaitsa* Piteya）面平等达致合意。此事之证人为吉查依查安多（Aṃto）、税监释迦夷陀（*ṣoṭhaṃgha* Siǵayita）、百户长纳布耆（*śadavida* Napuǵi）及百户长萨牟迦陀（Ṣamoǵata）。此契据系由我，司书阿伯各耶（*divira* Apǵeya），受诸大夫之命书写，其效力长如生命。

【注】

[1] 矩形底牍，关于土地买卖之书面契约。遗物编号 N. XLI. 3。《西域考古图记》第一卷，第 267 页。《佉卢文题铭》第二卷，第 244 页。

[2]“正是在其治下业已改变王位世系”句，不明就里，也许指贝毗耶王时王族被改变。

[3] *vito*，表述某种马匹状态的用语。

652[1]

事涉达摩腊达（Dhamalada）之土地，由黎帕特迦（Lýipatǵa）保存。

兹于大王、天子安归伽（Aṃgoka）陛下治下之第三十四年二月十三日，有一沙门名达摩腊达，将播种量为 1 弥里码之土地卖与司书黎帕特迦，他所受价钱计 10 硒葡萄酒及 3 *aǵiṣḍha*。交易已结了。自现下起，黎帕特迦对土地有诸般权利。此合同系由我，达迈左（Dhameca），当吉查依查陆都（*kitsaitsa* Luṭhu）面应达摩腊达之请求书写，其效力长如生命。

【注】

[1] 矩形双牍，关于土地买卖之书面契约。遗物编号 N. 0026。《西域考古图记》第一卷，第 268 页。《佉卢文题铭》第二卷，第 245 页。

654[1]

兹于大王、天子安归伽（Aṃgoka）陛下治下之第八年八月二十一日，有一男子[……]名米郭左（Micorca），彼出面将播种量 3 弥里码之 *agri* 地[2]卖与牟迦陀（Moǵata）。米郭左所收受之地价计一匹 *vito* 马。他们平等达致合意。牟迦陀有权在该土地上清理（？）、播种、犁耕、作为礼物赠与别人、为所欲为。凡何人今后对此寻事，其申诉将于王廷无效。此事之证人为吉查依查毗忒耶（*kitsaitsa* Piteya）、卡拉伽蓝查（*kāla* Karaṃtsa）、古速罗阿周宁耶（*guśura* Acuñiya）、曹长[……]僧左（Śaṃca）、督军鸠伐耶（*toṃgha* Kuʋaya）、百户长牟迦陀（*śadavida* Moǵata）[……]司书牟迦陀（*divira* Moǵata）、司书阿波迦叶（Apǵaya）与 *aryaǵa* 毗忒耶。此契据系由司书悉格那耶（Siǵnaya）之子司书罗没索磋（Ramṣotsa）[3]，受诸大夫之命书写，其效力为一千年。

【注】

[1] 矩形双牍，关于土地买卖之书面契约。遗物编号 N. Ibr. 001。《西域考古图记》第一卷，第 268 页。《佉卢文题铭》第二卷，第 246 页。

[2] *agri* 地，一种田地类别。

[3] 司书悉格那耶之子司书罗没索磋（另见于第 715 号文书），在第 591 号文书中出现了司书罗没索磋之子苏罡陀，显示祖孙三代司书的世袭状况。

655[1]

兹于大王、王中之王、伟大、胜利、公正之王、天子贝毗耶（Pepiya）
136 陛下之第三年二月二十一日，此契据系订立于其治下。名曰佛陀尸罗（Buddhaśira）之沙门及其子名曰佛陀萨（Budhosa），出面将 *miṣi* 地卖与沙门、*kuṭajadaǵa* 佛陀法摩（Budhapharma）。该地之播种量为 1 弥里码 5 硒。另加一座葡萄园，其中种植有 13 *apacira* 葡萄树。[……] 于另一 *apacira*，6 *veda*（*reda*）。所收受之价款为一峰四岁驼 [……] 另加 *raji* 及 2 *amila*。总价为 90[……] 证人为 [……] 吉查依查（*kitsaitsa*）毗忒 [……] 帕鸠伐（Pakuva）与阿周宁耶（Acuñiya）。[……] 对此土地及葡萄园有所有权，可犁耕、播种、交换、出卖、[……] 为所欲为。此契据系由我，司书陀摩施帕（[Ta]maspa）[……][2] 受诸大夫之命书写，其效力为一千年。[……] 短绳。

【注】

[1] 矩形双牍，关于土地买卖之书面契约。遗物编号 N. Ibr. 003 + 008。《西域考古图记》第一卷，第 268 页。《佉卢文题铭》第二卷，第 246—247 页。

[2] “司书陀摩施帕”之后残阙部分可能是其子司书牟迦陀，关于这个司书世家另见第 422、579—582、586—587、590 号文书。

656[1]

兹于大王、王中之王、伟大、胜利、公正之王、天子贝毗耶（Pepiya）陛下之第五年八月二十六日，有一男子名支牟腊（Cimola），其出面由其本人之财产中将一件礼物给予檀支迦（Taṃcǵa）[……]。该地之播种量为 2 硒。檀支迦给予其父支牟腊 [……] 一件回赠 [……] 当诸大夫包括吉查依查毗忒耶（*kitsaitsa* Piteya）。此事之证人为 [……] 曹长伽蓝查（*apsu* Karaṃtsa）、税监檀支迦（*ṣoṭhaṃgha* Taṃcǵa）、百户长耶波怗（*śadavida* Yapǵu）之子 [……] 檀支迦有权 [……] 为所欲为 [……] 受诸大夫之命 [……]，其效力 [……

【注】

[1] 矩形双牍，关于土地买卖之书面契约。遗物编号 N. Ibr. 005a, b。《西域考古图记》第一卷，第 268 页；第四卷，图版 XXVI。《佉卢文题铭》第二卷，第 247 页。

659[1]

此问安信。埃卡罗达摩沙（*ekhara* Ḍhamaśa）与苏怙陀（Suǵuta）、阿周宁（Acuñi）与鸠罗格（Kuraǵe）（？）、达摩沙与苏怙陀[……]阿周宁与鸠罗格收纳 2 弥里码。彼等平等达致合意。

【注】

[1] 片状牍，收据（？）。遗物编号 N. Ibr. 0016。《西域考古图记》第一卷，第 269 页；第四卷，图版 XXVII。《佉卢文题铭》第二卷，第 248 页。

660[1]

又，其自扜泥（Khvani）返回后支付 2 *paṃdura*（？）匹丝绸[2]。

由布师迦离（Puṣǵari），彼等送上 1 匹王家丝绸（*raya paṭa*）。

折德罗劫帝（Cetrakirti）取去 1 *sānapru*。

罗陀帕腊（Rāṭhapala）取去 1 *palaǵa varna*。

达卢各（Dāruǵe）取去 1 匹丝绸。

弥支迦（Micǵae）买去 1 新 *palaǵa varna*。

伽婆陀（Kapotae）取去 1 束 *palaǵa varna*。

般囊舍那（Puṃñasena）取去 7 匹丝绸。

137 彼等买去牟迦叶（Moǵaya）1 新 *baṃdhaǵa kremeru*。

诸山民取去 2 匹丝绸。

纳弥迦叶（Namilǵaae）取去 1 匹 *sanapru* 丝绸。[3]

【注】

[1] 不规则长方形牍，籍账类之账目。遗物编号 E. vi. 009。《西域考古图记》第一卷，第 290 页。《佉卢文题铭》第二卷，第 248 页。

[2] 巴罗在这里把 *paṭa* 都释作丝绸（silk），扜泥（khvani）释作都城（capital）。

[3] 本件正面分 2 栏书写。背面未释译，重复书“天子”（devaputra）、“天”（deva）及 ansa、padamulaṃmi、vyalidavo 等词，《佉卢文题铭》认为

系习字（第二卷，第 248 页）。

661[1]

于于阗大王（Khotana maharaya）、王中之王、悉纳扎（Hinaza）、天神（Deva）尉迟信诃（Vijitasiṃha）[2] 治下之第三年十月十八日[3]，彼时有一城里男子，名叫华那尔师（Khvarnarse），他如是言道：有一峰属我所有之橐驼，该驼有一显明之印记，该印记烙于其身上，似此 VA ŚO[4]。现下我正将此驼作价 8000 摩沙（*māṣa*）售与 Suliǵa 人伐耆帝 · 伐陀迦（Vaǵiti Vadhaǵa）[5]。为该驼，伐耆帝 · 伐陀迦以摩沙支付全数价钱，而华那尔师收讫。买卖业已达成。自现下起，此驼成为伐耆帝 · 伐陀迦之财产，其可为所欲为，惟其所愿。凡何人今后对此驼申诉、禀报或是挑起争端，遵照王国法律之要求，其将受到处罚。此文书（？）系由我，跋忽提伐（Bahudhiva），应华那尔师之请求而书写。

【注】

[1] 长方形牍。遗物编号 E. VI. ii. 1。《西域考古图记》第一卷，第 291 页；第四卷，图版 XXXVIII。《佉卢文题铭》第二卷，第 249 页。

[2] 拥有大王、王中之王、悉纳扎、天神尊号的于阗王尉迟信诃（Vijitasiṃha），林梅村认为即《梁书 · 西北诸戎传》记载的于阗王山习。（林梅村《西域文明——考古、民族、语言和宗教新论》，文物出版社 1995 年版，第 410 页）

[3] “第三年十月十八日”（saṃvatsare 10 mase 3 dhivajha 10 4 4 ij'a chunami），林梅村释作“第十年三月十八日”（《沙海古卷》，第 29 页）。

[4] “似此 VA ŚO”，如同 VA ŚO 的印记，采用大一号字体书写，并加了圆圈（《佉卢文题铭》第二卷，第 249 页）。

[5] Suliǵa 或许指速利（粟弋、粟特之异译）或疏勒。此人名字具有粟特人特征。

663[1]

……] 我等在此亦安好。[……] 我谨如是禀告：依据你处所下之指令，凡有何等来自扜泥（Khvani）之消息，我当知会于你，现下即有一道传来之楔牍，事关扜泥之葡萄酒事，其下达下述指示：[……] 楔牍。此乃九月之楔牍。五月一道由扜泥传来之楔牍 [……

【注】

[1] 矩形底牍，信函。遗物编号 E. VII. i. 1。《西域考古图记》第一卷，第 261 页。《佉卢文题铭》第二卷，第 250 页。

666[1]

摩勒支格耶（Maltsiǵeya）与吉查依查伽离（*kitsaitsa* Kalýi）谨问安苏阇陀（Sujata）足下，祝其身体安康、万寿无疆。我等为你安好而欣悦，托你之福我等尚苟活。如是（我等禀告）：你之奴隶僧伽罗摩（Saṃgarama）[……

【注】

[1] 长方形牍，信函。遗物编号 L. A. I. ii. 1。《西域考古图记》第一卷，第 433 页。《佉卢文题铭》第二卷，第 251 页。

138
667[1]

……] 事涉卢达罗（Rutra）之土地 [……] 收讫。而现下 [……] 来至。他们称，其有一橐驼。[……] 我正获得一封信函及礼物。考虑及此，*varaǵa* 尚未被许诺 [……

【注】

[1] 长方形牍，信函。遗物编号 L. A. I. ii. 2。《西域考古图记》第一卷，第 433 页。《佉卢文题铭》第二卷，第 251 页。

671[1]

（正面）……] 彼等看护人收受三年之给养。

（背面）主簿卢达罗耶（*cozbo* Rutraya）、吉查依查乔勒耶（*kitsaitsa* Cauleya）与悉格那耶（Siǵnaya）启。[2]

【注】

[1] 楔形底牍，谕令。遗物编号 L. A. II. ii. 003。《西域考古图记》第一卷，第 434 页。《佉卢文题铭》第二卷，第 253 页。

[2] 以上二句分别书于底牍之正、背面。

675[1]

〔大德、大王敕谕 [……]〕一名山里人名曰罗都伽（Ratuka），其为苏毗（Supi）之逃亡者 [……] 将前来。无人可做此男子之主人。[……] 该处并无主人 [……[2]

〔罗都伽。〕

【注】

[1] 楔形底牍，谕令。遗物编号 L. A. IV. 001。《西域考古图记》第一卷，第 434 页。《佉卢文题铭》第二卷，第 254 页。

[2] 山里人罗都伽是苏毗的逃亡者，这里指明苏毗位于精绝南方的昆仑山中。“无人可做此男子之主人”，是说对逃亡者的处置权属于大王。

676[1]

此文书事涉由窃贼所食之牝牛，由支摩耶（Tsimaya）妥为保存。

此系御牧布尔查耶（*kori* Pultsaya）与祭司达耆耶（*tasuca* Ḍhaǵiya）之印。[2]

兹于大王 [……] 陛下之第三十八年十二月二日，御牧布查耶（Pultsaya）与祭司那罗摩色那（Naramasena）、祭司达耆耶（Ḍhaǵiya）判一争讼。支摩耶

(Tsimaya)、婆查耶（Portsaya)、伐贝耶（Varpeya)、陀美左（Tameca)、罗支格（Racǵe）及蹉多（Tsordhoe）诉讼，他们曾窃去并食下一头属支摩耶所有之六岁牝牛。皮子及肉（？）。就此事我等业已判决三倍之赔偿。此赔偿之四分之一，即一头六岁牝牛连带牛犊，由婆查耶、陀美左与伐贝耶交纳。其余之四分之三，即一头三岁牝牛连带牛犊，由罗支格耶与蹉多支付。此等牛由诸窃贼交纳，并由支摩耶收受。我等业已笞打彼等五十下。判决[……

【注】

[1] 矩形双牍，关于盗窃之判决书。遗物编号 L. A. IV. ii. 1。《西域考古图记》第一卷，第 435 页。《佉卢文题铭》第二卷，第 254—255 页。

[2]“此系……之印”句，书于封印之下方。

677[1]

兹于大王、天子安归伽（Aṃgoka）陛下治下之第[……]年七月六日，
妇人柯色那耶（Kosenaya）曾以给予土地交换之方式向释迦夷陀（Siǵayita）
139 购置土地。(？）给予土地礼物与柯色那耶。所包括之土地总数计 3 弥里码
jhuṭhi 种子。此土地业已变为妇人柯色那耶之财产，其可对之行使诸般权力。
该地既无 *seni*、亦无 *niciri* 税。柯色那耶之[……]我等业已做出。其诸子并
未完全认可计数。[……]其诸子未声明拥有该土地。此位柯色那耶对土地有
所有权，可犁耕、播种[……]作为礼物送与[……]。该处之证人[……]与
须德罗乃耶（Sudraneya)。此由我，王家司书，沙门[……]受[……]之命，
并应妇人柯色那耶之请求书写，其效力为一百年。①

【注】

[1] 矩形双牍，关于土地买卖之书面契约。遗物编号 L. A. IV. ii. 2。《西域考古图记》第一卷，第 435 页；第四卷，图版 XXXVIII。《佉卢文题铭》

---

① *yi staṃ svi na* 全然不清，较晚期如 *yaṃ ca va re va ma…ne na*。底牍正面第 4 行，*seni…harga* 看似由军事机构所征收的一种赋税。*niciri* 是托马斯教授从 *nacira* 一词得出，该例中 *niciri harga* 或是指某种狩猎权利。底牍正面第 5 行，读作 *edaya putrana laṃce cita na āroceṃti*。——原注

第二卷，第255页。

678[1]

与大王[……]陛下之第[……]。有一楼兰（Kroraina）男子名左摩伽（Camaka），居于且末（Calmadana）。此左摩伽将（播种）量3弥里码之*kurora*地卖与耶波怙（Yapǵu），该地坐落于大城（mahaṃtanagara）[2]之南面。曾收受之事涉价钱之文书[3]已被窃去（？）。（？）左摩伽确曾卖出，耶波怙确曾买下。自现下起，耶波怙之诸子蓝布陀（Lampurta）、般囊提婆（Puṃñadeva）、亶宁腊（Dhaṃñila）与亶囊帕腊（Dhaṃñapala）对该地有所有权[……]抵押、出卖、作为礼物给予他人[……

【注】

[1] 矩形双牍，关于土地所有权之书面契约。遗物编号L. A. IV. ii. 3。《西域考古图记》第一卷，第435页。《佉卢文题铭》第二卷，第255页。

[2] 大城，据上文及文书出土地，似指楼兰城。可能这个用语指鄯善的主要城市王城扜泥和楼兰等（另参见第5、155号文书）。

[3] “事涉价钱之文书”，指签订的土地交易书面契约。

685[1]

克列耶（Kreya）之一只绵羊跑入特离耶支（Tryachi），等等。[2]

【注】

[1] 楔形底牍，籍账类之账目。遗物编号L. A. IV. v. 9。《西域考古图记》第一卷，第435页。《佉卢文题铭》第二卷，第258页。

[2] 本件正面书2栏，各6行、1行，共7人之走失到特离耶支和尼伐伽（Nivaǵa）的绵羊，系一份失物清单。完整之释译，参见《沙海古卷》，第250页。

686[1]

A 栏

……] 走离。

[……] 之一头牝牛跑入乌宾陀（Opiṃta）① 之秦人（Cina）处。

[……] 之一头牝牛跑入于阗（Khodan）之诸信使处。

[……] 之一头牝牛跑入且末（Calmadana）之秦人处。

140 蓝迦（Lamǵa）取去 [……] 之牝牛。

[……] 之一头牝牛跑入特离耶支（Tryachi）。

伽延陀迦（Kayaṃdaga）之牝牛跑入特离耶支。

[……] 之一头牝牛跑入特离耶支。

[……] 之一头牝牛跑入尼壤（？ Niya）之秦人处。[2]

B 栏

陀迦左（Taǵaca）之牝牛跑入秦人处。

奥那伽（Onaka）之牝牛跑入主簿鸠宁陀（*cozbo* Kuñita）处。

金迦（Cinǵa）取去师摩犍陀（Smaǵaṃta）之牝牛。

鸠那（Kuuna）之牝牛跑入特离耶支（Tryachi）。

军帕罗（Kuṃpara）之牝牛跑入帕悉（Pakhi）。

税监波格那（Pǵena）之牝牛跑入秦人处。

【注】

[1] 椭圆头形牍，籍账类之账目。遗物编号 L. A. IV. v. 12。《西域考古图记》第一卷，第 435 页；第四卷，图版 XXXVIII。《佉卢文题铭》第二卷，第 258 页。

[2] 乌宾陀之秦人、且末之秦人、尼壤（？ Niya）之秦人，指居住于这些地方的秦人（汉人）。Niya，可能是尼壤（Nina）。

---

① A 栏第 2 行，此文书中之 *opiṃta* 以地名出现，作与 *calmadaneṃci* 并称的 *opiṃteṃci* 形式。在他处它是一个人名。—— 原注

690[1]

〔人皆爱慕之〕爱婿般瑳耶（Puṃtsoya）、〔爱女索多周那吠那（Sotoacuṃnavena），佛陀难帝（Budhanaṃti）、波离耶难帝（Priyanaṃti）、佛陀婆罗（Budhapala）、达摩室利（Dhamaśrṛyae）谨祝贵体安康、万寿无疆。〕我等欣闻你安好，托你之福我等亦安好。如是我等禀报：其他诸亲戚业已收到薄礼，而我等被忽视。我等业已由他人处听悉[……

【注】

[1] 长方形牍，信函。遗物编号 L. A. VI. ii. 010。《西域考古图记》第一卷，第 436 页。《佉卢文题铭》第二卷，第 259 页。

695[1]

……]我在此写下。无论有何来自达娄伐（Daroúa）之消息，你须得由前位信差处知悉。现下我听闻[……[2]

【注】

[1] 纸文书残片，信函。遗物编号 L. A. VI. ii. 0103。《西域考古图记》第一卷，第 436 页；第四卷，图版 XXXVIII。《佉卢文题铭》第二卷，第 260 页。

[2] 本件及第 696 号书于纸张上。

696[1]

伐须提婆（Vasudeva）谨向大人、爱父、大古速罗跋帝迦（*mahaṃda guśura* Bhatiǵa）足下致敬，敬祝其圣体安康、万寿无疆。我谨禀报如下：我由楼兰（Krorayina）来此并携带 *retc* 驼，然迄至今日毫无买卖。我谨将此禀知于你足下。我欲返回楼兰。无论你处有何等消息，且予我一封信札，我将此带与在楼兰之家父古速罗，当你须前去之时。[2] 此阿瓦纳所交之王家赋税曾由陛下赐予我等。现下官府正诸般折磨奴隶。为该缘故，连同古速罗般囊

141 沙（Puṃñaśa）[……] 应予做出。此系我第三次将信函呈交古速罗足下。我自该处毫无听闻。就我爱兄跋帝沙摩（Bhatiśama）[……[3]

【注】

[1] 纸文书残片，信函。遗物编号 L. A. VI. ii. 0234。《西域考古图记》第一卷，第 436 页；第四卷，图版 XXXIX。《佉卢文题铭》第二卷，第 261 页。

[2] 发信人伐须提婆是一位楼兰商贾，信中叙述了他前往某地做买卖而无所获。收信人古速罗跋帝迦是其在楼兰的父亲，因此信函被遗存在了这座故城中。

[3] 背面斜体书写 2 行，有人名、职衔（古速罗）等（《佉卢文题铭》第二卷，第 261 页）。

701[1]

于二十年五月二十一日，（？）谨写下戍守 *potǵe* 之人。

（后附一份名册）[2]

【注】

[1] 长方形牍，籍账类之服役名册。遗物编号 L. A. IX. i. 1。《西域考古图记》第一卷，第 440 页；第四卷，图版 XXXVIII。《佉卢文题铭》第二卷，第 262—264 页。

[2] 这是一份很长的名册。正面共分 8 栏，各若干行。背面共分 10 栏，各若干行。完整之释译，参见《沙海古卷》，第 252—256 页。

702[1]

〔大人、天神、人神亲爱之〕古速罗赖什梵那（*guśura* Leśvaṃna）足下，监察（*cuv́alayina*）与阿檀悉耶（Atamsiyae）谨致敬意，〔祝贵体安康、万寿无疆。〕我等如是禀报：阿檀悉耶已受分娩之苦，平安且康健，产下一男。你必会开怀。不久我等将再向足下问安。又，自该处婆尼迦那（Poniǵana）手中所 [……

……]1 *dhane*，3 *dhane* 胡椒（*marica*），1 德拉克马（*drakhma*）姜，2 德拉克马胡椒（*pipali*），1 *dhane tvaca*，1 *dhane* 小豆蔻（*suṣmeda*），4 *sadera* 糖。[2]

【注】

[1] 矩形底牍，信函。遗物编号 L. B. IV. i. 6。《西域考古图记》第一卷，第 444 页；第四卷，图版 XXXVIII。《佉卢文题铭》第二卷，第 264 页。

[2] 后面的物品清单似是赠礼，它们用德拉克马计量，包括了胡椒和糖等，对精绝来说都是舶来品。

703[1]

（背面）又，婆尼迦那（Poniǵana）禀报我等道：我与家母并无 *juṭhi* 种子。1 弥里码谷物给予沙卢（Saru），彼将予以播种。本处亦无 *juṭhi* 种子[2]。土地业已浇水。粟种由该处送来，2 或 3 弥里码。

又，伽离（Kari）禀报我等道：由我给予僧团之谷物，弥里码 5 *achaniya*。如此位须陀沙（Sutaṣa）前往该处，将此谷征集并交与僧瞿沙（Saṃgosa），其数目为 5 弥里码 2 硒，*ṣamiyena*。

又，婆尼迦那与伽支（Kaci）指，沙门阿难陀舍那（Anaṃdasena）已使得（？）前往该处。若是其前去该处，务必照护其身体，及至于其性命之安全，不至死亡。将 *ṣamiyena* 谷给予僧瞿沙。

【注】

[1] 矩形盖牍，籍账类之账目。遗物编号 L. B. IV. i. 7。《西域考古图记》第一卷，第 444 页；第四卷，图版 XXXVIII。《佉卢文题铭》第二卷，第 264—265 页。

[2] *juṭhi* 种子，可能指某种谷物。后面巴罗释出了粟（millet）种。

706[1]

〔御牧穆尔德耶（*kori* Muldeya）与沙门阿难陀（Anaṃda）启。

大德、大王敕谕御牧穆尔德耶与沙门阿难陀如下：〕我，大王，于楼兰（Kroraina）曾将左罗伽（Carakā）家庭赐予此位 *kaṃjakara* 伽腊师陀（Kalaṣḍha）。该左罗伽（Carakā）家庭有一妇人名 [……]。该妇人已迁入迦
142 波格耶（Kapǵeya）之 *vasu*。当此印封之楔牍传至你处，即刻将该妇人从迦波格耶家中带走，并交与伽腊师陀之兄弟阿支腊（Acila）手中。

〔*kaṃjakara* 伽腊师陀。〕

【注】

[1] 楔形双牍，谕令。遗物编号 L. B. IV. v. 1 + vi. 1。《西域考古图记》第一卷，第 448 页。《佉卢文题铭》第二卷，第 266 页。

709[1]

〔[……]*suv́eṭha* 史伐婆耶（Ṣvalṕaya）保存。〕

兹于大王、天子、侍中安归伽（*jiṭuṃga* Aṃgoka）陛下之（第二十四）年一月十日，在此日子，陛下亲闻此一争讼，奥古布伐耶那（*ogu* Purvayana）、奥古卢达罗耶（Rutraya）、奥古支那色那（Cinasena）与 *suv́eṭha* 阿它摩（Aṭhama）、*suv́eṭha* 史帕黎耶（Śpalýaya）、*suv́eṭha* 剌沙（Lasa）、主簿达达伐腊（*cozbo* Daḍavala）、御牧卢达罗（*kori* Rutra）、监察奥奴耆（*cuv́alayina* Onuǵi）、祭司布各陀（*tasuca* Bhuǵta）、主簿阿离耶（Alýaya）、主簿吉伐僧摩（[Ji]vaśaṃma）审理此案。牟格（Moǵe）、支摩伽（Cimaka）、乌波格（Opǵe）与伽律（Kalu）就一男子波耆（Pǵi）申诉，据诉牟格与支摩伽之奴隶波耆耶（Pǵiya），曾与乌波格之父娄波格耶（Ropǵeya）斗殴，他们互相殴击。其后，牟格与支摩伽之奴隶波耆耶逃遁。彼既未活着，亦未见其死亡。其后，乌波格耶之父娄波格耶 [……] 他们曾给予牟格及支摩伽一名男孩，叫作毗耶迦（Bhiyaǵa）[……]。现下此位毗耶迦业已逃亡 [……] 此后，无人能对男子毗耶迦说三道四。此后，此位波耆现身于扜弥（Khema），牟格耶（Moǵeya）与支摩伽由该处获得此人，以他们自己之财产偿付价款。他死于他们处所。就此男子已无争议。有一争议事涉诸橐驼，诸事已做出裁决。此等人已不再相互声索偿付。[2]

【注】

[1] 矩形双牍，判决书。遗物编号 N. 027。《亚洲腹地考古图记》第一卷，第 149 页；图版 XVIII。《佉卢文题铭》第三卷，第 267 页。

[2] 本件涉及斗殴（人身伤害）、逃亡及赔偿等，是关于鄯善刑事及民事法律问题的极好案例文书。值得注意的是，参与审理的除众多的贵族或官员外，还有鄯善王。

713[1]

〔致人神亲爱之〕税监黎贝耶（*ṣoṭhaṃgha* Lýipeya），主簿陀者罗（*cozbo* Taǵira）〔谨祝圣体安康、万寿无疆，〕并如是禀报于你：现下彼等业已提出一项前所未有之诉讼，此前所未有之诉讼已致使对诸事做出裁决。诸武士（？）已取去各物品。凡是他们于战斗中所杀死之人及为他们所活捉者，诸事业已做出裁决。仅是听闻此事，你将格外欣悦。我亦使你知悉，阿迟耶摩阿瓦纳（Ajiyama aúana）有着过多之土地。本处封户（*kilmeṃciye*）再次禀报我等，司土康左迦（*ύasu* Kaṃcaǵa）行事不妥，他将无用土地给予别人。我正由我个人之每座农庄中给付 *maќa* 及 *oǵana* 以作赋税。此并非合法之事，即他人应耕种阿瓦纳之土地而我应当由我个人之每座农庄中给付我等之 *maќa* 及 *oǵana*。现下，我之 [……

【注】

[1] 矩形底牍，信函。遗物编号 N. III. x. 4。《亚洲腹地考古图记》第一卷，第 149 页；图版 XVII。《佉卢文题铭》第三卷，第 268 页。

714[1] 143

主簿陀克罗（*cozbo* Takra）谨问安司土乌波格耶（*vasu* Opǵcya）与特迦左（Tǵaca），〔祝身体安康、万寿无疆。欣闻你等身体安康，我亦觉欣喜，且如是写下：〕我已就阿迟耶摩阿瓦纳（Ajiyama aúana）赋税事派出此位竺格陀（Tsuǵeta）。如前，阿迟耶摩阿瓦纳之赋税估算（如下）：酥油，绵羊，氍毹（*kośava*）、*arnavaji*、地毯（*thavastae*）、*raji*、毡（*naṃmatae*）、*cāṃdri*、*kaṃmaṃta*；另加 *maḱa*、*oǵana*、*croma*（？），及其余所有赋税。如是，现下速将其全数送交税吏黎贝耶（*aǵeta* Lýipeya）与竺格陀之手。索要全数韦伽封地（*ύeǵa kilme*）妇人税。[2] 又，雨季（*varṣavasaṃmi*）[3] 时你等诸司土、诸税吏与诸督军须于四月由各在外王土（rajade）及中央王土（? rajarajade）[4] 前来本处。应对赋税状况做一调查。凡是确凿交纳其赋税者（优及劣），凡是未交纳者应予除去。你等之税单中，亦有一笔年度赤字。若是你等交纳赋税再有短少，你等理应由自己之产业中给予偿付。如前所供廪诸信差之情况，现下它们由竺格陀负担。你等已年复一年阻断赋税。

【注】

[1] 矩形底牍，信函。遗物编号 N. III. x. 5。《亚洲腹地考古图记》第一卷，第 149 页；图版 XVIII。《佉卢文题铭》第三卷，第 268—269 页。

[2] 这封关于赋税的信函中，提及了当时所征缴的各种实物税，包括酥油、绵羊、氍毹、*arnavaji*、地毯、*raji*、毡、*cāṃdri*、*kaṃmaṃta*、*maḱa*、*oǵana*、*croma*（？）等，以及所谓的“韦伽封地妇人税”。

[3] 雨季，可能指秋季，交税的时节。

[4]“在外王土（rajade）及中央王土（? rajarajade）”，巴罗释作“the exterior provinces and the central kingdom(?)”（外省及中央王国），是难以理解的，或许他想指出鄯善的分封体制。如前所述，将 rajade 解释作王土（鄯善王的领地），则可理解为在王城及其他绿洲的王的领地。

715[1]

兹于大王、天子安归伽（Aṃgvaka）陛下治下之第二十四年十一月二十五日，有两男子，系父与子，名曰牟迦陀·支牟腊（Moǵata Cimola）与牟格耶·牟查（Moǵeya Mocha）之弓匠，彼等曾出面[……]并将播种量为 3 弥里码之 *miṣiya* 地出售。牟迦陀·支牟腊与牟格耶·牟查所收受之价钱为一峰九岁驼。彼等当诸大夫面平等达致合意。百户长黎支克迦（*śadavita* Riciḱga）对该地有所有权，可播种、犁耕、作为礼物给予他人、为所欲为。

凡何人今后于王廷诸司土与诸税吏面前对此寻事，其申诉将无效。此事之证人为吉查依查伐尔帕（*kitsaitsa* Varpa）、卡拉伽蓝查（*kāla* Karaṃtsa）、卡拉阿周宁耶（Acuñiya）、税吏鸠那（*aǵeta* Kuuna）、督军左多（*yatṃa* Cato）、甲长伏金特迦（*karsenaύa* Vukiṃtǵa）、檀支瞿（Taṃcǵo）、*trigha* 左归腊（Cakvala）、*vuryaǵa* 罗德格耶（Ratǵeya）与甲长沙布迦（Śapuǵa）。此手书契据系由司书悉格那耶（*divira* Siǵnaya）之子司书罗没索磋（Ramṣotsa）受诸大夫之命书写。另，弓匠牟迦陀与牟格耶 [……

【注】

[1] 矩形底牍，关于土地买卖之书面契约。遗物编号 N. III. x. 6。《亚洲腹地考古图记》第一卷，第 149 页。《佉卢文题铭》第三卷，第 269 页。

719[1]

〔大德、大王敕谕吉查依查陆都（*kitsaitsa* Luṭhu）如下：〕黎民那（Lẏimiṃna）申诉道，萨迦贝耶（Saǵapeya）与伯瞿（Pǵo）自他那里无正当理由取去其一名 *ύesi* 妇人，叫作张檀诺娅（Caṃtaṃnoae），并强行与之交 144
媾。为该事，本处已下达两至三次印封楔牍，然迄至现下你仍未做出裁决。此殊非妥当。当此印封楔牍传至你处，即刻对此事详加审理。将该妇人张檀诺娅交还黎民那，作为其个人之财产。其所欠萨迦贝耶与伯瞿者应向其讨取。如非属实，〔如你不能澄清此案，则将他们押至王廷。〕[2]

【注】

[1] 楔形底牍，谕令，关于债务纠纷之申诉。遗物编号 N. III. x. 11。《亚洲腹地考古图记》第一卷，第 150 页；图版 XVII。《佉卢文题铭》第三卷，第 270 页。

[2] 这是唯一关于强奸的案例，其起因竟是因为债务。

721[1]

致令人愉悦之税监乌波格耶（*ṣoṭhaṃgha* Opǵeya），奥古般左摩（*ogu*

Paṃcama）与 *suvetha* 毗忒耶（Piteya）谨再三问安。欣悉你安好，我等在此亦安好，闻此你应感欢喜。我等如是写下：我等自先前时候已结下牢固友谊，即便如此我等仍应团结为一体。你不可忘怀于此。我等业已派遣此位达奴德雷耶（Danutreya）前往该处，以查证存栏之役畜。你务须关照他，我等亦会同样为你办事。奥古般左摩已呈上一 *prasta mepoǵa*，*suvetha* 毗忒耶业已呈上一袋槟榔。

【注】

[1] 矩形底牍，信函。遗物编号 N. III. x. 13。《亚洲腹地考古图记》第一卷，第 150 页。《佉卢文题铭》第三卷，第 270—271 页。

722[1]

apru 鸠那舍那（Kunasena）足下亲启。

（？）从速缝纫一件外衣，俟你前来本处时做成。[2]

敬呈人神亲爱之大人、令人荣耀与愉悦之 *apru* 鸠那舍那足下，尉迟离耶（Viśaliae）、军曩迦（Kuṃñaǵa）、室利耶梵帝耶（Śriyavaṃtiae）、尸伐那跋腊（Svarnabala）、尸伐罗色那（Svarasena）、须诃伐帝（Suhavati）与般曩伐帝（Puṃñavati）谨致敬意并祝圣体安康、万寿无疆。如是我等写下：该处之 *aḍina* 因干旱而已燃烧，你务须照应 *aḍina*，供应以水。现下尸伐那跋腊正前往该处。且末（Calmadana）已传来消息，谓有苏毗（Supi）之威胁。[3] 一道指令亦已传至，士卒们须得出发。队伍人数究有多少应予写下。其后尸伐那跋腊将前往该处。

又，我，尸伐那跋腊，有一明示请求。檀阇伽（Taṃjaka）曾将一张弓给予张曩迦（Caṃñaǵa）。务必将此弓送交本处。另将十支箭送来，且应送
145 来 *ḍhipu*。务必将弓送来。

敬呈人神亲爱、令人愉悦之 *sveta*[4] 康左迦（Kaṃcaǵa）、萨毗沙（Sarpisa）及鸠那舍那（Kunasena）足下，探长张德迦腊（*carapuruṣa* Caṃtǵala）谨致敬意，并祝圣体安康、万寿无疆。我已由 Khaṃni[5] 平安健康来至。就你尉迟离耶 [……

【注】

[1] 矩形双牍，信函（两封）。遗物编号 N. III. x. 14 + 10。《亚洲腹地考古图记》第一卷，第 149、150 页；图版 XVII。《佉卢文题铭》第三卷，第 271 页。

[2]“从速……做成”句，书于封印之下方。

[3]“且末已传来消息，谓有苏毗之威胁”，一些文书都提及苏毗的攻击方向是在且末，由此可以推测苏毗的方位。

[4] *sveta*，《沙海古卷》释作“判长”（第 318 页）。

[5] Khaṃni，林梅村释作 Khuni（扜泥）（《沙海古卷》，第 29 页）。

725[1]

〔主簿索阇伽（*cozbo* Soṃjaka）启。〕

……] 应予司土乌波格耶（*vasu* Opǵeya）以明确指令，将此税送交本处税吏军陀（*aǵita* Kuuṃta）与沙毗迦（Sarpiǵa）手中。另，由诸 *kaṃzavadi* 详加查勘并计算赋税，将其全数送交本处。由诸王家牛倌与羊倌取得诸牝牛及绵羊，妇人柯娄雅（Kroae），等等。阅及此件，将其交与司土乌波格耶。

【注】

[1] 楔形盖牍，关于赋税之谕令。遗物编号 N. III. x. 17。《亚洲腹地考古图记》第一卷，第 150 页。《佉卢文题铭》第三卷，第 272 页。

729[1]

〔主簿夷陀伽（*cozbo* Yitaka）与督军伏陀（*toṃga* Vukto）启。〕

……] 该处有书牍。依该种方式做出裁决。勿使他们以非法手段行使法令。如非属实，〔应依法做出裁决。如你等不能澄清此事，则将他们押至王廷，由我亲自出面裁决。〕

【注】

[1] 楔形盖牍，谕令。遗物编号 N. III. x. 21。《亚洲腹地考古图记》第一卷，第 150 页；图版 XVIII。《佉卢文题铭》第三卷，第 273 页。

730[1]

吉查依查陆都（*kitsaitsa* Luṭhu）[……]

……] 又，事涉彼等之性关系之事，遵照法令做出裁决。

【注】

[1] 楔形盖牍，谕令。遗物编号 N. III. x. 22。《亚洲腹地考古图记》第一卷，第 150 页。《佉卢文题铭》第三卷，第 273 页。

732[1]

兹于大王、天子摩醯利（Mahiriya）陛下之第[……] 二月二十八日，奥古杰耶跋多罗（*ogu* Jeyabhatra）、*caṃkura* 左陀罗迦（Cataraǵa）、监察帝罗法罗（*cuv́alayiṃna* Tiraphara）、主簿索阇伽（*cozbo* Soṃjaka）、黎波陀（Lýipta）及法克鲁（Phaklu）审理主簿师摩帝（Smati）之争讼，事涉一名送出之男子。裁决受到检查。彼此间之偿付声索 [……[2]

【注】

[1] 矩形双牍，判决书。遗物编号 N. XLV. 03。《亚洲腹地考古图记》第一卷，第 153 页；图版 XVIII。《佉卢文题铭》第三卷，第 274 页。

[2] 盖牍正面存 2 行字迹。封印下方书 2 行字迹。按判决书之格式，应是主题语及印章的说明文字。

734[1]

〔主簿柯罗那耶（*cozbo* Kranaya）与税监黎贝（*ṣoṭhaṃgha* Lýipe）启。〕

……] 予以移交。归还其种子及食物。凡何人争讼此事，遵照法令做出裁决。若是你等不能澄清此事，则将他们押至王廷。至于该处属奥古毗摩色那（*ogu* Bhimasena）之佃户（*kilmeci*）所有田地之事，该田地卢达罗耶（Rutraya）与般左摩（Paṃcama）曾声称系他们的财产，应依照法令对此事连同其誓言及证人做出裁决。如你等不能澄清此事，则将他们押至本处。

【注】

[1] 楔形盖牍，谕令，关于土地纠纷之申诉。遗物编号 N. XLV. i. 012。《亚洲腹地考古图记》第一卷，第154页。《佉卢文题铭》第三卷，第275页。

735[1] 146

〔主簿索阇伽（*cozbo* Soṃjaka）启。〕

……] 曾将一名男子交与乌波格耶（Opǵeya）照护。现下苏耆陀（Sugīta）户下之人向乌波格耶讨要一男子。当此印封之楔牍传至你处，是否与阿息（Aśi）属实，于阗人（Khotaṃni）之 [……]（？）苏耆陀业已收纳一名逃亡者。由该处并未专门给予乌波格耶一名逃亡者。应由所拥有之其他诸逃亡者中，从速将一名逃亡者给予乌波格耶。由乌波格耶将彼移交与苏耆陀。

于四年二月七日。

【注】

[1] 楔形盖牍，关于逃亡者之谕令。遗物编号 N. XLV. i. 013。《亚洲腹地考古图记》第一卷，第154页；图版 XVIII。《佉卢文题铭》第三卷，第275页。

740[1]

〔[……] 大王敕谕 [……]。〕

……] 奥古毗摩色那（*ogu* Bhimasena）禀报道，于娑柯查（Ṣorkotsa），属叶吠阿瓦纳（Yaύe aύana）所有之土地 [……] 土地 [……] 强行犁耕土地 [……

【注】

[1] 楔形底牍，谕令。遗物编号 N. XLV. i. 018。《亚洲腹地考古图记》第一卷，第154页。《佉卢文题铭》第三卷，第276页。

741[1]

〔[……] 主簿 [……]。〕

……] 奶费尚未给付 [……] 予以查验 [……] 做出裁决。如你不能澄清此事，则将他们押至王廷 [……

【注】

[1] 楔形盖牍，谕令。遗物编号 N. XLV. i. 019。《亚洲腹地考古图记》第一卷，第 154 页。《佉卢文题铭》第三卷，第 277 页。

742[1]

〔大德、大王敕谕主簿 [……]〕乌波格耶（Opǵeya）申诉道，那摩陀（Namata）与布瞿（Puǵo）就一妇人 [……] 离去。现下左柯莱（Cakle）正在寻衅。当此印封楔牍 [……

〔乌波格耶。〕

【注】

[1] 楔形底牍，谕令。遗物编号 N. XLV. i. 022。《亚洲腹地考古图记》第一卷，第 154 页。《佉卢文题铭》第三卷，第 277 页。

743[1]

〔大德、大王敕谕主簿索阇伽（*cozbo* Soṃjaka）如下：〕乌波格耶（Opǵeya）已由畜群中送出一驼。春季应依照 *klaseṃna* 法将一峰橐驼自畜群里放出。当此印封楔牍传至你处，即刻 [……] 否则，便由诸 *klaseṃci* 供给一头 *aṃtaǵi* 牲畜。若是先前曾由诸 *klaseṃci* 供给一头 *aṃtaǵi* 牲畜，则现下即予供给。若先前不曾供给，则现下不予供给。

〔乌波格耶。〕

【注】

[1] 楔形底牍，谕令。遗物编号 N. XLV. i. 023。《亚洲腹地考古图记》第一卷，第 154 页。《佉卢文题铭》第三卷，第 277 页。

750[1]

〔大德、大王写下，其敕谕主簿索阇伽（*cozbo* Soṃjaka）如下：〕军陀（Kuuṃta）禀报道，先前彼曾申诉帕耆那阿瓦纳（Paǵina avana）之诸司土，彼既未参与（？）主簿黎贝耶（Lýipeya）之诉讼中，亦未提出诉讼。[……]曾来本处。彼，于争讼[……]我对军陀毫无声索[……]其殴打（彼），并抓住彼之脸面。

〔军陀之事宜。〕

【注】

[1] 楔形底牍，谕令。遗物编号 N. XLV. i. 037。《亚洲腹地考古图记》第一卷，第 155 页。《佉卢文题铭》第三卷，第 279 页。

751[1] 147

〔大德、大王敕谕主簿索阇伽（*cozbo* Soṃjaka）如下：〕军陀（Kuuṃta）申诉道，彼等连同波耆耶（Pǵiya）及苏耆耶（Sugiya）正取去 *haṣǵa*。当此印封楔牍传至你处，〔即刻对此事连同其誓言、证人详加审理。

军陀。〕

【注】

[1] 楔形底牍，谕令。遗物编号 N. XLV. i. 038。《亚洲腹地考古图记》第一卷，第 155 页。《佉卢文题铭》第三卷，第 279 页。

760[1]

兹于大王、天子、侍中伐色摩那（jiṭugha Vaṣmana）陛下之第十一年七月，在此日子，人们远离王国。当竺格尸罗（Tsuǵeṣla）、罗摩磋迦（Ramatsoǵa）与须都（Suṭhu）面，曾（？）。证人为优婆色那（Upasena）[……

【注】

[1] 楔形底牍，谕令。遗物编号 K. 3。《佉卢文题铭》第三卷，第 282 页。

附录一：尼雅佉卢文书别集

下释文书系斯坦因爵士（Sir Aurel Stein）于其最后一次中亚探险（1930年）时所发现。[①] 由于他那时未曾获得当地政府的许可，将其发现物携带出来，本文录释的这些文书就只有根据照片了。可以推想，这些文书的原件不太可能会重新被目睹了。

在释文之后附上了相应的翻译，但是未对单个的词语做进一步的注解或讨论，因为我在拙著《新疆出土佉卢文书之语言》（*The Language of the Kharoṣṭhī Documents from Chinese Turkestan*, Cambridge, 1937）中已涉及。本文篇末附录了一个词汇表以供索引，其中凡是以前未曾出现过的词形，都用星号“*”标示出。[②] 它们数量不多，主要是一些名字。

自从《佉卢文题铭》编成以来，大量的细节揭示出其转写是可以改进的。本文相应地采纳了那些细节。

1. 关于 *lṕ* 读作 *lý*，见于我本人的文章（*JRAS*, 1935, p. 670）；另见于吕德斯氏（H. Lüders）大作，刊载于《伦敦大学东方（及非洲）研究院院刊》第八卷，1936 年（*BSOS*, VIII, 1936, 637 ff.）。

---

① 斯坦因第四次探险在尼雅遗址获得的佉卢文和汉文文书等留在了喀什，他拍照后将照片携回，连同其日记等收藏在英国图书馆。参见 Wang Jiqing, “Photographs in the British Library of Documents and Manuscripts from Sir Aurel Stein’s Fourth Central Asian Expedition”, *The British Library Journal*, Vol. 24, No. 1 (Spring 1998), pp. 23-74；王冀青：《斯坦因第四次中国考古日记考释》，甘肃教育出版社 2004 年版。—— 译注者

② 由于巴罗将这些文书依前述文书序号而统一编号，故译注者将本文所附词汇索引合并入本书统一的索引中（“附录二：词汇索引”）。—— 译注者

2. 关于 *ṅǵ* 在各处读作 *tǵ*（此词之取舍问题，在本文注解中说明），如：Pitǵa、Katǵe、*putǵetsa*（Ed. *puṅǵebha*）等。

3. *ṅka* 读作 *tsa*，如 *Ramṣoṅka*，二者可择其一。关于上述两点（2 和 3），参见《新疆出土佉卢文书之语言》第 47 节（*The Language of the Kharoṣṭhī Documents from Chinese Turkestan*, §47）。

4. 在 *ho*、*pro* 可替换成 *hu*、*pru* 的词语中（*hota*，*huta*; *proch-*，*pruch-*），均读作 *hu* 和 *pru*。

5. 在缺乏词源学根据的情况下，我们尚不能分别 *ts* 和 *bh*。不过，我已在拙文中指出，按楼兰本地语言之语音系统，*bh* 是不会出现于名字和单词中的（*JRAS*, 1935, p. 668）。因此，我们必须始终读如 *Maltsuta*、*Maltsaya*、*Tsuǵeli*、*putǵetsa*，等等。普通的名字 *Bhimaya* 读作 *Tsimaya*，当作如是读时，我们知道它极少会是通常出现的 Tsmaya 的另一种形式。在本地语言中，有一个常见的倾向，是在非重音音节中忽略元音，其用法常常是在带元音的形式与不带元音的形式之间摇摆，参照 Pǵo 与 *Puǵo*，Tǵaca 与 Taǵaca（*JRAS*, 1935, p. 671 和《新疆出土佉卢文书之语言》第 13 节［*Language of the Kharosthī Documents from Chinese Turkestan*, §13］）。

6. 在 *cojhbo* 等词语中，我们可以用 *z* 代替 *jh*（例如吕德斯氏在其近作中所做的）。不过，这不太有必要，因为 *jh* 的用法不会导致错误，就如前面所说的用 *bh* 替代 *ts* 以及其他词语那样。那时候的印度人本身就像在今天一样，用他们自己的 *j* 或 *jh* 或其变化形式，以表达外来的语音。

译文

765[1]

由周迦帕（Cuǵapa）保存，事涉（来自）竺格尸罗（[Tsuǵe]ṣla）与苏耆耶（Sugīya）之谷物。

于第二十年八月二十九日，在此日子[……]竺格尸罗出面。彼与守桥人苏耆耶一道曾存放 6 弥里码 17 硒谷物于周迦帕处，时当诸大夫名曰主簿萨摩舍那（*cojhbo* Ṣamasena）与伯瞿（Pǵo）之面。证人为探长乌波格耶（*carapuruṣa* Opǵeya）、司书苏怙陀·娑左罗（*divira* Sugūta Socara）、沙门摩诃底尤（Mahadeyu = *Mahādeva*）及司税阿贝那（*yatma* Apena）。该谷物由苏耆耶处置并由周迦帕收讫。

【注】

[1] 矩形双牍，关于财产之判决书。遗物编号 N. 01，照片号 T. O. 28。《尼雅佉卢文书别集》，第 112、117 页。

767[1]

兹于大王、天子、侍中伐色摩那（jiṭugha Vaṣmana）陛下之第六年八月二十六日，在此日子，主簿柯罗那耶（*cojhbo* Kranaya）及税监黎贝耶（*ṣoṭhaṃgha* Lýipeya）审理一讼案。贵人黎帕那（*ari* Lýipana）与支摩耶（Tsimaya）为一头牝牛而起争执。贵人黎帕那之佃户租用一头属支摩耶所有之牝牛。该合约之结果为该牝牛死亡。当此情况下，该已死之牝牛须由贵人黎帕那取去，并由黎帕那给付一头相似之 *vito* 牝牛予支摩耶。

【注】

[1] 矩形底牍，关于财产之判决书。遗物编号 N. 03，照片号 T. O. 22。《尼雅佉卢文书别集》，第 112、117 页。

769[1]

……] 大王敕谕主簿支摩耶（*cojhbo* Tsimaya）与税监黎贝耶（*ṣoṭhaṃgha* Lýipeya）如下：现有左史格（Caṣǵe）于此禀报，其有一女名沙毗那（Sarpinae）者，为左归腊（Cakvala）、沙毗那及柯利沙（Kolýisa）所领养。该女本人父母之一名奴隶名 Su[……]sriae 者曾为其所领养。[……] 此养女曾为左归腊、沙毗那与柯利沙所交换。该沙毗那死亡。他们曾取 [……] 该沙毗那之姊妹沙伐室利（Sarvaśriae）。其再次交换时，他们曾给予萨迦室利（Sakaśriae）。其父母已亡故。现下此交换领养之女 [……]。此争讼由你等亲自详加审理，连同誓言及证人，依照法令（做出裁决），（如你等不能澄清此案），则将他们押至本处。

【注】

[1] 楔形双牍，谕令，关于领养纠纷之申诉。遗物编号 N. xxiii，照片号 T. O. 27。《尼雅佉卢文书别集》，第 113、118 页。

770[1]

兹于大王、天子、侍中伐色摩那（jiṭugha Vaṣmana）陛下之第六年二月二十二日，在此日子，有一男子名耶伽那（Yakana）者，卒于此地精绝（Cad'ota）。此耶伽那系沙伐罗支（Sarvarachi）之财产。本处有沙伐罗支携来一手信。诸赖耶伽那为生者，至如布师迦离（Pusǵari? ），皆书于此信札中。此（曾为）沙伐罗支所得。由此依赖耶伽那为生之牲畜等中，其取得所有 [……] 其数量达 12 *samiya*，由此位沙伐罗支收讫。自现下起，沙伐罗支与夷陀格耶（Yitaǵeya）兄弟一方将不再给予或取得耶伽那，以反对支摩耶（Tsimaya），他们不占有任何财物。将来，沙伐罗支与夷陀格耶兄弟或彼等之子或亲戚，不对经营支摩耶田庄之人说三道四 [……] 沙伐罗支之 [……] 对耕种属 [……] 之田庄者不赊不欠。事务已清讫，彼等已做出决定，以下系证人 [……

【注】

[1] 矩形底牍，关于奴隶纠纷之判决书。遗物编号 N. R. 2，照片号 T. O. 18。《尼雅佉卢文书别集》，第 113—114、118 页。

771[1]

……] 主簿柯罗那耶（*cojhbo* Kranaya）及税监黎贝耶（*ṣoṭhaṃgha* Lýipcya）谨再三致无上之敬意并问圣体安康，吾等谨向你叩首。摩尔查耶（Maltsaya）与张僧那（Camṣaṃnae）曾领养色牟雅（Ṣemoae）之女作为其养女。摩尔查耶与张僧那给付 1 匹 *tirsa* 牝马作为奶费，色牟雅已得之。就此养女，阿尔陀（Arta）对 [……] 将不再赊欠。本处已做出一完全之决定，一封手信业已书讫。

【注】

[1] 矩形底牍，信函。遗物编号 N. R. 6，照片号 T. O. 26。《尼雅佉卢文书别集》，第 114、118—119 页。

774[1]

A. ……] 与 [……] 之 4 弥里码 4 硒谷物。

……] 毗特迦（Pitǵa）与黎弥罗（Lýimira）之 3 弥里码 3 硒谷物。

B. *daśavida*、贵人难信陀（*ari* Namsiṃta）10 目厘。

daśavida 伐贝耶（Varpeya）10 目厘。

【注】

[1] 矩形底牍，籍账类之账目。遗物编号 N. R. 6，照片号 T. O. 26。《尼雅佉卢文书别集》，第 114—115、119 页。

775[1]

……] 大王敕谕 [……] 诉称彼负担诸多之差使，而时下你复差使其一司谷（*koyima*）之职。本处已拟就一印封楔牍并已发出 [……] 车摩耶（Tsmaya）[……] 你再次派其司谷之职。（彼之）父母曾居于一田庄。如若此楔牍与封印下达该处 [……①

【注】

[1] 楔形底牍，关于服役之谕令。遗物编号 N. R. 16，照片号 T. O. 23。

① 负担太多差使的抱怨是常见到的，参见第 10、430、439、562 号文书。比较之下可以将 *dra*[*mgha*] 的第二个音节确切地复原出来。*Koyima*(*m*) 一词仅在第 38 号文书里出现过。它不大像是 *koyimamdhina* 的误写，这一点在本文书中已得到证实。*Koyima*(*m*) 是一种官职，负责征收谷物，而 *koyimamdhina* 是从其派生出来的一种助理职务。*Kurvasi* = *karesi* 难以在别处见到其形式。或许我们可以将之替换读作 [*na*] *puna koyima purvasi*（“然彼先前不曾做为司谷”）。——原注

《尼雅佉卢文书别集》，第 115、119 页。

776[1]

勇迦（Yonǵa）之 10 硒。

daśavita 师耶跋腊（Syabala）与 *daśavita* 柯利莎（Kolýisa），3 弥里码谷物。

于罗什帕罗（Raśpara）之百户（*śata*）。

左伽（Caka）之 10 硒。

【注】

[1] 长方形牍，籍账类之账目。遗物编号 N. R. 19，照片号 T. O. 25。《尼雅佉卢文书别集》，第 115、119 页。

777[1]

兹于大王、天子、侍中伐色摩那（jiṭugha Vaṣmana）陛下之第九年十一月八日，彼时，当 [……] 来自 [……] 彼时，*masiṃciye*① 为羊倌苏耆陀（Sugīta）已任保管员一事申诉。于第十年，牟迦叶（Moǵaya）与 [……] 须前去充任羊倌。于第十一年，车摩耶（Tsmaya）须前去充任保管。于第十二年，竺格迦（Tsuǵelǵa）与支芬德迦（Civiṃtǵa）须前去充任保管。于第十三年 [……

【注】

[1] 矩形底牍，籍账类之服役名册。遗物编号 N. R. 26, 27，照片号 T. O. 19。《尼雅佉卢文书别集》，第 115—116、119—120 页。

① *masiṃciye* 不见于其他文书。此词派生自 *masina*，据第 374 号文书判断（*masinaṃmi saṃvatsari palýi ciṃditaǵa*），可能是一处地名。O. 斯坦因试做的解释（O. Stein, *BSOS*, VIII, 767）可以被排除。——原注

778—781

（太过残破无法释读）

782[1]

兹于大王、王中之王、伟大、胜利、公正、威德之王、天子安归伽（Akvaǵa）之第二年，于其治下之六月七日，有 *suveṣta* 鸠特雷耶（Kutreya）与柯了格（Kolǵe）之奴隶左忒耶（Cateya），卖出能播种 1 弥里码 *cuṭhie* 种子之 *miṣi* 地。沙门支伯离摩（Ciprima）买下此地。价钱已谈妥，系 1 峰价值 20 单位之 *putǵetsa* 牝驼，且已收讫。在平等条件下彼等达致合约。该处知晓此事之证人，名为 *vaṭayaǵa* 奥奴耆（Onuǵi）、税吏（*aetǵa*）[……] 系一证人；*maravara* 摩那娑迦（Manasoǵa）、沙门 [……] 及我等所写下之字据 [……] 奥奴耆、司书阿伯各（Apǵe）之助理 [……]。合同之权限为一千年，凡何人今后 [……

【注】

[1] 矩形底牍，关于土地买卖之书面契约。遗物编号 N. R. (char) 2，照片号 T. O. 21。《尼雅佉卢文书别集》，第 117、120 页。

附录二：词汇索引

（说明：名词后面的数字为本书文书编号。部分名词有多种拼写，此处采用的是较常见者）

A

Acila 阿支腊（人名）。706

Aco 阿葛（人名）。374

Acokisǵiya（神名）。361

acoviṃna（职官名）。133, 139, 152, 323

Acuñaya 阿周曩耶（人名）。278, 327

Acuñi 阿周宁（人名）。279, 659

Acuñiya 阿周宁耶（人名）。571, 582, 586, 587, 592, 654, 655, 715

aǵeta 税吏（职官名）。42, 59, 197, 275, 307, 322, 422, 431 及 432, 437, 496, 571, 577, 580, 583, 586, 587, 590, 592, 714, 715, 725, 782

Ajiyama aύana 阿迟耶摩阿瓦纳（地名）。207, 275, 279, 422, 573, 713, 714

Alma Bhumi 阿尔摩布弥（地名）。292

Alṕaya 阿勒波耶（人名）。214

Alýaya 阿莱耶（人名）。9, 214, 370, 575, 709

ambukaya（职衔名）。251

Aṃgoka 安归伽（王名）。187, 418, 419, 437, 506, 571, 572, 574, 579-583, 586, 587, 589, 590, 592, 652, 654, 677, 709, 715, 782

Aṃtasena 安陀舍那（人名）。400

Aṃtǵiya 安德耆耶（人名）。585

Aṃti 安提（人名）。180, 216

Aṃto 安多（人名）。495, 648

Anaṃda 阿难陀（人名）。419, 706

Anaṃdasena 阿难陀舍那（人名）。345, 403, 703

Anǵi 安耆（人名）。59

Anuǵaya 阿奴迦耶（人名）。345

Apcula 阿波周腊（人名）。495

Apeṃna 阿般那（人名）。38, 82, 123, 125, 131, 180, 643

Apena 阿贝那（人名）。539, 765

Apǵaya 阿波迦叶（人名）。654

Apǵe 阿伯各（人名）。262, 782

Apǵeya 阿伯各耶（人名）。36, 47, 63, 419, 580, 589, 648

Apiǵo 阿毗伽（人名）。30

Apisa 阿毗沙（人名）。11

Apita 阿毗陀（人名）。135, 206

Apñiya 阿波宁耶（人名）。120, 131, 151, 215, 251, 502

apru（职衔名）。722

Apṣiya 阿波什耶（人名）。579

apsu 曹长（职官名）。56, 120, 151, 195, 215, 383, 422, 431 及 432, 517, 525, 549, 554, 571, 572, 577, 579, 590, 592, 593, 654, 656
Apta 阿波陀（人名）。143, 209
Aptatǵi 阿波陀耆（人名）。525
Aralýi 阿罗黎（人名）。573
Arcaka 阿左伽（人名）。422
Ardharasa 阿尔达罗沙（人名）。575
Argi 阿耆（人名）。50
Argiceya 阿耆迟耶（人名）。422
Argiya 阿耆耶（人名）。587
Argiyotǵisaae 阿耆月其沙（人名）。209
ari 贵人。120, 123, 125, 157, 401, 420, 525, 577, 767, 774
Ariśa 阿离沙（人名）。420
Ariṣṕa 阿离什帕（人名）。581, 587
arivaǵa 向导（职务）。10, 22, 135, 244, 251, 253, 388, 438, 507, 569, 593
Arjuna 阿周那（人名）。16
Arsina 阿是那（人名）。7
Arta 阿尔陀（人名）。771
aryaǵa（职衔名）。654
Aryasa 阿尔耶沙（人名）。255
Asaṃna 阿桑那（人名）。327, 770
Aṣḍhaya 阿施陀耶（人名）。83
Aṣena 阿舍那（人名）。123, 298, 547
aṣǵara（职衔名）。525, 584, 604
Aśi 阿息（人名？）。735
Aśoǵa 阿输迦（人名）。254, 328, 621
Astasa 阿斯陀沙（地名）。124
Asuraǵa 阿输罗迦（人名）。318
Atamsiyae 阿檀悉耶（人名）。702
Aṭhama 阿它摩（人名）。709
Aṭhamo 阿它牟（人名）。419
Auǵala 奥迦罗（人名）。20, 29, 53
Aya 阿耶（人名）。312
Ayamatu Vasa 阿耶摩图伐沙（地名）。206
Ayila 阿夷腊（人名）。606
Azuraka 阿祖罗伽（人名）。639

B

Baguśama 跋古萨摩（人名）。375
Bahudhiva 跋忽提伐（人名）。661
Balaseṃna 跋腊身那（人名）。593
Balasena 跋腊舍那（人名）。433, 604
Balaśura 跋腊输罗（人名）。498
Batra 跋多罗（人名）。617
Bhaǵarka 跋迦尔伽（人名）。262
Bhaǵasa 跋迦沙（人名）。195
Bhaǵasena 跋迦舍那（人名）。253
Bhagusena 跋古舍那（人名）。475
Bhaṃmeca 般没左（人名）。437
Bharsavaḍhi 跋萨伐帝（人名）。554
Bharu 霸卢（人名）。184
Bhasḍha 跋施陀（人名）。551
Bhatiǵa 跋帝迦（人名）。696
Bhatiśama 跋帝沙摩（人名）。696
Bhatra 跋特罗（人名）。419, 506
Bhatro devatasa（神名）。157
bhikṣu saṅgha 比丘僧伽，僧团。419, 489, 506, 582, 703
Bhimasena 毗摩色那（人名）。38, 254, 256 及 260, 317, 326, 401, 430, 433, 435, 438, 439, 474, 532, 546, 550, 570, 734, 740
Bhimaya 毗摩耶（人名）。14, 35, 70, 509
Bhiyaǵa 毗耶迦（人名）。709
Bhoti 菩提（地名）。84
Bhoti-nagara 菩提城（地名）。69

Bhuǵta 布各陀（人名）。709
Bimbhasena 宾跋色那（人名）。578
Biṃna 宾那（人名）。224
Bośarsa 婆沙尔萨（人名）。591
Budasena 佛陀舍那（人名）。248, 356, 434, 437
Buddhavarma 佛陀伐摩（人名）。186, 418
Budhaghoṣa 佛陀瞿沙（人名）。225, 345
Budhamitra 佛陀蜜多罗（人名）。499, 553, 612
Budhanaṃti 佛陀难帝（人名）。690
Budhapala 佛陀帕腊（人名）。417
Budhapharma 佛陀法摩（人名）。655
Budharachi 佛陀罗支（人名）。288, 330, 348, 419, 425
Budharachida 佛陀罗支陀（人名）。415
Buddhaśira 佛陀尸罗（人名）。491, 655
Budhavama 佛陀伐摩（人名）。419
Budhaya 佛陀耶（人名）。419
Budhila 菩提腊（人名）。419, 569
Budhosa 佛陀萨（人名）。655
Buṃgusena 般古舍那（人名）。399
Buṃni 般尼（地名）。157

C

Cacuka 左周伽（人名）。308
Caḍhi 左提（人名）。9, 358, 579, 582
Caḍhiya 左提耶（人名）。571, 586, 589
Cadisaae 左蒂莎耶（人名）。606
Caḍ'ota 精绝（地名）。12 及 43, 14, 27, 31 及 764, 97, 159, 183, 214, 236, 246, 271, 292, 305, 306, 310, 322, 326, 345, 351, 362, 367, 386, 415, 419, 437, 489, 496, 506, 516, 532, 575, 582, 585, 586, 632, 637, 639, 770
Caǵu 左怙（人名）。569
Caǵusena 左怙色那（人名）。69
Caka 左伽（人名）。776
Cakasā 左伽沙（人名）。400
Cakla 左克腊（人名）。622
Cakle 左柯莱（人名）。742
Cakola 左柯腊（人名）。577, 637
Caku 左伽（人名）。298
Cakurata 左鸠罗陀（人名）。328
Cakuraya 左鸠罗耶（人名）。328
Cakuύaae 左鸠伐（人名）。279
Cakuύala 左鸠伐腊（人名）。349, 634
Cakvala 左归腊（人名）。243, 288, 297, 334, 436, 575, 715, 769
Cakvaya 左归耶（人名）。173
Calaṃma 左腊摩（人名）。157
Calaya 左腊耶（人名）。422
Calmadana 且末（地名）。4, 14, 119, 122, 246, 254, 296, 305, 309, 324, 329, 519, 546, 547, 582, 678, 686, 722
Calmasa 左勒摩萨（人名）。120, 163, 341, 383, 532
Camaǵa 左摩迦（人名）。569
Camaka 左摩伽（人名）。219, 244, 297, 338, 358, 364, 368, 625
Camaśriae 左摩师利（人名）。34
Camavati 左摩伐蒂（人名）。492
Caṃcā 张左（人名）。279, 621
Caṃja 张伽（人名）。278
caṃkura（职官名）。16, 64, 236, 297, 318, 345, 437, 506, 532, 582, 584, 732
Caṃñaǵa 张曩迦（人名）。722
Camoae 左牟（人名）。20, 53
Campe 詹贝（人名）。140
Campeya 詹贝耶（人名）。83

Caṃpǵe 詹波格（人名）。106
Camṣaṃnae 张僧那（人名）。771
Caṃtaṃnoae 张檀诺娅（人名）。719
Caṃtǵala 张德迦腊（人名）。722
Caṃtroae 臧特老雅（人名）。425
Camu Prete 左牧·波列忒（人名？）。604
Cañaǵa 左曩迦（人名）。161
Caneya 左尼耶（人名）。168, 173, 569, 625
Canǵeya 詹格耶（人名）。433
Capeya 左贝耶（人名）。314
Capnuneya 左波奴尼耶（人名）。384
Capuǵa 左布迦（人名）。589, 590
Capyana 左波耶那（人名）。345
caraǵa（职官名）。86, 157, 584
Carakā 左罗伽（人名）。706
carapuruṣa 探长。200, 322, 330, 507, 569, 579, 593, 637, 722, 765
caru（职衔名）。286, 327, 385, 576
Caruveta 左卢吠陀（人名）。478
Caṣǵe 左史格（人名）。509, 769
Caṣǵeya 左史格耶（人名）。222, 364, 373, 401, 415, 517, 519, 525, 532, 546, 554, 573, 576, 604
Casmina 左尸弥那（人名）。86
Cataraǵa 左陀罗迦（人名）。582, 584, 732
Cataraka 左陀罗伽（人名）。573
Cataroyae 左陀老耶（人名）。399
Catata 左陀陀（人名）。312, 580
Cateya 左忒耶（人名）。495, 573, 648, 782
Catǵila 左特吉腊（人名）。200
Catisae 哲蒂（人名）。516
Catisa deviyae avana 哲蒂女神阿瓦纳（行政区名）。46, 295, 334, 474, 496
Catmaǵe 左特摩格（人名）。68
Cato 左多（人名）。581, 583, 587, 589, 590, 592, 621, 715
Catona 左多那（人名）。160
Catroae 左特老（人名）。290
Catuǵeya 左屠格耶（人名）。588
Caule 乔勒（人名）。24, 305, 347
Cauleya 乔勒耶（人名）。671
Caulǵeya 乔勒格耶（人名）。329
Cetrakirti 折德罗劫帝（人名）。660
Cǵito 支耆多（人名）。634
Cigha 支迦（人名）。436
Ciǵita 支耆陀（人名）。419
Ciǵitoya 支耆多耶（人名）。589
Cikiṃto 支金多（人名）。637
Cimaǵa 支摩迦（人名）。345
Cimaka 支摩伽（人名）。310, 396, 678, 709
Ciṃgasena 金迦舍那（人名）。387
Cimǵaya 金迦耶（人名）。475, 476
Cimǵe 金各（人名）。82
Cimǵeya 金格耶（人名）。585
Ciṃgha 金迦（人名）。507
Ciṃǵse 金格舍（人名）。345
Cimikae 支弥伽（人名）。39, 45
Ciṃnaphara 金那伏罗（人名）。399
Cimola 支摩腊（人名）。187, 244, 297, 306, 360, 656
Cina 中国，汉人，秦人。35, 149, 255, 324, 353, 686
Cinama 支那摩（人名）。13
Cinapriyae 支那波离耶（人名）。476
Cinaśa 支那沙（人名）。475, 476
Cinasena 支那色那（人名）。375, 519, 709
Cinaṣyaniyae 支那施耶尼耶（人名）。403
Cinaphara 支那伐罗（人名）。518
Cinǵa 金伽（人名）。32, 56, 686
Ciniǵa 支尼迦（人名）。576

Cinika 支尼伽（人名）。584
Cinyaśa 支尼耶沙（人名）。399
Cipitǵa 支毗特迦（人名）。422
Ciprima 支伯离摩（人名）。782
Civiṃtǵa 支芬德迦（人名）。777
Cmaǵa 支摩迦（人名）。575
Codiru 措迪卢（人名）。345
Codistri 措迪室利（人名）。345
cojhbo 主簿（职官名）。1, 3, 6, 7, 9-11, 13-20, 22-24, 26-30, 31 及 764, 33, 35-37, 39, 40, 42, 44-47, 49-53, 55-58, 62-64, 68, 70, 71, 86, 88, 97, 100, 107, 119, 120, 124, 126, 127, 130, 133, 134, 136, 139, 142, 144, 152, 153, 155-157, 159, 160, 162, 164, 165, 186, 189, 193, 198, 212-214, 216, 217, 219, 222, 223, 226, 228, 235, 236, 243, 244, 246, 253, 265, 271, 272, 275, 279, 286, 288, 289, 291, 292, 295-297, 305, 307-312, 314, 315, 317, 318, 320, 322, 325-327, 329, 330, 336, 338-341, 343, 344, 347-352, 355-360, 362, 364, 366-368, 370, 371, 373-375, 378, 381, 386, 392, 393, 396, 397, 399-401, 403, 412, 413, 415, 417, 421, 425, 430, 433-439, 468, 470, 471, 473, 477, 478-482, 491, 492, 494, 498, 502-504, 506, 507, 509, 515-518, 520, 524, 526-528, 530, 532, 537, 538, 540, 542, 545, 550, 551, 553, 554, 556, 561, 562, 566-571, 573, 575-579, 581, 582, 584, 591-593, 599, 621, 625, 629, 630, 632, 636-638, 644, 671, 686, 709, 713, 714, 725, 729, 732, 734, 735, 741-743, 750, 751, 765, 767, 769, 771
Conakara 措那伽罗（人名）。326
Cramaena 克罗摩夷那（人名）。400
Cuǵapa 周迦帕（人名）。247, 308, 335, 345, 378, 383, 425, 765
Cuǵape 周迦贝（人名）。420
Cuǵopa 周瞿帕（人名）。345
Cukapae 周伽帕（人名）。316
Capnuneya 左波奴尼耶（人名）。384
Cuteya 周特耶（人名）。140
cuύalayina 监察（职官名）。12 及 43, 55, 135, 278, 314, 478, 517, 573, 582, 584, 641, 702, 709, 732

D

Daḍavala 达达伐腊（人名）。709
Dajapala 达阇帕腊（人名）。578
Danutreya 达奴德雷耶（人名）。721
Daroύa 达娄伐（地名）。695
Dāruǵe 达卢各（人名）。660
daśavita（职衔名）。204, 419, 448, 477, 774, 776
Denuǵa Aṃto 德奴迦安多（人名）。418
Deviyae naύaka avana 王后之新阿瓦纳（地名）。193
Deviyae Ogu Anuǵaya ni aύana 王后奥古阿奴迦耶阿瓦纳（地名）。629
Deviae Peta aύana 王后毗陀阿瓦纳（地名）。494
Dhaciya 驮支耶（人名）。70
Ḍhaǵiya 达耆耶（人名）。676
Dhamadara 达摩陀罗（人名）。589
Ḍhamaja 达摩阇（人名）。586
Dhamakama 达摩伽摩（人名）。334, 419
Dhamakathiǵa 达摩伽提迦（人名）。296
Damalada 达摩腊达（人名）。652
Dhamamitra 达摩密特罗（人名）。419

Dhamapala 达摩帕腊（人名）。206, 574
Dhamapri 达摩波离（人名）。481
Dhamapriya 达摩波离耶（人名）。546, 575, 585
Ḍhamaśa 达摩沙（人名）。581, 586, 659
Dhamasena 达摩舍那（人名）。381
Dhamaśira 达摩施罗（人名）。314
Dhamaśreṭha 达摩室利陀（人名）。204
Dhamaśriae 达摩师利（人名）。21
Dhamaśura 达摩输罗（人名）。517
Dhameca 达迈左（人名）。588, 652
Dhamena 达迈那（人名）。593
Dhamila 达弥腊（人名）。419, 592
Dhammaraṃna 达摩罗那（人名）。345
Dhaṃñapala 亶曩帕腊（人名）。678
Dhaṃñila 亶宁腊（人名）。678
Ḍhapaya 达帕耶（人名）。526, 570, 578
Ḍhapǵeya 达波格耶（人名）。637
Dharmapriya 达摩波离耶（人名）。152, 288
Ḍhraka 德罗伽（人名）。216
Dirpara 帝帕罗（人名）。584
diṣṭi（度量衡单位）。187, 415, 437, 589, 592
divira 司书（职官名）。90, 222, 330, 336, 348, 385, 415, 419, 422, 436, 437, 507, 520, 552, 569, 571, 572, 575-577, 579, 580, 581, 586-592, 598, 648, 654, 655, 677, 715, 765
Dmusvaṃta 德缪斯梵陀（人名）。375
Duki 都吉（山名）。231

E

ekhara 埃卡罗（爵位名）。157, 505, 577, 659

G

gami 信差，信使。177
Ǵosaca 瞿沙左（人名）。536, 556
Govadara 瞿伐达罗（人名）。503
guśura 古速罗（职衔名）。187, 216, 295, 328, 401, 478, 584, 654, 696, 702

I

Iṃdrasena 因陀罗舍那（人名）。318

J

Jamavaṃna 亚摩梵那（人名）。25
Jarǵe 亚尔格（人名）。59
Jayaña 亚耶孃（人名）。98
Jayaśa 亚耶沙（人名）。209, 318
Jayatrada 亚耶特罗陀（人名）。578
Jebhatra 杰跋多罗（人名）。584
jenevida（职衔名）。506
Jepriya 劫波离耶（人名）。345
Jeyabhatra 杰耶跋多罗（人名）。582, 732
Jeyaka 杰耶伽（人名）。403, 588
Jeyaśa 杰耶沙（人名）。320
Jihmaya 吉诃摩耶（人名）。312
Jimoya 吉牟耶（人名）。385, 413, 561
jiṭugha 侍中（职官名）。169, 180, 195, 204, 209, 222, 298, 318, 322, 331, 343, 345, 401, 415, 418-420, 425, 437, 478, 489, 496, 500, 506, 568-574, 576-578, 580, 582-584, 587, 588, 590-593, 600, 604, 617, 637, 709, 760, 767, 770, 777
Jivadeya 吉伐德耶（人名）。477
Jivaka 吉伐伽（人名）。647
Jivalo Aṭhama 吉伐老阿陀摩（人名）。418
Jivamitra 吉伐蜜多罗（人名）。147, 425, 525, 617
Jivaśama 吉伐萨摩（人名）。506
Jivaśaṃma 吉伐僧摩（人名）。709

K

Kacaka 伽左伽（人名）。256 及 260
Kacana 伽左那（人名）。144, 331, 415, 436, 540
Kacano 伽左诺（人名）。318
Kaci 伽支（人名）。703
Kaciyae 伽支耶（人名）。542
Kaḱe 伽克（人名）。212
Kaḱeya 伽克耶（人名）。23, 54, 399, 507, 569, 588
kāla 卡拉（爵位名）。25, 28, 147, 202, 216, 256 及 260, 278, 279, 295, 305, 307, 322, 327, 328, 331, 349, 358, 360, 363, 366, 383, 387, 399, 420, 425, 495, 524, 526, 571, 572, 579-582, 586, 587, 589-591, 606, 622, 630, 634, 637, 640, 654, 715
Kalaṣḍha 伽腊师陀（人名）。706
Kalu 伽律（人名）。709
Kalyanadhama 伽离衍那达摩（人名）。123, 477
Kalyanakarimitra 伽离衍那伽离蜜多罗（人名）。499
Kalẏi 伽离（人名）。666
Kalẏiǵeya 伽黎格耶（人名）。207, 495
Kalẏotsa 伽黎奥查（人名）。585
Kamaya 伽摩耶（人名）。326
Kaṃcaǵa 康左迦（人名）。550, 713, 722
Kaṃcaka 康左伽（人名）。382
Kaṃcǵeya 康支格耶（人名）。536, 569
Kaṃcǵoae 康支瞿娅（人名）。334
Kaṃci 康支（人名）。180, 545, 561
Kaṃciya 康支耶（人名）。120, 592
Kame 伽弥（人名）。21
Kaṃguca 康古左（人名）。471
Kaṃjaka 康阇伽（人名）。177, 182, 420, 516
Kaṃjiya 康吉耶（人名）。572, 580, 583
Kaṃki 康吉（人名）。312
Kaṃkuca 康鸠左（人名）。334
kaṃzavadi（职衔名？）。725
Kanasaǵa 伽那沙迦（人名）。30
Kapǵeya 迦波格耶（人名）。39, 173, 244, 310, 437, 568, 569, 706
Kapota 伽婆陀（人名）。579, 660
Kapuṃca 伽般左（人名）。187
Karaṃtsa 伽蓝查（人名）。295, 327, 495, 524, 549, 571, 572, 579-582, 586, 587, 589, 590, 598, 606, 640, 654, 656, 715
Karcika 伽尔支伽（人名）。436
Kari 伽离（人名）。703
karsenaǘa 甲长（职官名）。86, 482, 579, 581, 586, 590, 715
Kartsa 伽查（人名）。123
Katǵe 伽特格（人名）。324
kāya（职衔名）。90
Kayaṃdaga 伽延陀迦（人名）。686
Kecana 凯左那（人名）。401
Keniǵa 凯尼迦（人名）。576
Kenika 凯尼伽（人名）。90, 235
Kara 诃罗（人名）。598
Khema 扜弥（地名）。214, 248, 272, 283, 289, 291, 333, 709
khi 硒（度量衡单位）。25, 98, 131, 140, 142, 154, 168, 173, 175, 186, 207, 210, 211, 222, 225, 295, 329, 343, 345, 387, 431 及 432, 462, 476-478, 495, 496, 505, 539, 549, 571, 579, 580, 585, 587, 595, 637, 641, 652, 655, 656, 703, 765, 774, 776
Khosa 霍沙（人名）。362
Khotaṃ 于阗（地名）。14, 22, 30, 36, 86,

135, 180, 214, 216, 223, 248, 251, 253, 272, 283, 289, 291, 296, 322, 330, 333, 335, 362, 367, 376, 388, 399, 400, 403, 415, 438, 471, 494, 516, 517, 549, 578, 583, 584, 592, 622, 625, 637, 661, 686, 735
Khvarnarse 华那尔师（人名）。661
kilme 封邑，封地，领地。46, 152, 163, 165, 209, 211, 254, 256 及 260, 271, 278, 279, 307, 331, 338, 358, 374, 381, 393, 437, 468, 481, 482, 519, 532, 581, 585, 621, 632, 639, 713, 714, 734
Kilýaǵi 吉利耶格（人名）。36, 216, 348
Kilýaǵiya 吉利耶吉耶（人名）。322
Kilýama 吉林耶摩（人名）。246
Kiṃciya 金支耶（人名）。215
Kirteya 劫德耶（人名）。637
Kirtiśama 劫提沙摩（人名）。165, 318, 345
kitsaitsa 吉查依查（爵位名）。187, 327, 377, 415, 436, 437, 495, 549, 561, 571, 572, 574, 579-582, 586, 587, 589, 590, 606, 640, 648, 652, 654-656, 666, 671, 715, 719, 730
klaseṃci（职官名）。10, 109, 562, 743
Kleṃjiya 柯蓝吉耶（人名）。572
Kobala Suǵita 柯跋腊苏耆陀（人名）。163
Koǵitasasa 柯耆陀沙（地名）。133
Kolaṃte 柯蓝特（地名）。125
Kolaṣi 柯腊施（人名）。327
Kole 柯莱（人名）。140
Koleta 柯莱陀（人名）。200, 525
Kolǵe 柯了各（人名）。782
Kolǵeya 柯了格耶（人名）。546
Koloae 柯娄耶（人名）。578
Kolýina 柯离那（人名）。625
Kolýisa 柯利沙（人名）。15, 20, 29, 53, 107, 130, 159, 214, 314, 341, 356, 360, 392, 415, 573, 575, 769, 776
Koṃpala 宫帕腊（人名）。437
Koñaya 柯曩耶（人名）。571, 580
Koñeta 柯嫩陀（人名）。413
Koñita 柯宁陀（人名）。46
Konuma 柯奴摩（人名）。46, 566
Koparṣaniae 柯帕沙尼耶（人名）。555
Kopeṃna 柯般那（人名）。555
korara 柯罗罗（爵位名？）。180, 334, 382, 420, 577
kori 御牧（职官名）。4, 5, 32, 40, 49, 64, 213, 223, 228, 256 及 260, 330, 355, 393, 547, 570, 574, 579, 676, 706, 709
Kosenaya 柯色那耶（人名）。677
koyima 司谷（职官名）。38, 775
Kranaya 柯罗那耶（人名）。19, 22, 71, 88, 119, 126, 134, 155, 162, 165, 184, 243, 265, 340, 344, 400, 403, 413, 417, 430, 435, 438, 439, 494, 498, 502-504, 515, 554, 636, 638, 641, 734, 767, 771
Kreya 克列耶（人名）。17, 34, 685
Kroae 柯娄雅（人名）。450, 725
Kroraina 楼兰（地名）。370, 383, 678, 696, 706
Ktesana 柯特沙那（地名）。225
Kua 鸠雅（人名）。338
Kuaṃca 鸠安左（人名）。68
Kuci 龟兹（地名）。621, 629, 632
Kuḍe 鸠德（人名）。164, 187
Kuǵe 鸠格（人名）。352
Khvani 扜泥（地名）。431 及 432, 478, 489, 505, 506, 526, 530, 637, 660, 663, 722
Kukita 鸠吉陀（人名）。161

Kulavardhana 鸠腊伐达那（人名）。236, 585
Kulbhu 鸠布（人名）。28
Kuleya 鸠莱耶（人名）。195, 246, 593
kulola 某种人群名称。28
Kuluca 鸠卢左（人名）。580
Kuṃdho 军多（人名）。286
Kuṃñaǵa 军曩迦（人名）。153, 722
Kuṃnasena 军那舍那（人名）。322
Kuṃpara 军帕罗（人名）。686
Kuṃsena 军舍那（人名）。352, 383, 592
Kuṇala 鸠那罗（人名）。22, 25, 40, 64, 107, 119, 160, 305, 360, 363, 639
Kunasena 鸠那舍那（人名）。133, 177, 180, 211, 722
Kunǵeya 昆格耶（人名）。11, 100, 157, 173, 216, 366, 401, 448, 536, 576
Kuñita 鸠宁陀（人名）。222, 246, 420, 569, 572, 576, 577, 686
Kupṣiṃta 鸠波信陀（人名）。83, 100, 140
Kupṣu 鸠波苏（人名）。159
Kupṣuda 鸠波苏陀（人名）。307, 566, 570, 593
Kuraǵe 鸠罗格（人名）。659
Kuraǵeya 鸠罗格耶（人名）。278, 580, 582, 586, 589
Kuritǵa 鸠黎特迦（人名）。583
Kusaṃgha 贵霜伽（人名）。90
Kuṣaṃta 贵霜陀（人名）。98, 278
Kuṣanasena 贵霜舍那（人名）。5, 136, 193, 198, 399, 401, 478
Kustanaǵa 鸠施陀曩迦（人名）。422
Kutaǵa 鸠陀迦（人名）。195, 593
Kutǵeya 鸠特格耶（人名）。125
kuthala 亩（地积）。90, 327, 572, 582
Kuti 鸠迪（人名）。295
Kutreya 鸠特雷耶（人名）。327, 434, 584, 782
Kuule 鸠莱（人名）。433
Kuuṃta 军陀（人名）。725, 750, 751
Kuuna 鸠那（人名）。392, 571, 583, 587, 590, 686, 715
Kuunǵe 鸠恩格（人名）。235, 339, 562
Kuúaya 鸠伐耶（人名）。186, 187, 208, 422, 526, 530, 572, 579, 590, 592, 654
Kuúayici 鸠伐夷支（人名）。575
Kuvinaǵa 鸠菲那伽（人名）。173
Kuviñeya 鸠韦嫩耶（人名）。25, 310, 385, 506, 571
Kviñaǵa 贵曩迦（人名）。209
Kyutseya 鸠遮耶（人名）。633

L

Lakunaǵita 腊鸠那吉陀（人名）。345
Lamǵa 蓝迦（人名）。686
Laṃna 兰那（人名）。54
Lampurta 蓝布陀（人名）。678
Lapaya 腊帕耶（人名）。126, 492, 494
Laroae 腊娄耶（人名）。600
Larsu 拉尔苏（人名）。69, 223, 243, 318, 343, 345, 383, 401, 420
Lasa 剌沙（人名）。709
Layiṃmaka 腊因摩伽（人名）。164
Laza 腊遮（人名）。378
Ldasa 勒达沙（人名）。318, 345, 578
leharaǵana 信差。385
Lepaya 莱帕耶（人名）。187
Lepeta 莱婆陀（人名）。106
Lepata 莱帕陀（人名）。162, 275
Leśvaṃna 赖什梵那（人名）。702
Lǵipaúa 黎帕伐（人名）。345
Livarazma 黎伐罗施摩（人名）。12 及 43

Lominana 洛弥那那（地名）。122
Lpatǵa 莱帕特迦（人名）。415
Luǵaya 卢迦耶（人名）。450
Lustu 卢施屠（人名）。168, 179, 327, 574, 579, 640
Luṭhu 陆都（人名）。295, 415, 437, 507, 561, 569, 606, 652, 719, 730
Lẏimǵeya 林格耶（人名）。26, 399
Lẏimiṃna 黎民那（人名）。625, 719
Lẏimina 黎弥纳（人名）。62, 134, 187
Lẏimira 黎弥罗（人名）。774
Lyimisoae 黎弥娑耶（人名）。592
Lẏimo 黎牟（人名）。18, 31 及 764, 592
Lẏimsu 林苏（人名）。22, 26, 71, 98, 100, 109, 140, 157, 160, 163, 165, 507, 525, 552, 556, 576, 604
Lẏipaae 黎帕耶（人名）。590
Lẏipaṃma 黎般摩（人名）。21, 246
Lẏipana 黎帕那（人名）。123, 278, 309, 345, 450, 621, 767
Lẏipatǵa 黎帕特迦（人名）。415, 571, 573, 583, 640, 652
Lẏipe 黎贝（人名）。7, 10, 17, 36, 68, 155, 193, 198, 212, 265, 344, 435, 438, 477, 494, 503, 504, 575, 636, 638, 641, 734
Lẏipena 黎婆那（人名）。123
Lẏipeya 黎贝耶（人名）。1, 4-6, 11, 14, 18-22, 25, 27, 29, 32-35, 37-39, 42, 45-47, 52-54, 56, 58, 63, 64, 70, 71, 83, 84, 86, 88, 97, 106, 107, 114, 119, 120, 123, 124, 126, 127, 130, 133-136, 139, 140, 142, 144, 152-154, 156, 157, 159-162, 164, 165, 182, 271, 340, 399, 400, 403, 413, 430, 433, 439, 474, 484, 496, 498, 502, 509, 515, 517, 541, 552, 554, 555, 575, 576, 591, 604, 637, 713, 714, 750, 767, 769, 771
Lẏipiṃtsaae 黎丙查耶（人名）。589
Lyipta 黎波陀（人名）。27, 216, 310, 333, 569, 587, 589, 732
Lẏivrasma 黎弗罗施摩（人名）。83

M

Maǵena 摩羯那（人名）。165
Mahadeyu 摩诃底尤（人名）。765
mahaṃta cozbo 大主簿（职官名）。161, 162, 88, 307, 385, 390, 399, 541, 585
mahaṃtanagara 摩诃那揭罗，大城。5, 155, 296, 469
mahatvana 大夫（职衔名）。46, 295, 297, 327, 413, 415, 422, 436, 495, 581, 582, 586, 587, 589, 592, 593, 598, 648, 654-656, 715, 765, 779, 781
Mayiri 摩醯利（王名）。169, 180, 195, 222, 298, 322, 324, 331, 415, 420, 425, 436, 489, 500, 568-570, 573, 575-578, 582, 584, 588, 591, 593, 600, 637, 732
Makasa 摩伽沙（人名）。401
Malbhuta 摩尔布陀（人名）。54, 347
Malbhaya 摩跋耶（人名）。70
Maltsaya 摩尔查耶（人名）。771
Maltsiǵeya 摩勒支格耶（人名）。666
Malbhuta 摩尔布陀（人名）。12 及 43, 55, 314
Manasoǵa 摩那娑迦（人名）。782
Mañgeya 忙格耶（人名）。587, 589
Mañiǵeya 摩宁格耶（人名）。549
Maniǵi 摩尼吉（人名）。345
maravara（职衔名）。781, 782
Mareǵa 摩列迦（人名）。248（？）, 431

及 432
māsa 摩沙（钱）。149, 500
Maṣaǵa 摩沙迦（人名）。149
Maṣḍhiǵe 摩施帝格（人名）。17, 437
masiṃciye（职衔名）。777
Masina 摩施那（地名）。278, 374, 589
Maṣḍhiǵa 摩施帝迦（人名）。46, 152, 436
Meghima 麦耆摩（人名）。634
Metroma 灭多老摩（人名）。422
Micǵae 弥支迦（人名）。660
Micorca 米郭左（人名）。654
milima 弥里码（度量衡单位）。25, 98, 122, 131, 140, 142, 154, 168, 175, 200, 207, 210, 225, 291, 292, 309, 329, 345, 349, 387, 468, 476-478, 495, 496, 505, 527, 530, 536, 539, 547, 549, 567, 571, 579-581, 585, 595, 634, 637, 648, 652, 654, 655, 677, 678, 703, 715, 765, 774, 776, 782
miṣi（一种田地）。90, 419, 571, 572, 580, 582, 655, 715, 782
Mitrapala 密特罗帕腊（人名）。318
Mitro 密特老（人名）。204
Mochabudhi 牟查菩提（人名）。331
Mochakama 牟查伽摩（人名）。173, 296
Mochapri 牟查波离（人名）。386
Mochapriya 牟查波离耶（人名）。494, 500, 502
Mochasena 牟查舍那（人名）。401, 477, 492, 504
Moǵata 牟迦陀（人名）。125, 187, 549, 571, 572, 579-582, 586, 587, 589, 590, 592, 654
Moǵata Cimola 牟迦陀·支牟腊（人名）。715
Moǵaya 牟迦叶（人名）。660, 777
Moǵe 牟格（人名）。298, 709
Moǵeci 牟格支（人名）。637
Moǵecika 牟格支伽（人名）。536
Moǵeya 牟格耶（人名）。422, 709
Moǵeya Mocha 牟格耶·牟查（人名）。715
Moǵi 牟吉（人名）。219, 286
Moǵiya 牟耆耶（人名）。505, 577, 588, 598
Molẏina 牟离那（人名）。482, 581
Moṣana 摩萨那（人名）。517
Moṣḍhaya 牟施陀耶（人名）。566
Motaǵe 牟陀格（人名）。646
Moteǵa 牟特迦（人名）。422, 598
Moteka 牟德伽（人名）。646
Motǵeya 牟特格耶（人名）。157, 577
Mudhaütsa 穆陀玉查（人名）。422
Muldeya 穆尔德耶（人名）。574, 635, 706
muli 目厘（价值单位）。210, 222, 343, 345, 393, 419, 420, 437, 495, 576, 587, 590, 592, 774, 782
Mutraśra 穆特罗施罗（人名）。334
Mutreya 牟特离耶（人名）。216
Mutritsae 穆德离查（人名）。573

N

Namarazma 那摩罗支摩（人名）。120, 122, 133, 154, 163, 290, 376, 507, 576
Namata 那摩陀（人名）。376, 742
Namatǵa 那摩特伽（人名）。90
Naṃdasena 难陀舍那（人名）。68, 385, 399
Naṃḍhaka 难陀伽（人名）。49
Naṃdivalaʒya 难帝伐罗什耶（人名）。320
Namilǵaae 纳弥迦叶（人名）。288, 660
Namiṣyanae 那弥施耶那（人名）。380
Naṃmakurvati 难摩鸠伐帝（人名）。519
Naṃmaśura 难摩输罗（人名）。120

Namṣanae 难霜（人名）。110
Namsiṃta 难信陀（人名）。774
Naṃtaśrrmi 难陀师利（人名）。83
Naṃtiǵa 难提迦（人名）。308
Naṃtipala 难提帕腊（人名）。478
Namtuje 难度热（人名）。377
nanaṃciya（职衔名）。157
Napuǵi 纳布耆（人名）。648
Naramasena 那罗摩色那（人名）。676
Narasaka 那罗沙伽（人名）。500
Narsita 那施陀（人名）。345
Naṣoύa 那输伐（人名）。345
Nastiṃta 那斯丁陀（人名）。152
Navaǵa aύana 那伐迦阿瓦纳（地名）。366
Navote 拿佛得（地名）。351
Ṅgaca 恩迦左（人名）。157
Ñimeya 宁弥耶（人名）。399
Nina 尼壤（地名）。14, 189, 436, 500, 518, 637
Niya 尼耶（地名）。686

O

Oǵa 奥迦（人名）。163
Oǵaca 奥迦左（人名）。133, 186, 412, 448, 573
Oǵala 乌迦腊（人名）。576
Oǵana 乌迦那（人名）。562
Oǵiya 奥耆耶（人名）。422
ogu 奥古（爵位名）。38, 90, 114, 136, 165, 193, 198, 209, 214, 254, 297, 315, 320, 326, 328, 345, 370, 377, 393, 399, 496, 506, 546, 570, 574, 575, 578, 582, 621, 639, 709, 721, 734, 740
Onaka 奥那伽（人名）。686
Onuǵi 奥奴耆（人名）。709, 782
Opaύe 乌帕未（人名）。32
Opǵe 乌波格（人名）。68, 330, 517, 709
Opǵeya 乌波格耶（人名）。9, 13, 18, 31 及 764, 38, 62, 175, 180, 195, 197, 206, 212, 322, 376, 387, 507, 525, 554, 568, 569, 592, 714, 721, 725, 735, 742, 743, 765
Opiṃta 乌宾陀（人名）。110, 157, 383, 518, 686
Opuǵe 乌布格（人名）。550

P

Pacǵoyae 帕支瞿耶（人名）。399
Paǵina 帕耆那（人名）。494
Paǵina avana 帕耆那阿瓦纳（行政区名）。750
Paǵo 帕瞿（人名）。126, 164, 165
Pakhi 帕悉（地名）。686
Pakusena 帕鸠舍那（人名）。504
Pakuva 帕鸠伐（人名）。655
Pakuύaya 帕鸠伐耶（人名）。580
Pakvaya 帕归耶（人名）。586
Palasena 帕罗舍那（人名）。173
Palǵe 帕莱格（人名）。209
Palnaṃto 帕了难多（人名）。592
Paluǵeya 帕卢格耶（人名）。478
Paluύisae 帕卢韦莎（人名）。20, 53
Paṃcama 般左摩（人名）。90, 256 及 260, 721, 734
Paṃcatva 般左特伐（人名）。326
Paṃciṃna 般金那（人名）。120
Paṃcina 般支那（人名）。436, 774
Panaǵara 帕那迦罗（人名）。209
Parcona 帕戈那（桥名）。122
Parkuta 帕鸠陀（人名）。272
Parneya 帕尔尼耶（人名）。314
Parpana 帕帕那（人名）。161
Parsu 帕苏（人名）。9, 431 及 432

Parsuǵe 帕尔苏格（人名）。476, 648
Parsuǵeya 帕尔苏格耶（人名）。475
Paruǵa 帕卢迦（人名）。252
Parvata 帕伐陀（人名）。278, 569, 575, 578, 593
Parvati 帕伐帝（人名）。415
Paśura 帕苏罗（人名）。200
Paṭaya 帕陀耶（人名）。33
Patraya 帕特罗耶（人名）。126, 162, 256 及 260, 492, 494, 516, 553, 622, 637
Patruǵa 帕特卢迦（人名）。310
Payina 帕夷那（人名）。422
Peco 贝柯（人名）。525
Pepiya 贝毗耶（人名）。495, 648, 655, 656
Pepriya 贝波离耶（人名）。345
Peta avana 毗陀阿瓦纳（行政区名）。10, 16, 25, 32, 40, 46, 110, 124, 136, 162, 164, 165
Peta-nagara 毗陀城。25
Pǵeca 波格左（人名）。244
Pǵena 波格那（人名）。279, 339, 392, 686
Pǵeta 波格陀（人名）。579
Pǵeya 波格耶（人名）。17
Pǵi 波耆（人名）。709
Pǵina 波耆那（人名）。359
Pgisa 波耆沙（人名）。507, 551, 567
Pǵita 波耆陀（人名）。25, 98, 162, 589
Pǵiya 波耆耶（人名）。709, 751
Pǵo 伯瞿（人名）。593, 719, 765
Pǵoco 波瞿周（人名）。25
Pǵu 波古（人名）。519
Phaklu 法克鲁（人名）。732
Phuṁmaseva 伏摩色伐（人名）。26, 135, 143
Phuύasena 伏伐色那（人名）。320
Picǵa 毗支迦（人名）。326
Piǵita 毗耆陀（人名）。422
Pisaliya 毗沙利耶（人名）。64, 291, 341
Pisalẏi 毗沙离（地名）。122
Piteca 毗特左（人名）。525
Piteya 毗忒耶（人名）。62, 187, 318, 378, 390, 496, 579, 581, 589, 637, 648, 654, 656, 721
Pitǵa 毗特迦（人名）。168, 571, 588, 590, 774
Pitoac 毗多雅（人名）。476
Pitseya 毗支耶（人名）。644
Platǵa 波腊特迦（人名）。49, 286, 576
Pleya 波莱耶（人名）。382, 401, 546, 588
Pleya Balavama 波莱耶跋腊伐摩（人名）。334
Poǵana 婆迦那（人名）。246
Ponicǵa 婆尼支迦（人名）。246
Poniǵana 婆尼迦那（人名）。506, 702, 703
Porkata 波尔诃陀（人名）。23, 291
Portsaya 婆查耶（人名）。676
Pośarsa 婆萨尔沙（人名）。399
Preṣāṃḍha 波离善陀（人名）。216
Priyapata 波离耶帕陀（人名）。331
Priyaniae 波离耶尼雅（人名）。377
Priyaśaka 波离耶萨迦（人名）。173
Priyaśaya 波离耶沙耶（人名）。247
Priyaśri 波离耶室利（人名）。345
Priyavada 波离耶伐陀（人名）。415, 633, 637
Priyavaǵa 波离耶伐迦（人名）。578
Priyosa 波离月沙（人名）。209
Pruṣḍhaya 波卢施达耶（人名）。591
Puǵo 布瞿（人名）。6, 13, 16-18, 31 及 764, 37, 39, 47, 58, 68, 252, 291, 297, 308,

315, 322, 333, 362, 482, 518, 528, 550, 742
pulaya（职衔名）。525
Pulnaṃto 布尔难陀（人名）。173
Pultsaya 布查耶（人名）。676
Puṃñabala 般囊跋腊（人名）。202, 331, 366, 630, 637
Puṃñadeva 般囊提婆（人名）。678
Puṃñalazaae 般囊腊札（人名）。316
Puṃñaśa 般囊沙（人名）。696
Puṃñasena 般囊舍那（人名）。489, 660
Puṃñavaṃta 般囊梵陀（人名）。478, 517, 641
Puṃñavati 般囊伐帝（人名）。722
Puṃñavatiyae 般囊伐帝耶（人名）。418
Puṃni 般尼（地名）。554
Puṃnyabala 般尼耶跋腊（人名）。622, 634
Puṃñyaśa 般囊耶沙（人名）。209
Puṃtsoya 般蹉耶（人名）。690
Purnabala 布那跋腊（人名）。28, 322, 349, 358, 387
Purnadana 布那达那（人名）。318
Purnaśa 布那沙（人名）。297
Purnasena 布那舍那（人名）。499
Pursavara 布尔沙伐罗（人名）。586, 590
Purvayana 布伐耶那（人名）。709
Purzavara 布尔遮伐罗（人名）。580
Puśe 布遮（人名）。367
Puṣǵari 布师迦离（人名）。660, 770

R

Racǵe 罗支格（人名）。676
Rage 罗格（人名）。436
Rahulatǵa 罗睺腊特迦（人名）。187
rajade 王家封邑。374
Ramaka 罗摩伽（人名）。499, 604
Ramaśri 罗摩室利（人名）。528
Ramaśriae 罗摩室利耶（人名）。538, 542
Ramatiae 罗摩蒂耶（人名）。542
Ramatsoǵa 罗没磋迦（人名）。760
Ramotiyae 罗牟蒂耶（人名）。334, 538
Ramṣotsa 罗没索磋（人名）。222, 336, 571, 574, 579-584, 586, 587, 589-592, 654, 715
Rasena 罗舍那（人名）。168
Raśpara 罗什帕罗（人名）。577, 776
Raśvara 罗施伐罗（人名）。9
Rataspa 罗陀斯跋（人名）。40, 64
Ratǵeya 罗德格耶（人名）。586, 715
Rāṭhapala 罗陀帕腊（人名）。660
Ratuka 罗都伽（人名）。675
Remena 热弥那（地名）。214, 251, 376, 518
Riciḱga 黎支克迦（人名）。590, 715
Ridhasena 黎陀舍那（人名）。419
Ripṭi 黎波提（人名）。123
Rohana 楼哈那（人名）。318
Roktsi 娄克支（人名）。591
Romoṃtiae 罗孟蒂耶（人名）。528
Ropǵeya 娄波格耶（人名）。709
Rutra 卢达罗（人名）。667, 709
Rutrapala 卢达罗帕腊（人名）。477
Rutrasena 卢达罗舍那（人名）。98, 477
Rutraya 卢达罗耶（人名）。4, 5, 22, 32, 45, 49, 90, 123, 131, 147, 180, 213, 223, 228, 330, 382, 393, 436, 507, 547, 593, 671, 709, 734

S

Saca 莎阇（地名或部族名）。1, 14, 97, 123, 133, 159, 160, 214, 306, 367, 368,

436, 573, 578, 625
Śāca 沙左（人名）。431 及 432, 637
Śadaṣuta 沙达苏陀（人名）。213
śadavida 百户长（职官名）。86, 159, 216, 247, 436, 482, 569, 580, 586, 587, 590, 637, 648, 654, 656, 715
Saǵamoya 萨迦牟云（人名）。152, 621, 625, 632-635, 637
Ṣaǵana 莎迦那（人名）。106, 144
Saǵanāpaae 萨迦那帕雅（人名）。437
Saǵapeya 萨迦贝耶（人名）。32, 56, 436, 719
Saǵi 沙耆（人名）。403
Saǵima 沙耆摩（人名）。580
Saǵimoya 沙耆牟耶（人名）。622
Sahiroae 莎夷娄耶（人名）。577
Śāja 沙雅（人名）。431 及 432
Śakā 萨迦（人名）。482
Sakaśriae 萨迦室利（人名）。769
Śakha 沙诃（人名）。125, 335
Śakhusa Śakha 沙胡萨·沙诃（人名）。604
Saluύaae 沙鲁伐夷（人名）。152
Saluύeta 沙鲁吠陀（人名）。201
Saluύi 沙鲁韦（人名）。358
Saluύiya 沙鲁韦耶（人名）。542, 569, 581, 591
Salve 沙了吠（人名）。520, 528, 538
Salveta 沙勒吠陀（人名）。525
Samājhā 萨摩甲（人名）。492
Ṣamaṃnera 萨满奈罗（人名）。569
Ṣamapriae 萨摩波利（人名）。109
Samarena 萨摩莱那（人名）。387
Samarsa 萨摩沙（人名）。64
Ṣamasena 萨摩舍那（人名）。6, 16, 39, 49, 68, 124, 213, 223, 224, 226, 228, 236, 243, 308, 315, 325, 326, 328, 330, 347, 348, 362, 378, 390, 397, 436, 482, 518, 528, 537, 550, 556, 570, 577, 578, 593, 765
Ṣamayaṃna 萨摩衍那（人名）。420
Śāṃcā 僧左（人名）。419, 506, 571, 572, 579, 587, 589, 590, 654
Ṣameka 沙弥伽（人名）。14, 40, 64
Samana 沙摩那（地名）。157
Saṃghajiva 僧伽吉婆（人名）。401
Saṃgapala 僧伽帕腊（人名）。474
Saṃǵapeya 僧伽贝耶（人名）。42
Saṃgarachida 僧伽罗支达（人名）。340
Saṃgarachiya 僧伽罗支耶（人名）。646
Saṃgarama 僧伽罗摩（人名）。666
saṃgaramaṃ 僧伽蓝，寺院。345
Saṃgaratha 僧伽罗陀（人名），385, 386, 491
Saṃgaśira 僧伽室罗（人名）。473
Saṃǵaśri 僧伽室利（人名）。419
Saṃgha 僧伽（人名）。106, 113, 114
Saṃghabudhi 僧伽菩提（人名）。425, 549
Saṃghadhaṁa 僧伽达摩（人名）。106
Saṃghaparana 僧伽帕罗那（人名）。225
Saṃghapriya 僧伽波黎耶（人名）。252
Saṃgharachi 僧伽罗支（人名）。265, 588
Saṃghasena 僧伽舍那（人名）。100, 140
Saṃghuti 僧古帝（人名）。536
Saṃgila 僧吉腊（人名）。213, 223, 318
Saṃgosa 僧瞿沙（人名）。703
Śaṃgtsi 僧格支（人名）。532
Saṃluύe 僧卢韦（人名）。37
Ṣaṃmapri 僧摩波离（人名）。345
Saṃmarya 僧摩离耶（人名）。345
Ṣaṃnǵo 僧葛（人名）。322
Śamoae 沙牟（人名）。29

Ṣamoǵata 萨牟迦陀（人名）。648
Saṃrpina 僧毗那（人名）。324
Śanaǵa 沙那迦（人名）。419
Śanaṃma 沙难摩（人名）。506
Sapiṃḍa 沙宾陀（人名）。71
Śapuǵa 沙布迦（人名）。590, 715
Śapuka 沙布伽（人名）。368
Śarasena 沙罗色那（人名）。570
Śaraspa 沙罗施帕（人名）。420, 577, 577
Śariputra 沙离布特罗（人名）。418
Sarivara 沙离伐罗（人名）。592
Śariyae 沙离耶（人名）。420
Sarpe 沙尔贝（人名）。23
Sarpiǵa 沙毗伽（人名）。24, 160, 320, 725
Sarpina 沙毗那（人名）。83, 140, 164, 279, 769
Sarpisa 萨毗沙（人名）。200, 722
Śarsena 萨尔色那（人名）。593
Saru 沙卢（人名）。345, 703
Sarvarachi 沙伐罗支（人名）。770
Sarvaśriae 沙伐室利（人名）。109, 164, 475, 769
Sarvatrata 萨里伐特罗陀（人名）。164
Sarviga 萨里韦迦（人名）。186
śata 百（户）(封地编制名）。46, 82, 776
satera 斯塔尔（金币）。324
Ṣatre 萨特（地名？）。414
Ṣayaṃma 沙衍摩（人名）。436
Sekla 色克腊（人名）。310, 396
Ṣekra 色克罗（人名）。507
Seṃniǵa 色昵迦（人名）。100
Ṣemoae 色牟雅（人名）。771
Seni 色尼（地名）。580
Señiṃma 色宁摩（人名）。573
Ṣeraka 色罗伽（人名）。289, 431 及 432
Sevasena 色伐舍那（人名）。499, 604, 612
Sevaśrṛyae 色伐室利耶（人名）。420
sevena（职衔名）。360
Ṣǵaṣi 史家智（人名）。324
Siḍnaya 悉达那耶（人名）。422
Siǵayita 释迦夷陀（人名）。648, 677
Siǵnaya 悉格那耶（人名）。572, 654, 671, 715
Siǵrayita 悉格罗夷陀（人名）。62
Sihadhama 悉诃达摩（人名）。358
Śilaprabha 悉腊波罗跋（人名）。489
Śilaprava 悉腊波罗伐（人名）。592
Simaśriae 悉摩师利（人名）。71
Śimema 悉迈摩（人名）。415
Simolǵa 悉牟迦（人名）。55
Śirāsa 室罗沙（人名）。579
Śirsa 室利沙（人名）。345, 771
Śirmitra 室利蜜多罗（人名）。425
Śirsateyae 室利沙特耶（人名）。418
Śirzata 室利札陀（人名）。422
Smaǵaṃta 师摩犍陀（人名）。686
Smaǵasae 斯摩迦莎（人名）。71
Smati 师摩帝（人名）。732
Smitsae 史弥查（人名）。589
Socara 索左罗（人名）。6, 436, 576, 577, 765
Sodaya 娑达耶（人名）。519, 552
Śodinǵa 娑廷迦（人名）。579
Ṣokota 索柯陀（人名）。225
Soṃdarasa 娑陀罗沙（人名）。532
Soṃjaka 索阇伽（人名）。9, 10, 13, 17, 18, 20, 27, 29, 30, 31 及 764, 33, 36, 46, 50-52, 56-58, 63, 144, 212, 214, 217, 222, 246, 248, 262, 271, 272, 275, 279, 286, 288, 289, 292, 296, 297, 305, 307, 309-312, 314, 317, 329, 336, 338, 339,

341, 349, 351, 352, 355-360, 364, 366-368, 370, 371, 373, 374, 381, 385, 386, 392, 393, 396, 399, 412, 415, 434, 471, 473, 479, 480, 491, 507, 520, 526, 530, 538, 542, 545, 551, 553, 562, 567-569, 573, 578, 582, 584, 585, 599, 621, 630, 632, 637, 725, 732, 735, 743, 750, 751
Soṃjaśrṛyae 娑阇室利（人名）。290, 380
Ṣorkotsa 娑柯查（地名？）。740
Sotaya 娑陀耶（人名）。525, 547
ṣoṭhaṃgha 税监（职官名）。7, 12 及 43, 14, 19, 21, 22, 33-35, 37, 38, 64, 70, 83, 86, 97, 107, 123, 134, 135, 140, 142, 152, 155, 157, 159, 162, 182, 198, 206, 208, 243, 265, 327, 330, 340, 341, 344, 358, 400, 403, 413, 422, 433, 439, 474, 484, 494, 502-504, 507, 509, 520, 524, 552, 555, 567, 569, 572, 575-577, 580, 582, 586, 587, 589, 592, 593, 604, 636, 638, 641, 648, 656, 686, 713, 721, 734, 767, 769, 771
sotira（职衔名）。580
Sotuǵe 娑堵格（人名）。122
Sṕaga 史帕迦（人名）。431 及 432
Sṕalýaya 史帕黎耶（人名）。506, 579, 709
sṕeṭha（职衔名）。478
Sṕirta 施毗陀（人名）。322
śramaṃna 沙门。69, 130, 186, 225, 248, 252, 288, 330, 331, 345, 386, 399, 401, 415, 418, 419, 425, 474, 477, 489, 492, 506, 516, 517, 519, 525, 546, 547, 553, 554, 575, 582, 588, 589, 592, 604, 606, 621, 646, 652, 655, 677, 703, 706, 765, 782
Śrananaprema 尸罗那那波列摩（人名）。504
Śraṣdha 尸罗施陀（人名）。506
Śriguda 室利优多（人名）。130
Śrivaṃma 室利梵摩（人名）。420
Śriyavaṃtiae 室利耶梵帝耶（人名）。722
Śronaprena 施老那波热那（人名）。425
Śronasena 施老那舍那（人名）。425
Śronǵa 史龙迦（人名）。579, 586
Śrustinǵa 史卢师丁迦（人名）。593
Śruṭhe 史卢德（人名）。479
Sucaṃma 苏遮摩（人名）。13, 86, 157, 330, 339, 519, 524, 573, 638
Sudarśana 苏达沙那（人名）。358, 374
su'ḍe（职官名）。107
Sudraneya 须德罗乃耶（人名）。677
Sugaṃta 苏罡陀（人名）。577, 591
Sugata 苏迦陀（人名）。247
Sugi 苏耆（人名）。49, 292, 310, 437, 570, 593
Suǵika 苏耆伽（人名）。71, 235
Sugisae 苏耆莎（人名）。3,
Sugita 苏耆陀（人名）。3, 12 及 43, 15, 18, 24, 35, 100, 106, 109, 140, 162, 164, 204, 252, 255, 520, 577, 593, 636, 641, 735, 777
Sugiya 苏耆耶（人名）。33, 90, 173, 195, 208, 310, 545, 553, 567, 577, 593, 751, 765
Suǵnumae 苏格奴摩耶（人名）。481
Suǵnuta 苏格奴陀（人名）。42, 530, 542, 572
Suguta 苏怙陀（人名）。82, 222, 255, 507, 519, 524, 526, 527, 538, 547, 568, 570, 575-578, 584, 593, 659
Suguta Socara 苏怙陀·娑左罗（人名）。765
Suhavati 须诃伐帝（人名）。722

Sujada 苏阇陀（人名）。206, 355, 383, 419, 506, 666
Sukmana 苏轲摩那（人名）。633
Suliǵa 速利，粟特。661
Ṣulýita 苏利陀（人名）。17
Sumadata 苏摩达陀（人名）。481
Sumata 苏摩陀（人名）。152
Sunade 苏那（人名）。64
Sunaka 苏那伽（人名）。160
Sunaṃta 苏难陀（人名）。222, 224, 436, 516, 524, 525, 528, 540, 561, 575-577, 588
Sundara 散达罗（人名）。621
Supi 苏毗（部落名）。86, 88, 109, 119, 126, 133, 139, 183, 212, 272, 324, 351, 491, 515, 541, 578, 675, 722
Supriya 苏波离耶（人名）。621
Suryada 苏耶陀（地名？）。572
Suryamitra 苏耶蜜多罗（人名）。295, 582
suśaǵa 探子（？）。215
Sutaṣa 须陀沙（人名）。703
Suṭhu 须都（人名）。760
Suvaṃma 苏梵摩（人名）。420
Suvaṃniya 苏梵尼耶（人名）。390
Suvarnamasuǵa 苏伐那摩输迦（人名）。279
Suύarnapala 苏伐剌那帕罗（人名）。22
Suvaya 苏伐耶（人名）。246, 509
suύeṭha（职衔名）。248, 254, 256 及 260, 362, 375, 431 及 432, 474, 506, 532, 706, 709, 721, 782
Ṣuvisae 苏韦莎（人名）。54, 421
Suύornapriae 苏哇那波利（人名）。109
Suyama 苏耶摩（人名）。385
Svaka 史伐伽（人名）。527
Svarasena 尸伐罗色那（人名）。722
Svarnabala 尸伐那跋腊（人名）。722
Svaneya 施伐尼耶（人名）。133
Svaya 施伐耶（人名）。168，173。
sveta（职衔名）。722
Syabala 师耶跋腊（人名）。776

T

Taǵaca 陀迦左（人名）。686
taǵasta 驮迦斯陀（一种人群名称）。12 及 43
Taǵira 陀耆罗（人名）。713
Tagu 陀古（人名）。422
Tajaka 陀阇伽（人名）。422
Takra 陀克罗（人名）。318, 345, 714
Tamaspa 陀摩施帕（人名）。422, 571, 579-582, 586, 587, 589, 590, 655
Tamaṣyanae 驮摩施耶那（人名）。19
Taṃcano 檀左诺（人名）。345
Taṃcǵa 檀支迦（人名）。656
Taṃcǵeya 檀支格耶（人名）。49
Taṃcǵé 檀支格（人名）。90, 130
Taṃcǵo 檀支瞿（人名）。571, 604, 715
Taṃcǵoya 檀支瞿耶（人名）。90
Taṃcina 檀支那（人名）。35
Tameca 陀美左（人名）。676
Tameya 陀美耶（人名）。246, 648
Tami 陀弥（人名）。200
Taṃjaka 檀阇伽（人名）。1, 7, 15, 24, 26, 55, 69, 97, 130, 139, 159, 200, 204, 367, 527, 541, 566, 575, 722
Taṃjika 檀吉伽（人名）。586
tasuca 祭司。126, 143, 157, 160, 187, 422, 436, 494, 495, 506, 507, 517, 525, 552, 554, 580, 588, 637, 639, 648, 676, 709, 774
Tatiǵa 陀帝迦（人名）。506
Tǵaca 特迦左（人名）。86, 90, 120, 127,

133, 173, 552, 569, 714
Ṭhuvaya 图伐耶（人名）。25
Tilutamaae 帝卢陀摩耶（人名）。566
Tiraphara 帝罗法罗（人名）。582, 732
Titsa 提特沙（人名）。345
tivira 司书（职官名）。157, 222, 782
togha（职衔名）。579
Toǵaja 多迦阇（人名）。377, 569, 570
Tolayana 多罗耶那（人名）。140
toṃga 督军（职官名）。3, 11, 23, 28, 37, 40, 45, 49, 82, 105, 123, 165, 180, 189, 208, 216, 224, 226, 272, 357, 375, 387, 436, 468, 470, 481, 509, 516, 524, 540, 561, 568, 571, 572, 587, 589, 590, 622, 654, 729
Toṃgraka 童格罗伽（人名）。549
trakhma 德拉克马（钱币名）。324
Trasa avana 特罗沙阿瓦纳（地名）。70, 326, 393
trepe（职衔名）。525
trigha（职衔名）。715
Tryachi 特离耶支（地名）。685, 686
Tsaǵa 查伽（地名）。68, 90, 255
Tsagatsi 支迦支（人名）。345
tsaghinaύa（职衔名）。579
Tsaǵirsta 查耆史陀（人名）。419
Tsaroka 查娄伽（人名）。586
tseǵe（职衔名）。30, 505, 556
Tsimaya 支摩耶（人名）。327, 676, 767, 769, 770
Tsina 脂那（人名）。415
Tsinaae 支那耶（人名）。569
Tsmaǵa 车摩伽（人名）。55
Tsmaya 车摩耶（人名）。142, 156, 157, 433, 552, 591, 775, 777
Tsoṃgo 宗戈（人名）。59
Tsordhoe 蹉多（人名）。676
Tsuǵelǵa 竺格迦（人名）。777
Tsuǵelva 竺格伐（人名）。207
Tsuǵenaṃma 竺格难摩（人名）。505
Tsuǵeṣla 竺格尸罗（人名）。297, 348, 359, 505, 637, 765
Tsuǵeta 竺格陀（人名）。714
Tsuǵiya 竺吉耶（人名）。246
Tsulǵa 竺莱迦（人名）。352
tuǵuja（职衔名）。187, 306, 360, 374
Tuṃpala 暾帕腊（人名）。637
Tuṣana 都霜（人名）。30

U
Ucaḍina 优左提那（人名）。525
Ūgra 优格罗（人名）。575
Upasena 优婆色那（人名）。31 及 764, 200, 475, 760
Upateyu 优婆特耶（人名）。345
Uvasena 优伐色那（人名）。477
Uyaǵeva 优耶格伐（人名）。56

V
vacari 瓦查里（度量衡单位）。214, 345, 358, 617
Vaǵiti Vadhaǵa 伐耆帝・伐陀迦（人名）。661
Vajeśa 伐迟沙（人名）。64
Vaṃda 梵陀（人名）。55, 64
Vaṃmaśula 梵摩输罗（人名）。646
Vaṃto 梵多（人名）。13
Vaṃtu avana 梵图阿瓦纳（地名）。296, 496
Vanaṃkha 伐难伽（人名）。122
Vanaṃta 伐难陀（人名）。582

Vanaṃto 伐难多（人名）。433
Vapika 伐毗伽（人名）。571, 580, 590, 592
Vapo 伐波（人名）。56
Varpa 伐尔帕（人名）。327, 377, 571, 572, 580-582, 586, 587, 590, 640, 715
Varpe 伐贝（人名）。180, 359
Varpeya 伐贝耶（人名）。593, 676, 774
Varunaśama 伐卢那萨摩（人名）。506
Vaṣmana 伐色摩那（人名）。115, 163, 209, 318, 343, 345, 401, 478, 496, 604, 617, 767, 770, 777
vasu 司土（职官名）。25, 32, 37, 42, 45, 46, 57, 124, 144, 162, 163, 175, 180, 195, 197, 254, 279, 297, 322, 324, 326, 330, 383, 393, 420, 431 及 432, 437, 496, 507, 532, 546, 568, 569, 571, 577, 579, 582, 586-593, 622, 625, 633-635, 637, 706, 713, 714, 725, 750
Vasudeva 伐须提婆（人名）。696
vaṭayaǵa（职衔名）。782
veǵa kilme 韦伽封地。165, 211, 481, 714
Vekuṃjiya 吠军吉耶（人名）。580
Vemasena 吠摩色那（人名）。644
Vidhura 韦都罗（人名）。478
Viharavala 韦诃罗伐腊（人名）。187, 358, 393
Vijitasiṃha 尉迟信诃（人名）。661
viṃśpa（行政区名）。82
Virya 吠耶（人名）。40, 55, 64
Viśaliae 尉迟离耶（人名）。722
Vṛganicita 伏离迦尼支陀（地名）。115
Vua 浮雅（人名）。168, 593
Vuǵaca 伏迦左（人名）。70, 326, 361, 507, 644
Vuǵato 伏迦多（人名）。568
Vuǵeya 伏格耶（人名）。330, 436, 546
Vuǵica 伏耆左（人名）。582
Vuǵina 伏耆那（人名）。422
Vuǵinǵa 伏金迦（人名）。584, 590
Vukiṃna 伏金那（人名）。582
Vukiṃtǵa 伏金特迦（人名）。715
Vukto 伏陀（人名）。3, 11, 23, 28, 37, 40, 44, 45, 49, 168, 189, 216, 224, 226, 236, 272, 322, 375, 421, 436, 468, 470, 481, 524, 540, 561, 576, 577, 729
Vumeya 伏美耶（人名）。648
Vurḍhiya 伏尔提耶（人名）。525
Vuru 浮卢（人名）。173, 179, 195, 569
Vuruύisaae 浮卢尉沙（人名）。195
vuryaǵa（职衔名）。579, 586, 715
Vuṣḍhaya 伏师陀耶（人名）。592
Vusmeka 伏氏没伽（人名）。532
Vusmeya 伏氏没耶（人名）。545
Vutsaύa 伏查伐（人名）。328
Vyarivala 维耶离伐腊（人名）。415

Y

Yakana 耶伽那（人名）。770
Yaṣala 耶沙腊（地名）。572
Yapgu 耶波怙（人名）。82, 382, 401, 412, 468, 470, 473-477, 479-481, 484, 656, 678
yatma 司税（职官名）。23, 59, 272, 275, 291, 305, 307, 326, 374, 430, 439, 546, 571, 581, 586, 587, 589, 590, 715, 765
Yaύe avana 叶吠阿瓦纳（行政区名）。37, 254, 279, 401, 431 及 432, 439, 468, 474, 481, 495, 532, 581, 621, 632, 740
Yilaǵa 夷腊迦（人名）。546
Yili 夷利（人名）。62, 288

Yipicǵa 夷毗支迦（人名）。326
Yipiya 夷毗耶（人名）。419, 582
Yiruṃḍhina avana 夷龙提那阿瓦纳（地名）。163, 297, 536
Yitaǵeya 夷陀格耶（人名）。770
Yitaka 夷陀伽（人名）。3, 11, 13, 23, 28, 37, 40, 44, 45, 49, 123, 189, 216, 226, 236, 322, 350, 375, 399, 421, 468, 470, 481, 516, 524, 540, 545, 561, 576, 729
Yitasena 夷陀色那（人名）。19
Yitaya 夷陀耶（人名）。637
Yitǵo 夷忒瞿（人名）。646
Yoǵasena 瑜伽舍那（人名）。130
Yonǵa 勇迦（人名）。776
Yonǵe 雍格（人名）。492
Yonu 优奴（人名）。324, 477

图书在版编目（CIP）数据

新疆出土佉卢文书译文集 / （英）托马斯·巴罗著；刘文锁译注. — 北京：商务印书馆，2023
（汉译丝瓷之路历史文化丛书）
ISBN 978-7-100-22635-6

Ⅰ. ①新… Ⅱ. ①托… ②刘… Ⅲ. ①出土文物—文书—古文字—译文—新疆 Ⅳ. ①K877.9

中国国家版本馆CIP数据核字（2023）第119418号

（汉译丝瓷之路历史文化丛书）
新疆出土佉卢文书译文集
〔英〕托马斯·巴罗 著
刘文锁 译注

商务印书馆出版
（北京王府井大街36号 邮政编码 100710）
商务印书馆发行
三河尚艺印装有限公司印刷
ISBN 978-7-100-22635-6

2023年11月第1版　开本 710×1000 1/16
2023年11月第1次印刷　印张 18 3/4 插页 8

定价：120.00元